KB214682

우리네 교회 거의 대부분은 도시에 존재한다. 교회마다 구역 혹은 목장과 같은 조직이 있다는 점에서, 아마도 우리네 도시에서 가장 조직화된 단체가 교회라고 할 수 있다. 생각해 보면 대단한 잠재력이 있는 것이 분명하지만, 우리 교회는 도시 속에 어떻게 존재할지 잘 모르는 것 같다. 길거리에서 차와 커피, 사탕을 나누어 주며 전도하는 일, 어린이집 같은 선교원이나 이런저런 형태의 복지 시설을 운영하는 정도랄까. 이에 대한 제대로 된 논의가 없다 보니, 최근 들어서는 동성애 반대, 차별금지법 반대와 같은 구호로, 가끔은 극우적인 정치 구호와 엉켜 교회가 도시와 세속 사회에 등장하기도 한다.

이 책은 도시 안에 교회가 존재한다는 것의 의미, 나아가 교회가 어떻게 존재해야 하는가와 같은 묵직한 문제를 다룬다. 무엇보다 '좋은 도시'에 초점을 맞춘다. 지금도 여전히 전국의 도시에 '성시화'를 추구하는 연합 기관이 존재한다는 점에서, '거룩한 도시'를 만들겠다는 목표와 본서가 제기하는 '좋은 도시'는 어떻게 비슷하고 다를까? 성시화를 위한 교회 활동은 일반 대중에게는 실제로 어떻게 보일까? 무엇이 좋은 도시를 만들며, 이를 위해 교회가 할 수 있는 역할은 무엇일까? 이 책은 공공신학이라는 범주에 속하는 책으로, 도시 안에 존재하는 교회의 역할에 대한 이론적인 진술과 현장에서 경험되고 확인된 실천적인 진술을 담고 있다. 기존에 알고 있거나 들었던 것을 정리하는 데 크게 도움이 되는 내용들이면서, 앞으로 우리가 어떻게 고민하고 나아가야 할지를 생각하게 하는 매우 중요하고도 의미심장한 내용들로 가득하다. 이 책을 함께 읽고 토론하고 생각을 정리하는 일이 도시에 존재하는 우리네 모든 교회의 당장의 과제다. 적어도 분명한 것은, 이제 우리가 추구할 목표는 '성시'가 아니라 '좋은 도시'라는 점이다.

_김근주, 《복음의 공공성》 저자

근대 사회의 전개는 도시의 형성에 의존해 왔다고 해도 과언이 아니다. 각 국가의 근대 사회로서의 성격은 그 국가의 중심 도시(들)가 어떻게 구축되었는지에 결정적인 영향을 받아 왔다.

근대 절정기를 주도했던 국가는 영국이었다. 그런데 그 영국은 20세기 이후 빠르게 무너지고 있고, 1980-1990년대에 오면 근대적 사회 체제의 해체와 재구축 현상이 급격히 구조화되었다. 바야흐로 후기 근대적 전환의 기로에 서게 된 것이다. 신자유주의는 당시 가장 결정적인 후기 근대적 기획으로 작용했다. 하지만 다른 기획들도 열정을 뿜어내고 있던 시기가 바로 이 시기였다.

그중 하나가 도시재생 운동이다. 쇠락한 근대적 도시, 이제는 근대의 매력보다는 추함이 응축되어 있는 공간이 된 그곳을, 인간과 존재와 비존재, 이 모든 것 간의 상생적 소통이 일어나는 장fields으로 변모시키려는 시도다. 다양한 영역에서 각 범주들이 '따로 또 같이' 도시재생 운동에 동참했다. 교회도 그중 하나였다. 이 책은 바로 그 운동에 참여한 영국 교회의 활동 양식과 해석의 흔적을 담고 있다.

이런 사회 역사적 맥락을 감안하면서 책 속에서 드러나는 혹은 숨겨진 목소리를 경청하는 것이 이 책을 읽는 하나의 독서법일 것이다. 하지만 더 좋은 독서는 그 이상이어야 한다. 2000년대 이후, 특히 IMF 사태 이후 한국 사회는 급격한 사회 해체와 재구축의 도정에 있다. 그 속도가 이제까지 어느 도시들에서도 볼 수 없을 정도로 빠르다. 그 양상 또한 다른 도시들과 매우 다르다. 그 속에서 한국의 교회들은 어떤 역할을 해 왔을까? 특히 도시재생의 관점에서 한국 교회의 역할을 점검하고 전망을 모색해 보는 일은 매우 절실하다. 독자는 바로 이런 자리에서 이 책을 읽어야 할 것이다.

한편 '코로나 팬데믹 이후'는 또 하나의 변곡점이다. 이제까지 근대적 도시성을 구성하는 가장 중요한 특징의 하나였던 '몸의 역학'의 위상이 격하되고 있다. 과거 '정신의 역학'을 대체한 신체성은 무수한 소비재 산업의 표적이었고, 수많은 사회적 지표의 중심 요소였다. 또 민주주의와 복지도 '몸의 사회성'이라는 맥락에서 전개되어 왔다. 뿐만 아니라 근대 이후의 신학은 몸의 역학을 담론화하고 실천을 구성해 내는 데 집착해 왔다. 한데 코로나 사태 이후 '몸의 역학'을 약화시키는 새로운 양상들이 발기하고 있다. 특히 '신체 없는 커뮤니티' 현상은 매우 빠르고 광범위하게 사회를 해체하는 요인이 되고 있다.

몸을 매개로 하는 비대칭적 연결망이 만들어 놓은 차별과 배제의 사회성이 가장 집중된 곳은, 말할 것도 없이 '도시'다. 또한 '신체 없는 커뮤니티들'을 만들어 내는 초연결의 네트워크에는 새로운 성격의 차별과 배제가 작동하고 있다. 포스트 코로나 시대 교회는 이런 변화의 맥락에서 있다. 이런 변화를 직시하면서 독자는 이 책이 미처 말하고 있지 못한 목소리를 읽어 낼 필요가 있다.

_김진호, 제3시대그리스도교연구소 이사

오늘날 도시는 그 인구밀도 이상으로 현대사회의 문제들이 응축되어 있는 곳이다. 환경 파괴, 불평등, 빈곤, 차별 등은 도시라는 공간을 빼놓고는 생각할 수 없는 문제들이다. 늘 낮은 곳을 향했던 예수 그리스도가 지금 여기 있다면, 아마 도시 구석구석에서 가장 많은 시간을 보냈지 않았을까? 이 책은 도시라는 공간에 주목하면서, 도시에 대한 여러 이론들과 도시재생 운동과 관련된 중요한 경험들을 접목시켜 공공신학의 지평을 넓히고 도시 신학의 가능성을 모색한다. 공정하고 평등한 도시, 자유롭게 소통하는 민주주의가 있는 도시, 영혼을 자극하고 감동을 주는 아름다움이 있는 도시, 창조와 혁신의 숨 쉬는 도시, 다양한 사람들이 공존하는 도시, 인간과 자연이 공존하는 도시… 이 가슴 벅찬 도시의 미래에 교회가 과연 자기 역할을 다 할 수 있을까? 이 책은 '제도로서의 교회'가 도시에서 '희망의 등대'가 될 수 있을 것이라고 힘주어 답하고 있다.

_홍성수, 숙명여대 법학부 교수

잉글랜드 성공회Church of England의 전도구parish* 제도는 완벽하지 않다. 그래도 이 책이 정확하게 말하듯, 이 제도가 없다면 도심 빈민가, 외곽 단지, 시골 지역 대부분은 "오래 전에 버려졌을 것이고, 교회들은 편안한 복음으로 편안한 이들을 섬기기 위해 도시 외곽의 부촌으로 모여들었을 것이다."

나는 그런 날이 절대 오지 않기를 바라고 기도한다.

일레인 그레이엄과 스티븐 로우는 무엇이 좋은 도시를 만드는지, 교회가 맡을 수 있는 역할은 무엇인지를 한 권의 훌륭한 작품으로 보여 준다. 나는 우리 교회들이 이 책으로 그 역할을 수행하는 데 필요한 지식을 채우고 마음에 자극을 받아 행동으로 옮기기를 소망한다.

주로 서더크, 런던, 버밍엄 같은 도시 교구diocese에서 사목해 온 사제인 나는 도심 빈민가 교회들이 부름 받은 바를 훌륭하게 수행해 온 모습과 그러지 못한 모습 전부를 봐 왔다. 이 책은 우리가 도시라는 맥락에서 교회 사역을 어떻게 해 왔는지, 가능한 모든 수단을 동원해 현실을 냉정하게 평가하고 검증한다. 나는 이 책을 통해 우리가 할 수 있는 모든 일을 해야 한다는 사실을 재차 확인했다.

위대한 산살바도르의 대주교 오스카 로메는 암살당하기 불과 몇 분 전에 다음과 같이 설교했다. "무엇보다도 사회가 불의와 죄악으로 가득할 때 사회를 개선하기 위한 모든 수고는, 하나님이 복을 베푸시고, 하나님이 바라시고, 하나님이 우리에게 요청하시는 수고임을 우리는 알고 있다."

우리 교회들은 그리스도를 닮은 모습으로 공동체의 꿈과 열망을 실현하는 장이 될 수 있다. 나는 이 책에서 그 가능성과 희망을 보았다.

_존 센터무, 요크의 대주교

---

* 성공회에서 관할 지역을 분할한 가장 작은 단위로, 본당 사제가 사목하는 지역을 말한다.

무엇이 좋은 도시를 만드는가

What Makes a Good City?

First published in 2009 by
Darton, Longman and Todd Ltd
1 Spencer Court
140–142 Wandsworth High Street
London SW18 4JJ, UK

사회 속의 교회
교회 속의 사회

01

무엇이 좋은 도시를 만드는가

공공신학과 도시 교회

일레인 그레이엄, 스티븐 로우 | 이민희 옮김

viator

도시 교회를 살아 있게 만드는 모든 사람,

모든 교회와 모든 신자에게,

차례

도시, 일하시는 하나님을 만나는 곳

양권석, 성공회대학교 명예교수

가장 실천적 신학

이 책은 아주 구체적인 실천 제안을 담고 있는 연구서다. 현장과
거리가 있는, 지적으로 잘 짜인 통일된 체계를 가진 신학을 기대
한다면, 이 책은 그런 기대에 부응하지 못할 것이다. 단언컨대,
이 책은 도시에서 구체적인 선교와 사목을 실천하고 있는 사람
들, 그리고 진심을 다해 새로운 실천의 길을 찾는 사람들에게 좋
은 대화 파트너가 될 수 있는 책이다. 특별히 세 가지 점에서 매
우 실천적이라고 평가할 수 있다.

첫째로, 이 책은 영국 그 중에서도 잉글랜드 지역의 도시
와 도시 교회의 삶이라는 매우 구체적인 지역 상황에 중심을 둔
신학적 성찰이다. 저자들은 자신들의 맥락이나 지역과 관계없는
보편성을 내세우려는 의도가 전혀 없다. 둘째로, 이 책이 말하는
공공신학 혹은 도시 신학의 출발점은 신학의 특정 유파나 이론
이 아니다. 잉글랜드의 도시들과 그곳 도시 교회들의 경험이 신

학적 성찰의 출발점이다. 셋째로, 이 책은 구체적인 경험에 대한 신학적 반성이면서, 동시에 잉글랜드 도시 교회들의 올바른 실천을 추동하고 안내해야 한다는 실천적인 목표에 아주 충실한 책이다. 이 책이 전개하는 도시 신학 혹은 공공신학은 특정한 신학 체계를 만들기 위한 노력이 아니라, 잉글랜드 도시 교회들의 실천을 중심에 두고 그 실천을 새롭게 하기 위한 노력이다.

2장에서 충분히 설명하는 바와 같이, 이 책은 1980년대 초반부터 2000년대 초반에 이르는 약 20년에 걸쳐 잉글랜드 성공회가 도시 문제에 참여해 온 경험을 배경으로 하고 있다. 이때는 마가렛 대처 수상과 보수당 정권에 의해 신자유주의적 사회 개혁이 전개되던 시기였고, 이어서 토니 블레어 수상이 이끄는 노동당 정권에 의해 도시재생 사업이 활발하게 전개되던 시기였다. 이 즈음에 도시 문제에 관한 잉글랜드 성공회의 선교적 실천의 경험을 담은 두 개의 중요한 보고서가 만들어졌고, 그 두 보고서를 기초 자료로 삼아서, 잉글랜드 도시 교회들이 자신들이 속한 도시 공동체의 변화를 위해서 어떤 실천적인 역할을 해야 하는지 전망해 보려는 노력이 바로 이 책이다. 그래서 단순히 새로운 이론을 필요로 하는 사람들이 아니라, 한국 교회의 건강한 사목적, 선교적 실천을 위해 새로운 영감과 사례와 신학의 필요성을 절감하는 사람들이 이 책을 만나고 싶어하는 독자들이 될 것이다.

도시 신학과 실천Praxis

'무엇이 좋은 도시를 만드는가'라는 제목이 암시하듯이, 매우 단순하게 요약하자면, 이 책은 사람과 사회가 올바르게 설 수 있는 도시를 만들어 가는 일에 교회가 해야 하는 역할에 대한 탐구다. 그래서 도시 교회의 올바른 실천Orthopraxis, 곧 도시 교회의 올바른 역할 수행의 길을 찾는 것이 이 책이 말하는 공공신학으로서 도시 신학의 목표다.

　　이미 오래 전부터 이 책의 주 저자인 일레인 그레이엄은 자신의 신학을 '실천신학'이라고 분명히 말해 왔고, '실천'의 의미를 유달리 강조해 온 신학자다. 그녀에게 실천의 의미는 단순히 이론의 응용이나 적용이 아니다. 그리고 신학적 타당성은 실천으로 입증되거나 행동으로 나타나야 한다는 상투적 주장의 반복도 아니다. 일레인 그레이엄에 의하면, 신학은 일차적으로 수행되고 실연되어야 하는 것이다. 신학이 글이 되고 담론이 되는 것은 실천 수행에 따르는 이차적 작업이다. 정행Orthopraxis이 먼저 있고, 그 이후에 정론Orthodoxy이 따른다. 신학이 성사적sacramental이며 성육신적incarnational이어야 한다는 말은 신학이 매우 구체적으로, 물질적으로, 그리고 육체적으로 표현되어야 한다는 뜻이다. 신학 곧 하나님에 관한 이야기는 믿음을 가진 사람들의 몸의 실천을 통해서 먼저 전개되어야 한다는 말이다. 신학은 이론에서 출발해서 이론으로 돌아가는 것이 아니라, 실천에서 출발해서 실천으로 돌아가야 한다는 의미다.*

이처럼 실천에 중심을 두고 있는 공공신학으로서 도시 신학은, 첫째로 결코 이분법적인 태도에 매여 있지 않다. 세속주의와 교회 중심주의, 근대와 탈근대, 정통주의와 자유주의, 전통과 혁신을 이분법적으로 가르고, 대립적인 둘 중 하나를 선택하는 방식을 취하지 않는다. 저자들의 태도는 도시의 삶의 변화를 위한 도시 교회들의 실천은 특정한 신학으로 포섭될 수 있는 것이 아니라는 입장에 더욱 가까워 보인다. 지금까지의 실천에 대한 반성과 새로운 실천을 찾아야 한다는 명확한 목표 아래에서, 다양한 신학적 통찰들이 그 이론적 울타리를 벗어나 서로 만날 것을 요청하고 있다. 전통과 혁신에 대해서도 마찬가지다. 전통주의를 위해서 전통을 지키려 하지 않는다. 보존에 의미가 있는 것이 아니라, 지금의 좀 더 올바른 실천을 위한 자원이 된다는 의미에서 전통은 의미가 있다. 더 나아가 혁신을 위한 혁신도 의미가 없다. 사람들의 구체적인 삶과 실천을 고려하지 않는 혁신 역시 올바른 실천의 방법일 수 없다. 전통도 혁신도 올바른 실천을 찾는 노력 안에서 그 의미를 새롭게 찾아야 한다.

둘째로 이 책이 전개하는 실천 중심성은 성과 속의 이분법에 따라, 세속 세계는 종교의 거룩한 가르침에 무조건 복종해야 한다는 입장을 취하고 있지 않다. 세속적 자원과 정신도, 그리고

• 일레인 그레이엄은, 자신의 글 여러 곳에서 '실천'의 의미를 강조하고 있다. 이 글은 그녀의 다음 글을 참고로 작성되었다. Elaine Graham, "On becoming a practical theologian: Past, present and future tenses", *HTS Teologiese Studies / Theological Studies*, Vol. 73 No. 4 (2017), 4.

종교적 자원과 정신도 모두 긍정적 가능성과 부정적 가능성을 가진다. 양쪽 모두 일방적인 편협성을 발휘하여 다른 쪽을 무시할 수 있는 가능성이 있다. 도시 정책의 입안자들이나 정부 관료들이 교회와 종교에 많은 편견을 가지고 있는 것도 사실이다. 이들이 종교적인 문해력을 가질 수 있도록 기회를 제공하는 일 역시, 도시 신학의 실천을 위해 중요하다. 반대로 교회와 종교들 역시 세속 사회와 정치에 대해서 이해의 부족을 드러내고 있다. 그래서 저자들은 도시와 사회를 향한 교회의 개입이 일방적인 것이 될 위험성이 충분히 있다는 점을 경계하고 있다. 교회가 배타적 주장을 담은 장소가 되기보다는, 한 사회 내에 있는 다양한 세속적 혹은 종교적 자원들과 영감들이 서로 소통하고 만날 수 있는 안전한 장소가 되기를 바라는 입장이 곳곳에서 표명되고 있다. 교회가 도시 속에서 충분히 실현되지 못한 다양성의 만남이 실현되는 공간이 되고, 지금까지 소통하지 못했던 언어들이 소통의 길을 발견하는 공간이 되어야 한다고 주장한다. 성서의 오순절 성령 강림 사건이 실현되는 그런 공간으로서 교회를 꿈꾸는 것이다.

셋째로, 소통을 위한 새로운 매체를 찾아야 한다는 것이 이 책이 내세우는 도시 신학과 공공신학의 중요한 주장이다. 교회가 교회 내에서뿐만 아니라 교회 밖의 세계와 교통이 가능한 공동체가 되어야 한다면, 그래서 도시의 다양한 사람들과 소통하는 가운데 변화를 위한 올바른 실천을 찾는 교회가 되기를 원한다면, 지금까지 교회가 외부 세계와 소통해 온 방식에 변화가 있어야 한다는 것이다.

사실 언어와 매체의 문제는 전혀 새로운 신학적 주제는 아니다. 지난 세기 초부터 사회적 실천에 참여하는 교회와 신학에 매우 중요한 주제였다. 특히 영국 교회뿐만 아니라 20세기 에큐메니컬 운동의 중요한 통찰이라 할 수 있는 윌리엄 템플(1881-1944) 주교의 "중간 공리Middle Axiom"가 바로 매체와 소통 방법에 대한 새로운 인식을 말하고 있다. 기본적인 정신은 신앙에 확고하게 기초와 뿌리를 두면서도, 다양한 다른 종교와 사회 계층 집단들의 참여를 방해하지 않는 언어와 사회 참여 방법을 찾아야 한다는 것이다. 교회가 다양한 목소리들이 만나는 공간이 되기 위해서는, 교회의 언어가 훨씬 더 개방적이고 대화적이 되어야 한다는 주장이다.

이 책은 아우구스티누스의 신학에 의지하여 그리스도인들은 하나님을 향한 사랑과 세상과 자기 자신을 향한 사랑 사이에서 어느 한쪽을 선택해야 하는 사람들이 아니라고 단언한다. 오히려 하나님 나라를 기다리면서도, 이 세상의 삶을 가장 적극적으로 살아야 하는 사람들이 그리스도인이라고 주장한다. 제자됨과 시민됨은 한쪽을 선택하고 한쪽을 버릴 수 있는 것이 아니다. 교회는 신자들의 공동체이면서 동시에 시민들의 공동체다. 시민이 아닌 신자들의 공동체도 불가능하고, 신자가 아닌 시민들만의 공동체는 결코 교회일 수 없다. 그러므로 교회와 도시는 신자의 정체성과 시민의 정체성이 긴장 가운데 만나서 함께할 수 있는 길을 찾는 곳이다. 시민의 언어와 신자의 언어가 서로 긴장 관계를 유지하면서, 동시에 서로 소통하기 위한 예민한 노력을 하는 곳이 교회고 도시다. 그래서 교회와 신자는 신앙에 확고한 뿌리를 두면서도, 시민 사회에서 소통 가능한 언어를 찾는 노력을 결코 게을리할 수 없는 것이다.

도시, 신앙적 실천과 신학적 해석의 자리

다시 강조하지만, 이 책은 도시 삶의 변화를 위한 잉글랜드 교회의 더 낳은 실천을 위한 노력이다. 그리고 그 실천적인 제안들을 공공신학의 한 형식으로 도시 신학이라고 이름 붙이고 있다. 결국 도시가 교회의 선교적 실천의 자리이며 동시에 신학적 분석과 비판과 성찰의 자리라는 말이다. 한 걸음 더 나아가 이 책의 저자들이 가지고 있는 도시에 대한 이해를 헤아려 볼 필요가 있다.

첫째로, 이들은 도시를 지도상의 한 지점이 아니라 '삶의 자리'라고 주장한다. 역사를 통해서 문명이 형성되고 실현된 공간이며, 다양한 기술과 예술이 발전해 온 공간이며, 제국의 욕망을 비롯한 다양한 인간들의 욕망이 교차해 온 공간이다. 신학적으로는 모든 세대의 그리스도인이 자신들의 소명을 자각하고 실천해 온 공간이며, 교회 공동체와 성서와 전통을 형성해 온 공간이면서 동시에 해석해 온 공간이다. 그리고 인간적으로는 신자들과 모든 사람이 개인으로서 공동체로서 자신들의 삶을 실현하기 위해서 고투하는 공간이다.

둘째로, 저자들에게 도시는 물질적이면서 매우 기호학적인 공간이다. 다양한 욕망들이 충돌하는 사회 관계와 그 관계를 지배하는 정신과 의례들이 상직적으로 표현되는 공간이 바로 도시다. 역사적으로 변화를 계속해 온 사회적, 경제적, 상징적 교류 관계와, 서로 소통하는 방식이 현재 도시라는 공간의 물질적 구성과 배치를 만들어 왔다는 말이다. 그래서 도시라는 공간의 구성과 배치는 도시 삶의 실상의 '은유'이며 '서사'다. 도시 공간의 구성과 배치는 도시를 지배하는 사람 사이의 관계와 교류의 실상을 읽어 낼 수 있는 '텍스트'다. 그것은 도시의 삶이 가지고 있는 다양한 배제와 통합의 이야기들을 담고 있는 텍스트다. 그래서 도시라는 텍스트를 읽는 가장 좋은 방법은 새처럼 하늘을 날아서 비행체 위에서 내려다보는 방법이 될지도 모른다. 하지만 이 책은 구체적이고 물질적인 현장을 떠나서 얻는 초월적인 눈을 신뢰하고 있는 것 같지는 않다. 오히려 일상의 삶이 만나는 거리들, 건물들 그리고 사람들과의 관계를 몸으로 읽어 내기를 원하고 있다.

셋째로, 저자들에게 도시는 하나님이 자신을 드러내시는 현현epiphany의 자리다. 도시의 물질적 구성과 배치, 그리고 그 도시 안에서 이루어지는 사람들의 관계가 드러내는 것은, 단지 세속적 욕망들의 충돌만이 아니다. 도시는 모든 세대의 그리스도인이 자신의 소명을 발견하고, 그 소명을 실현하기 위해서 노력해 온 장소다. 그래서 도시는 제자직의 소명과 시민의 소명이 교차하고, 갈등하고, 또 화해하는 공간이다. 하나님 나라와 문화의 나라가 서로 만나는 공간이며, 그리스도와 문화가 만나는 공간 이다. 도시는 도시 문화 안에서 사람들이 하나님에 대한 갈망을 표현하는 공간이며, 동시에 하나님 나라를 향한 하나님의 선교 가 실현되는 공간이다.

좀 더 신학적으로 표현하자면, 내재와 초월이 함께하고 서 로 교차하는 그런 공간이 도시다. 그러므로 도시는 하나님을 향 한 사람들의 갈망을 읽어 내야 하는 공간이면서, 일하시는 하나 님을 만나는 공간이다. 신자들에게 도시는 하나님이 오셔야 하 는 공간이 아니라, 우리가 하나님을 만나야 하는 공간이다. 그래 서 이 책의 저자들에게 도시는 하나님이 친히 자신을 드러내는 현현의 자리이며, 도시 신학을 실천하는 사람들의 가장 중요한 과제는 이미 도시에서 일하고 계신 하나님의 일을 식별하고 만 나는 일이다.

넷째로, 이 책의 저자들에게 도시는 신학적 해석의 자리다. 하나님의 선교를 식별하고, 그 하나님의 선교를 향한 신자들의 투신이 일어나야 하는 공간이 바로 도시다. 그래서 도시는 진정 으로 실천적이고 성사적이며 성육신적인 신학이 전개되어야 하 는 장소다. 그렇다면 도시의 신학이 하나님의 선교를 식별하고 새로운 실천을 향해 투신하는 과정은 어떻게 전개되는가? 이것 이 바로 도시 신학의 해석학적 질문이다. 이 책은 성서와 전통과 이성이 도시의 변화를 위한 교회의 실천 경험과 만나서 서로를 해석하는 과정에 참여할 때, 신뢰할 수 있고 권위 있는 식별의 과정과 투신의 과정이 일어날 수 있다고 보고 있다. 올바른 실천 곧 정행 Orthopraxis을 향한 해석학적 과정이 도시 교회들과 신자들의 실천을 중심으로 일어날 때, 진정한 의미의 도시 신학과 공공신학이 가능하게 된다는 뜻이다.

　　이 책이 도시를 바라보는 선교적이고 실천적인 시각은 한국 교회를 위해서도 중요한 통찰들을 담고 있다고 생각한다. 도시의 건강한 변화를 위해 노력해 온 영국 교회의 실천이 한국 교회보다는 오랜 역사를 가지고 있을지는 몰라도, 한국 교회의 실천이 양적으로 부족하거나 실천의 강도 면에서 약하다고 말할 수는 없다고 생각한다. 한국 교회 또한 오랜 빈민 선교와 산업 선교의 역사를 가지고 있고, 또 도시 개발이나 재생과 관련해서 발생하는 문제에 교회가 약자 편에서 개입하고 저항해 온 역사 또한 결코 짧다고 할 수 없다. 하지만 도시라는 전체 공간을 신앙적 실천과 신학적 해석의 공간으로 적극적으로 수용했던 경험은 거의 없는 것처럼 보인다. 도시에서 발생한 특정한 문제들에 개입해 온 경험은 있어도, 도시 전체의 개발 계획이나 재생 계획을 문제의 중심에 놓고 교회가 해야 하는 역할을 생각해 본 경험이 많았던 것 같지는 않다. 그래서 이 책이 제공하는 도시라는 공간을 바라보는 시각과, 도시의 변화를 위해서 영국 교회가 자신의 역할을 찾아 나가는 모습은 분명히 우리에게 영감과 자극을 주는 측면이 있다고 생각한다. 이 책이 이미 밝히고 있듯이, 도시 공간에 대한 사회학이나 인류학적인 연구들이, 도시를 새로운 시각으로 바라볼 수 있게 하는 데 많은 도움을 준 것은 사실이다. 하지만 공간에 대한 인류학적 이론이 곧 도시 신학의 출발점이었던 것은 결코 아니다. 오히려 도시 문제에 개입해 온 교회의 선교적 경험이 도시를 바라보는 새로운 시각을 배태했다고 보아야할 것이다. 교회의 선교적 경험에 대한 반성이 도시 공간에 대한 새로운 이해를 요청하고 있었고, 그 요청이 도시 공간에 대한 인류학적 이해와 만났다고 보아야 할 것이다. 그런 점에서, 한국 교회 역시 이론을 빌려오는 데 급급할 것이 아니라, 한국 교회의 선교적 실천의 역사와 현재를 가장 구체적으로 성찰하고 반성하는 일부터 시작해야 할 것이라고 본다. 그와 같은 반성을 바탕으로 새로운 실천을 찾는 과정에서 도시에 대한 새로운 이해가 발전할 것이고, 도시에 관한 다양한 공간 이론들과 만날 수 있는 길도 열릴 수 있을 것이다.

도시의 현재에 대한 진단

실천적 신학으로서 이 책의 본론은, 현재의 도시와 도시 개발의 문제를 비판적으로 분석하고, 도시의 올바른 변화를 위한 교회의 역할과 참여의 새 길을 찾는 데 초점을 맞추고 있다. 도시 발전을 위한 다양한 개발이나 재생 사업들이 전개되고 있는 것은 사실이다. 하지만 더욱더 양극화하고 있는 빈부 격차와 조금 더 깊어진 사회적 갈등과 분열은 도시를 새롭게 변화시키려는 지금까지의 정부나 개발업자들의 노력이 실패하고 있음을 반증하고 있다고 평가한다. 그리고 다양한 종교와 신앙들이 공존하는 상황에서, 이들을 충분히 참여시켜 좀 더 창조적인 도시계획을 위한 자원과 기회로 만드는 데 실패하고 있다고 진단한다. 뿐만 아니라, 이 책이 '신앙 자본'이라고 표현하고 있는, 기독교가 가지고 있는 물질적, 정신적 자산들의 중요성을 개발 주체들은 물론 교회 자체도 잘 인식하지 못하고 있다고 비판한다.

하지만 가장 중요한 분석은 결국 도시재생 계획을 위한 의사 결정 과정이 충분히 시민 참여적이지 못하다는 비판을 향해 간다. 정부나 개발업자들이 결정을 주도하고 하향식으로 의사를 전달하는 관행이 지속되는 문제다. 경제적 이익을 최고의 판단 기준으로 삼고 개발 이익의 추구에 중심을 둔 계획들은, 풀뿌리 민중을 의사 결정 과정에서 배제할 뿐만 아니라 그들의 삶과 문화를 개발의 자원이 아니라 장애물로 여기는 태도를 보인다는 것이다. 그래서 도시의 개발이나 재생과 주민의 삶의 실현이 서로 모순을 일으키는 관계가 되는 상황을 문제의 핵심이라고 보고 있다.

새로운 실천을 위하여

그래서 이 책의 저자들은 지금의 도시 사회가 직면하고 있는 가장 큰 문제는, 효과적인 해결책이나 방법론이 부족한 데 있는 것이 아니라, 해결책을 실행할 수 있는 참여자들의 힘과 권력이 부족한 데 있다고 진단한다. 이 말은 도시 개발이나 재생 계획을 주도하는 사람들에게, 도시의 가난한 사람들이나 소외된 사람들의 의견을 청취하라는 단순한 호소 그 이상을 의미한다. 가난한 사람들이 주체적 참여자가 될 수 있도록 적극적으로 힘을 불어넣어야 한다는 뜻이다. 그리고 한 걸음 더 나아가, 도시의 가난하고 소외된 사람들이 자신들의 힘을 기르고, 또 도시의 변화에 능동적으로 참여하여 책임적으로 시민권을 행사할 수 있도록, 스스로 자신들을 조직화할 수 있도록 도와야 한다고 주장한다. 그래서 지금까지 소외되어 왔던 개인과 집단들에게 '힘을 불어넣는 일', 그리고 그들이 스스로를 '조직화'할 수 있도록 돕는 일을 가장 중요한 실천 과제로 제시한다. 그리고 솔 앨린스키와 같은 고전적인 조직가의 경험은 물론이요, 최근에 교회가 개입하여 광역 조직 운동을 해 온 미국 시민 사회의 경험들도 다양하게 소개하고 있다.

그리고 끝으로 도시 교회 자체의 변화를 위한 제안을 하고 있다. 앞에서 말한 가난하고 소외된 시민들에게 힘을 불어넣고 그들이 힘을 발휘할 수 있도록 조직화하는 일을 위해서, 실천적으로 기여할 수 있는 교회의 준비를 요청하고 있다. 영국 교회의 역사와 현재가 한국 교회의 그것과는 많이 다르지만 충분히 참고해 볼 만한 중요한 제안들이다. 영국만이 아니라 한국에서도 도시의 삶의 변화를 위한 선교적 책임을 담당해야 하는 도시 교회의 교회론을 다시 세우는 일이 중요하다. 지금 교회가 가지고 있는 다양한 유형무형의 자산들이 도시 삶의 변화를 위한 소중한 자원이 될 수 있는 길을 찾는 일도 중요하고, 교회가 구체적으로 예산을 배치하는 일도 중요하다. 하지만 이 책이 가장 강조하고 있는 부분은, 신학 교육을 포함한 교회의 리더십 훈련이다. 도시의 가난하고 소외된 사람들과 만나면서 구체적으로 그들에게 힘을 불어넣고 조직화하고, 그래서 그들과 함께 도시의 변화를 구체적으로 만들어 낼 수 있는 지도력을 길러 낼 수 있는 훈련과 교육 프로그램을 만들어 내는 일을 가장 중요한 과제로 보고 있다. 관성적인 틀에 얽매여 한 발자국도 밖으로 내딛지 못할 것처럼 보이는 지금 한국 교회 신학 교육의 현실을 생각하면, 매우 난감한 제안처럼 보인다. 하지만, 영국의 교회들이 기성의 신학 교육의 틀에 틈을 내고 기회를 만들기 위한 다양한 시도를 하고 있는 모습은, 한국에서 도시 문제를 가지고 구체적으로 씨름하고 있는 교회와 공동체들에 큰 용기를 줄 수 있을 것이라고 믿는다.

　　독자들에게 책을 좀 더 쉽게 읽을 수 있도록 안내하는 글을 써야 한다는 주문이었지만, 오히려 독자들의 생각과 시선을 혼란케 하고 만 것 같아 염려스럽다. 하지만 독자들은 안내자들보다 더 뛰어난 혜안으로 이 책의 가치를 발견해 주리라고 믿는다. 도시와 도시에서의 삶을 이처럼 진지하게 다루고 있는 책을 발견하기는 쉽지 않다. "내가 세상의 실재에 온전히 자리잡고 있을 때 하나님의 실재가 그 자체를 드러낸다"고 했던 본회퍼의 생각은 이 책을 관통하는 기본 정신이요 신념이라고 생각한다. 우리가 좋은 도시를 만들기 위한 구체적인 노력에 책임감을 가지고 참여할 수 있을 때 비로소 하나님의 실재와 가장 가까이 만날 수

27

있을 것이라는 이 책의 약속이 한국 교회를 위해서도 기대와 희
망이 되기를 진심으로 바란다.

공공신학과 도시 교회

이 나라 지역사회 곳곳에 16,500개*의 매장과 10,000명의 정규
직 직원을 두고, 건물을 제외한 자본 자산이 약 8조 4천억 원인
조직을 상상해 보라. 또 44개**의 지역 센터는 각기 상당한 자산
과 그 지역에서 가장 주목할 만한 일부 건물 및 부동산 전반을
관리하고, 매주 100만 명의 예배자와 매달 200만 명의 방문자가
그 건물들에 들르며, 나아가 수백만 명이 이 조직이 소유한 건물
들을 이용하고 여기에서 후원하는 사업의 혜택을 받는다. 이곳
은 이 나라 교육의 주요 제공자이자 청년 노동을 제공하는 가장
큰 단일 조직이기도 하다. 이 조직, 즉 잉글랜드 성공회는 이 나
라 모든 시민은 전도구민이라고 주장하며 전도구 교회와 관련된
권리를 시민들에게 제공하고 지역 교회와 그 구성원들에게 책임
을 부과하는 등, 윌리엄 템플William Temple의 말대로 "그 일원이 아

---

* 영국의 전도구 교회 수
** 잉글랜드 성공회(Church of England)의 캔터베리 관구와 요크 관구 두 곳을 포함한 수를 말한다.

닌 이들을 위해서 존재하는 조직"이다.[1] 공공 생활이 종교에서 분리되고 벗어나야 한다는 요청이 있기는 하지만, 많은 이들은 잉글랜드 성공회가 없다면 이 나라 지역사회의 응집성이 손상될 뿐더러 심각하게 분열되리라는 사실을 인정할 것이다. 우리 지역사회 중 가장 도움이 절실한 곳에서 살고 있는 잉글랜드 성공회의 성직자들은 마지막 남은 전문가들이고, 그 건물들은 시골에서든 도시 지역사회에서든 지속성과 섬김을 드러내는 중요한 상징이다. 세속주의자들이 잉글랜드 성공회는 그 끝이 가까웠다고 말하는 와중에도, 잉글랜드 성공회는 이 나라에서 가장 큰 봉사 조직이자 주민들과 지역사회의 삶에 활발히 참여하는 조직으로 남아 있다.

그리스도인은 하나님을 예배하도록 부름 받았다. 그러나 그들은 또한 성서와 전통을 연구함으로써 세상을 위해 성육신의 현존을 제공하도록, 즉 예수의 삶과 가르침 안에서 육신이 된 말씀을 제공하도록 부름 받았다. 그래서 교회의 임무의 일부는 변혁적으로 살아가는 것, 비전을 구현하고, 정의를 드러내는 것이다. 이는 섬기는 활동 이상이다. 이는 소망을 품고, 변화를 일구고, 하나님 나라를 꿈꾸는 일과 관련이 있다. 그저 '진술'에 머무르지 않고, 말과 행동으로 선포되고 가치관으로 동력을 얻는다. 날마다 살아 있고 실천되고 선포되는 믿음이다. 이는 그리스도인이 지역사회에서 무엇을 행하고 어떤 존재로 부르심 받았는지에서 비롯된다. 이는 수행적, 실천적 신학으로, 단지 세상을 **향해** 설교하는 것이 아닌 그 **안에** 육화되는 것이다. 그러나 교회의 활동은 실제로 일반 대중에게 어떻게 보일까?

뉴캐슬어폰타인Newcastle-upon-Tyne의 바이커Byker 단지는 1930년대에 조성된 이후 계속 골칫거리였던 곳이다. 성 마르틴 교회St Martin's는 1933년 그 지역 구성원들이 모이는 전도구 회관으로 지어졌으며, 토요일 저녁마다 의자를 꺼내 일요일 예배를 준비했다. 1970년대에는 단지 자체가 하나의 전도구가 되었지만, 1990년대까지 그 앞날은 어두웠다. 단지 내 인구는 감소하고 있었고, 빈곤을 측정하는 여러 지수는 국내 최상위권이었다. 가구와 어린이의 수가 계속 줄어들어 거의 사라지는 바람에 교회는 손 쓸 수 없이 쇠퇴하는 듯 보였다. 그러나 전도구 교회 관할 사제parish priest와 교회위원회는 쇄신을 위한 비전을 세웠고, 새로운 성 마르틴 바이커 교회가 탄생했다. 그 비전은 "모든 사람이 중요하다"라는 이해를 공유하는 동반자 관계, 즉 지역사회, 교회, 기타 공동체 및 자원 봉사 조직의 사람들 간에 동등한 동반자 관계를 맺는 것이었다. 새로운 성 마르틴 센터는 이제 무엇보다 성장하는 장소, 배우는 장소, 예배하는 장소, 듣는 장소가 되기 위해, 또한 환대하며 돌보는 안전하고 편안한 장소, 모든 연령대의 사람이 잠재력을 온전히 발휘할 수 있는 미래 지향적인 환경, 그리고 주변 이웃이 질 높은 활동을 위해 적극적으로 결정에 참여하는 센터가 되기 위해, 친절하고 협력적이며 포용적인 방식으로 모든 이의 욕구를 충족시키겠다는 목표를 지향한다. 성 마르틴 교회의 철학에는 성육신의 실천신학이 관통해 흐른다.

2006년 7월, 새로운 성 마르틴 교회가 문을 열었다. 바르나

도스Barnado's*와 제휴하여 운영 중인 어린이 센터가 전면에 있는, 인상적인 2층 건물이었다. 어린이 돌보미부터 유아까지, 차 마시는 모임 회원부터 치어리더까지, 발레 무용수부터 걸 스카우트 단원까지, 한 달에 1,500명이 넘는 사람이 이 건물을 드나든다. 건물 벽은 유리로 되어 있어 바깥에서도 내부에서 이루어지는 생활과 활동은 물론, 따뜻하고 환영하는 분위기를 볼 수 있다. 이 구역은 치안이 불안정하지만 울타리가 없다. 보안에 치중하는 수많은 교회와 전혀 다른 모습이다.

핼리팩스Halifax와 콜더데일Calderdale은 도시의 미래를 고민하기 위해 여럿이 모여 회의하는 장소로 핼리팩스 전도구 교회를 염두에 두지는 않았을 것이다. 예전에는 섬유 고장으로, 지금은 HBOS(와 그 전신 Halifax Building Society**)의 본거지로 더 유명한 이곳에는 현재 오언 윌리엄스Owen Williams***라는 열정적인 흑인 최고 경영자가 있고, 수많은 무슬림이 거주한다. 새로 온 전도구 관할 사제vicar인 힐러리 바버Hilary Barber는 종교 단체들이 기여할 부분이 있다고 느꼈다. "종교 공동체들은 이미 콜더데일 사회에 엄청난 기여를 하고 있다. 중요한 쟁점은 그들이 바라는 바에 있다. 종교 공동체들은 중앙정부 및 지방 자치단체와 동반자 관계를 맺고, 지역사회의 미래를 위해 공통된 비전을 함께 세우길 바란다." 150명이 넘는 사람이 하루 종일 중세 건물에 모여, 먹

• 취약 어린이들을 돌보기 위해 1866년 설립된 영국에서 가장 큰 어린이 자선 단체
•• 영국 금융보험그룹
••• 노던케어얼라이언스 국민 보건 서비스 기금(Northern Care Alliance NHS Foundation Trust)의 최고 경영자

무엇이 좋은 도시를 만드는가

고 토론했다. 그들은 지방 당국, 보건 당국, 학교, 자원 봉사 조직 및 지역 하원 의원 소속이었다. 종교 지도자들과 참여자들은 오래된 전도구 교회와 함께 그들의 비전과 소망을 나누었다. 그 교회는 전 지역사회에서 전통적으로 주된 만남의 장소 역할을 했던 곳이었다. 영국에서 잉글랜드 성공회만이 지역사회의 미래를 고민하는 장소, 누구나 참여할 수 있는 중립적인 장소를 제공할 수 있다고 말해도 무리가 아니다. 힐러리 바버는 행사를 마무리하면서 이렇게 말했다. "협의회의 과제는 콜더데일 사람들의 말을 경청하고 있음을 입증하는 일과, 콜더데일이 모두에게 행복한 주거지가 되는 데 어떻게 종교 공동체들이 실제로 참여할 수 있는지 향후 18개월 동안 적극적으로 보여 주는 일이다." 다시 말하지만, 그리스도교는 우리가 사는 지역사회의 행복을 위한 비전과 요구에 그 자신의 열망이 있다고 말한다.

고스포트Gosport는 인접한 포츠머스Portsmouth처럼 활기가 넘치고, 지역에 대한 사람들의 인지도가 높은 곳은 아니다. 포츠머스 항구 맞은편 반도 끝에 위치한 이곳은, 영국 왕립 해군의 필요에 따라 남쪽에 대규모로 조성된 지역사회로 교통 체증이 심한 A32 도로로 접근할 수 있다. 이곳의 대규모 공공 주택 단지는 현대화나 철거가 시급할 정도로 낙후되었다. 그러나 그 경계 안쪽 리 온 더 솔렌트Lee-on-the-Solent는 엄청난 부유층들이 거주하는 단지로, 새로운 주택 단지 개발이 계획되어 있기도 하다. 포츠머스 교구와 고스포트 교무구deanery*는 고스포트를 좋은 지역으로 만들 만한 행사를 후원해야겠다고 결정했다. 최고 행정 책임

들어가는 말

자, 의회 임원, 지역 하원 의원, 보건 업무 종사자, 많은 수의 지역 경찰, 교회 및 수많은 주민 자치 조직이 하루 동안 한 장소에 모여 대화했다. 이날 가장 큰 성과는 관계를 새롭게 맺었다는 것이다. 지역사회를 위해 봉사하는 이들은 그들이 속한 지역사회와 주민들을 위해 함께 애쓰고 있는 다른 기관들을 거의 만나지 못한다. 성과가 목표인 세계에서는, 사회복지사와 지역의 사회사업가들이 만날 수 있게끔, 적어도 일부 전문가들이 한 자리에 모일 수 있도록 점심 식사를 마련하던 시절은 사라진 듯 보였다. '수치로 나타낼 수 없는 일은 진행해서는 안 된다'는 것이 지역 공공 사업을 지배하는 새로운 원칙 같아 보였다. 다시 말하지만, 이런 상황에서도 지역사회가 어디로 가고 있는지 물러서서 성찰하며 비전과 희망, 변화를 가져올 만한 기회를 제시하는 곳은 지역 교회였다. 그날 이들은 들뜬 마음으로 웅성거리며 지역 센터를 나섰다.

위건Wigan의 리버풀Liverpool 교무구도 이와 비슷한 동기를 부여받아, 지역 당국에게 위건의 미래를 위한 토론에 참여하라고 촉구했다. 위건은 최근 정책 교환Policy Exchange** 싱크탱크가 주목하는 지역으로, 지역 주민들이 케임브리지Cambridge나 급속히 부상 중인 남동부 거점 도시로 이주한다면 더 많은 기회를 얻을

---

* 지역을 나눠 신도들을 관리하는 조직체계인 교구(diocese)의 관할 구역을 일컫는 말이다. 하나의 교무구는 각 본당을 중심으로 여러 전교구로 나뉜다.
** 2002년 설립된 영국에 기반을 둔 영국 보수 싱크탱크로, 공공 사업, 교육, 에너지 및 환경, 경제, 산업 정책, 주택 정책, 이민, 안보 등의 주제를 연구한다.

수 있을 것이라고 기대되는 북부 도시 중 한 곳이다. 사실 위건 자치구는 인구가 305,000명이 넘고, 지방 자치단체의 행정력은 제법 높은 수준이다. 이곳에는 프리미어리그 축구 팀과 뛰어난 럭비 리그 팀이 있으며, 둘 다 새로 지어진 JJB 경기장*을 홈구장으로 쓴다. 정부 정책의 초점이 재생에서 실업이라는 의제로 옮겨지는 것을 알아차린 위건 시 의회는 교회들을 초청해 "위건을 움직이게 하는 것은 무엇인가"라는 제목의 행사를 개최했고, 여러 조직이 부문 간 안건을 주고 받으며 논의했다. 위건의 경제 활동 가능 인구는 190,800명인데, 그중 34,500명이 실직 상태다. 실업 수당 청구자 중 가장 많은 비율을 차지하는 이들은 무능력 급여incapacity benefit**를 받는 사람들로, 이들 중 다수가 스트레스와 관련된 질병을 앓고 있다. 그날 회담에서 JJB 경기장은 부문 간 교차 토론에 참여하기 위해 둘러앉은 실무 집단들의 홈구장이 되었다. 그 회담을 통해 그들은 함께 일하게 되었고, 위건과 그곳 시민의 안녕을 위해 일하는 기관들로서 더 나은 협력 방식을 다룬, 열망과 헌신이 넘치는 보고서를 발표했다. 물론 불평도 많았다. 주민 자치 및 지역사회 부문은 단기로 조달되는 자금과 실제 의사 결정에 충분히 참여하지 못한다는 사실 때문에 피해를 입는다고 느꼈다. 교회들은 그들의 잠재력과 기여가 자주 간과된다고 느꼈다. 그날의 성공에 대해 모두의 의견은 일치했고, 최고

- 현 DW 경기장
- 만성질환이나 장애 때문에 취업이 어려운 이들에게 지급되었던 영국의 사회 보장 수당으로 2008년부터 단계적으로 폐지되었으며, 기존 수급자들은 거의 모두 고용·지원 수당을 받는 쪽으로 옮겨졌다.

들어가는 말

행정 책임자는 진행 상황과 성과를 보고하기 위해 1년 후 회합을 다시 소집하겠다고 약속했다. 그날은 교회들의 격려에서 비롯되었고, 정부 의제에 대해 각기 다른 입장을 지녔음에도 불구하고 위건 시민의 안녕과 행복을 향상하는 데 초점을 맞출 수 있었다.

이는 교회가 앞장서서 지역 주민들이 그들의 이웃에 대해 고민하게끔 장려한 여러 사례들이다. 바이커에서 교회는 지역사회 안에서 교회의 사명과 존재의 본질을 바꾸는 데 지역 주민들이 주도권을 잡도록 그들을 참여시켰다. 그들이 노력해서 일구고 싶은 미래에 대한 비전을 품고 이를 새로운 물리적 실재로 구현하도록 그들을 참여시켰다. 이는 의심할 여지없이 사람들의 삶을 변화시켰고 바이커를 훨씬 더 매력적인 주거지로 만들었다. 핼리팩스, 고스포트, 위건에서는 교회가 전문가, 주민 자치 단체, 주민 등 수백 명의 사람과 함께 앉아 무엇이 좋은 도시/지역 사회를 만드는지, 그리고 무엇이 교회가 섬기는 그 사람들의 행복과 안녕을 향상시키는지 질문했다. 종교는 회의 참여자들이 '좋은 도시'의 정의를 고민하고 중요한 가치를 분명하게 표현하게끔 돕는 독특한 역할로 기여했다. 그러나 이는 또한 공간과 장소를 거룩하게 하며 이웃 안에 물리적으로 존재함으로써 기억의 전달자 역할을 하는 교회가, 어떻게 다른 이들이 의미와 비전을 질문하도록 안내하는지 생생하게 보여 준다.

이러한 맥락에서 도시 교회의 특징은 다음과 같이 말할 수 있다.

- 해당 공간과 장소에 장기간 존재하고 헌신함으로써 독특한 지역성을 지닌다.
- 지역사회를 돌보고 섬긴다.
- 희망, 용서, 초월성의 비전을 구현한다.

정부와 종교 공동체: 왜 이들은 서로 이해하지 못할까?

종교 공동체들과 정부의 관계 전반에는 국가 전체 및 지방 차원의 매우 현실적인 문제가 있다. 지방 자치단체의 일원들과 공무원들은 종교적 신앙의 본질 및 그 신앙이 신자들에게 미치는 영향에 대한 적정한 수준의 지식과 공감, 즉 기본적인 '종교 문해력'이라 불릴 만한 것을 갖추는 게 쉽지 않았다. 그 결과, 그리스도교 단체들은 특히 자금 지원을 신청할 때마다 비이성적인 편견을 직면해야 했고, 간혹 지역 교회의 특징이나, 교회도 때로는 어려움에 처한다는 사실을 이해받기 어려웠다. 다른 종교 단체들보다 이슬람 단체가 재정적 지원을 받기 더 쉽다는, 정당화된 인식도 있다. 지역 당국이 지역 종교 단체들에게 협의를 요청하면서 그리스도교 관계자들을 초대하지 않은 사례는 수없이 많다!

이러한 문제들에 대해서는 두 가지 이유를 생각해 볼 수 있다. 세속화가 영국 사회에 더 깊이 침투할수록, 많은 사회 일원들이 주요 신앙 전통에 속해서 이를 직접 경험해 볼 가능성은 줄어든다. 소위 '신세속주의'(5장을 보라)가 남긴 교훈이 영국인의 감성과 지성에 실제로 뿌리를 내렸든 그렇지 않든, 현재 동향이 시사하는 바는 이렇다. 다음 세대에는 명목상의 종교 인구와 '신앙을 버린' 인구의 사회학에서 (많은 신앙 전통의) 종교에 헌신된 소수와 종교적 소속이 없는 다수 간의 분열이 늘어나는 상황으로 이동할 것이다. 이는 특히 지방 자치단체의 많은 공무원들이 종교에 대한 실무 지식을 거의 갖추지 못해서, 법, 아동 보호, 의료, 죽음 및 사별, 지역사회에서의 신앙의 역할과 관련된 종교 문제를 다룰 때 부족한 '종교 문해력'을 드러내는 결과를 낳으리라는 뜻이다.

이런 그림을 암울하게만 볼 필요는 없다. 긴급 구조 부문들, 특히 경찰은 몇 년 전 문제를 인식한 후, 레스터Leicester의 성 필립 센터St Phillip's Centre, 대화와 다양성을 위한 브래드퍼드 교회Bradford Churches for Dialogue and Diversity, 런던과 요크셔에 있는 UK 종교 문해력Faith Literacy UK in London and Yorkshire, 험버사이드 지방 교회 위원회 Humberside Regional Churches Commission 같은 단체들에게 교육을 일임하고 있다. 많은 경찰이 지역의 종교 공동체들과 정교한 관계를 맺는 이유는 그 교육 훈련과 함께 종교가 동력을 투자하고 헌신해 온 바를 존중하기 때문이다.

수년간의 논의 이후, 종교 공동체들 자체의 사정이 어려워진 것은 사실이지만, 지역사회·지방 자치부Department of Communities and Local Government의 재정적 지원을 받는 전국적 종교 문해력 훈

• 현재 제공되고 있음

무엇이 좋은 도시를 만드는가

련 프로그램이 제공될 것으로 보인다.* 이제 중요한 것은 지방 자치단체 협회와 장관들이 전념해서 이렇게 개발된 교육 훈련을 다종교, 다문화 맥락에서 일하는 공무원들과 일원들의 자격 요건으로 만드는 일이다.

두 번째로, 테러라는 의제가 종교 공동체들과 정부의 관계를 심각한 불균형 상태로 만들었다는 데는 의심의 여지가 없다. 한때는 이러한 관계의 주요 책임이 내무부Home Office에 있었지만, 최근 몇 년 동안 종교 극단주의에 특히 집중하며 지역사회·지방자치부로 넘어갔다. 일부 정부 정책은 정보가 부족했다. 이미 많은 포럼이 진행 중이던 때에 지역별 종교 포럼 개최를 위한 보조금을 지원하기도 했다. 정부는 종교 공동체 역량 구축 프로그램 Faith Communities Capacity Building Programme을 위해 처음 1년 간 보조금을 지원한 후, 3년 미만의 보조금 지원은 득보다 실이 많다는 사실을 인정해야 했다. 지역 차원에서는 교구장 주교 주관으로 종교 지도자 회의가 수년간 종종 개최되었다. 이 회의들은 종교 공동체들을 위한 의미 있는 만남의 장으로 입증되었으며, 유대교, 이슬람교, 시크교, 힌두교, 그리스도교, 불교에 속한 이들이 공통 관심사를 가지고 서로 존중하는 친구로서, 갈등은 피하고 지역 동반자 관계는 강화하기 위해 정기적인 만남을 이어 올 수 있었다. 영국의 주요 종교 조직들의 협력을 후원하는 자금 지원은 아직 없지만, 지방 당국과 법정 기관은 이 회의를 통해 종교 공동체들과 접촉을 점점 늘리고 있다.

노동당 정부와 잉글랜드 성공회의 관계는 훨씬 더 복잡했

들어가는 말

다. 총리 및 장관들의 개인적인 종교 신념 또는 그 부재 때문에 노동당 내부에서 지속적으로 갈등이 벌어지는 한편, 9.11과 7.7* 이후 전국에서는 세속주의와 무신론에 대한 담론이 점점 거세졌다. "우리는 하나님의 일을 하는 게 아니다"라는 알리스테어 캠벨Alistair Campbell의 유명한 선언 이후, 교회는 명확하게 자신들의 신앙을 매우 중요하게 여긴 두 명의 총리와 함께 일했다. 다행히 우리는 미국 정치 체제의 모순에 휩쓸리지 않았다. 이 체제는 교회와 국가를 분리하지만, 실제로는 종교적 우파의 권력 때문에 그리스도인이 아니라면 대통령직을 향한 꿈을 꿀 수 없다. 그러나 우리의 경우 장관마다 종교 단체를 대하는 방식이 심각하게 서로 다르며, 그들은 편견이라기보다는 순전한 무지를 보여 준다. 예를 들어 2008년 5월, 지역사회·지방 자치부 장관인 헤이즐 블리어스Hazel Blears는 영국방송공사BBC 라디오 4의 〈선데이Sunday〉라는 프로그램에 출연해 《방향 없는 도덕Moral But No Compass》**의 출간에 응답하면서 "우리는 세속적 민주주의 안에서 살고 있다"라고 언급했는데, 이는 사실에 비춰서도 틀렸을 뿐더러 특히 잉글랜드와 스코틀랜드의 기존 교회들의 존재를 완전히 간과하는 등 영국 헌정 역사를 엄청나게 오독한 것이기도 했다! 잉글랜드 성공회가 이 나라의 사회 보장 체계에 공헌한 바를 정

---

* 2005년 7월 7일 런던의 대중교통에서 발생한 자살 폭탄 테러, 같은 해 7월 21일에도 계획되어 있었으나 실패했다.
** 2008년 1월, 잉글랜드 성공회에서 교회의 사회 기여도를 평가하고 사회 복지 개혁, 자원 봉사, 공공 업무 참여 가능성을 조사한 후 출간한 보고서

무엇이 좋은 도시를 만드는가

부가 알지 못했거나 이해하지 못했다는 불평은 뒤이어 바로 부인되었지만, 우리가 8장에서 다루듯 증거들로 보건대 그것은 사실이었다. 비공식적으로 말하자면, 공무원들은 모든 종교가 온당하지 않다고 인정하는 정도일테지만, 장관들은 잘해야 무지한 상태로, 최악의 경우는 편견에 가득차서 선언을 해 버린다.

문제의 일부는 교회 자체의 복잡한 구조에도 있다. 캔터베리 대주교Archbishop of Canterbury는 일종의 교황이고 요크의 대주교 Archbishop of York는 그의 북부 대리인인 것처럼, 잉글랜드 성공회를 위계 체계로 보는 경향이 있다. 만일 교회가 성명을 발표하거나 수행하는 모든 부분에서 작은 어려움이라도 발견한다면, 대주교에게 전화하는 것이 이를 해결하는 방식처럼 보인다. 하지만 잉글랜드 성공회는 교구장 주교가 있는 교구 차원에 대부분 권위가 분산되어 있는, 책임자가 여럿인 복잡한 조직체다. 대주교들이 계급에 따른 권력을 휘두를 가능성은 없다. 그러나 동료로부터 얻은 존경에 기대어 막대한 영향력을 발휘할 가능성은 있다. 물론 이는 현재 임기 중인 대주교들에게 해당하는 경우다. 캔터베리 대주교가 사목자의 선거구에서 일어나는 일에 영향력을 행사할 수 있는 가능성은, FIFA 회장에게 크루 알렉산드라Crewe Alexandra 축구 팀의 선수 선발에 간섭해 주기를 요구하는 경우와 비슷하다.

물론 대주교, 주교, 대주교 산하 협의회 위원들 그리고 정부 장관들은 모여 회의를 한다. 이 와중에 간혹 교회는 회의의 일부 결론을 두고 다른 이해 관계자들과 능숙하게 소통할 줄 모르는 모습을 보이며, 때로는 교회 내부의 이익을 보호한다는 인상을 풍기기도 한다. 주교들은 상원에서 그들의 연단을 확보하고 있고,* 때로 공인된 교회 정책을 대표하는 대신 매우 개인적인 입장에서 발언하기도 한다. 그러므로 장관들이 그들이 다루는 바를 정확히 이해하지 못하는 것은 어쩌면 당연한 일이다. 그러나 전국 의회General Synod, 총회를 주도한 이들은 이를 의미 있는 정치적 사건으로 보았다. 결국《방향 없는 도덕》보고서가 밝히듯, 잉글랜드 성공회는 국가에서 가장 큰 봉사 조직이며, 대다수 유권자는 여전히 교회, 예배당, 회당, 사원, 모스크에 소속된 일원이다! 우리는 잉글랜드 성공회나 다른 신앙 기반 조직들을 단순히 봉사 조직이나 자치단체 정도로 축소시키는 것에 찬성하지 않지만, 이 보고서는 종교와 정부 모두 신자들의 시민 역할을 진지하게 받아들여야 함을 보여 주는 눈에 띄는 사례다.

　캔터베리 대주교인 로완 윌리엄스Rowan Williams는 2008년 2월, 영국 무슬림과 다른 소수 민족의 종교와 문화 감수성을 인정하기 위해 영국법의 관할 아래 샤리아 같은 대체적인 체제에도 일부 권리가 주어져야 한다고 제안했는데, 이는 곧 정치적 히스테리를 불러일으켰다(Higton, 2008; Chaplin, 2008). 논쟁이 다소 가라앉은 후 뒤돌아보니, 종교의 공적 역할이 점점 의심받는 상황에서 대주교의 제안은 분위기를 더욱 과열시킨 게 분명하다. 정부나 언론은 국가가 다양한 종교를 어떻게 균형 있게 다룰 수

---

* 영국 의회의 상원은 하원과 달리 유권자들이 선출하는 것이 아니라, 종신귀족, 세습귀족, 성직귀족으로 구성된다. 상원의 의석수는 총 781석이며, 종신직이 663석, 세습직이 26석, 성공회 대주교와 주교들로 구성되는 성직자 의석은 현재 26석이다.

있는지의 복잡한 문제를 자유와 민주주의 원칙에 근거해 신중하고 여유 있게 고려하지 못한다. 종교가 수백만 명의 시민에게 미치는 중대한 영향을 성숙하게 인정하는 태도에서도 마찬가지다. 이러한 측면에서 로완 윌리엄스가 이런 쟁점들을 제기했다는 이유만으로 비난받았다는 사실은 우리 정치의 세심하지 못한 단면을 그대로 보여 준다.

바로 이러한 상황이 도시 교회가 일하고 있는 맥락이다. 도시 교회는 단순히 구성원을 섬기거나 시설을 제공하거나 사적인 언어로 이야기하는 것이 아니라, 공공신학에 관여하고 있다. 교회는 전략적인 동반자 관계를 맺는 도전들에 직면해야 한다. 종교를 극단주의로 이해하는 불안에 관여해야 하고, 분열을 일으키는 사회적 영향력(그럼에도 불구하고 합법적으로 인정되어야 하지만)을 전환시켜야 한다. 왜 이 모든 일을 하는지 일관되고 신학적인 근거가 있는 설명을 제시해야 한다. 그렇다면 도시 생활과 신앙이 직면한 도전들을 다루는 공공신학은 어떤 모습이어야 할까?

신학이 무슨 소용이 있는가?

이 장을 시작하면서 살펴본 사례들과 앞으로 인용할 많은 경험들에서처럼, 잉글랜드 성공회의 도시 교회들은 국교회로부터 유익한 전통을 많이 물려받았다(참고. ACUPA, 1985). 하지만 다음과 같은 추세에 비추어 볼 때 점점 다시 검토할 필요가 있다.

- 국교제 폐지 요구
- '신세속주의'의 도전
- 더 '교회적'이고 고백적인 신학 관점으로의 전환

뉴캐슬, 위건, 핼리팩스, 고스포트에서 수행되고 있는 작업들은 여러 면에서 분명한 장점이 있지만, 지속적으로 신학을 통해 활력을 얻어야 한다. 따라서 우리는 갱신된 '공공신학'을 주장할 것이다. 이 입장은 대체로 자유주의적 수정주의 전통에 서 있지만, 교회 안팎에서 미래의 우선순위를 합의하는 일에 더는 관여하지 않는다. 우리는 세속주의자와 신정통주의의 비판에 맞서 이런 신학적 입장의 정당성을 주장할 것이지만, 시대의 변화에 따른 갱신의 필요성도 주장할 것이다.

우리는 어떻게 신학이 도시 교회의 프락시스praxis를 가르치고 지도하는지 다루면서, 신학은 무엇보다 신실한 개인과 공동체를 형성하는 목적을 지닌 실천적인 담론 또는 "실천적인 지혜"라고 주장하는 그레이엄, 월튼Walton, 워드Ward의 논의를 따른다(2005; 2007). "하나님에 관한 이야기"는 일상생활의 도전들에서 시작되고, 그리스도인의 신앙 여정을 설계하는 데 필요한 가치와 규범을 설명해 내려고 한다. 그레이엄, 월튼, 워드에 따르면, 그러한 실천신학이 다루어야 할 세 가지 주요한 영역은 개인의 인도와 양육, 그리스도의 몸이라는 공동의 정체성과 정신, 그리고 대화, 구제, 선포 같은, 복음의 요구와 교회 밖 더 넓은 문화와의 관계다(Graham, Walton and Ward, 2005: 10-11).

우리는 그러한 작업을 공공신학으로 확장하면서 다음과 같은 실천적인 질문들을 다루는 데 관심을 둔다.

- 세계화와 도시화로 세상이 변하는 상황에서, 세례 받은 모든 그리스도인이 자신의 소명을 완수한다는 것은 무엇을 의미하며, 개인적인 기도와 연구, 공동 예배와 신학 교육은 그리스도인이 소명을 이루어가는 데 어떤 유익을 미치는가? 그리스도교 신학의 '기본 요소'인 성서, 전통, 이성, 경험은, 어떻게 도시 교회에 가르침과 생명을 주는 독특한 유전자 코드 안으로 결합되는가?(Graham, Walton and Ward, 2007: 2)
- 지역, 국가, 전 지구에서 신앙의 연대를 맺기 위해 도시 교회가 취해야 할 형태는 무엇인가? 잉글랜드 성공회 DNA에 깊숙이 뿌리내린 전도구 제도는 오늘날에도 여전히 적합하고 유용한가? 성육신의 현존이라는 지역 교회가 지역사회 안에서 하나님의 실재 및 일하심에 대해 신학적으로 말하는 바는 무엇인가?
- 사목의 본질과 세상을 향한 하나님의 선교에 대한 이해는 도시 교회의 형태와 우선순위를 어떻게 뒷받침하는가?
- 도시 교회는 지역사회에 어떤 독특한 기여를 하는가? 영국이 점차 '탈그리스도교'화하는 조짐이 보이는 상황에서, 신앙 기반 조직들과 신학적인 토론이 기여하는 바를 공공 영역 안에서 인정하는 것은 정당한 일인가?

들어가는 말

우리는 본질적으로 도시 교회의 신학적인 과제는, 도시 속에 하나님 혹은 특정 유형의 영성이나 믿음을 소개하는 것이 아니라, 도시의 '일상' 신앙생활에서 전개되는 창조, 성육신, 구속의 드라마를 분별하는 것이라고 주장할 것이다.

이 책에 관해

이 책은 평생 도시 상황을 직접 경험하고 도시 신학을 실천해 온 도시 사목자와 신학의 이해에서 상황과 경험을 꾸준히 강조해 온 신학자의 협력이 낳은 산물이다. 우리는 거의 10년 동안, 처음에는 서로의 자문위원으로, 이어 2004년부터 2006년까지는 도시 생활과 신앙 위원회Commission for Urban Life and Faith의 동료 위원으로 자주 만났다. 이 책은 그러한 작업, 그리고 잉글랜드 성공회 도시 생활과 신앙Urban Life and Faith for the Church of England을 위한 주교였던 스티븐의 역할에 대한 우리의 성찰에서 나왔다. 우리는 이 책이 도시 사목자, 학생, 정책 입안자, 정치인, 달리 말해 우리 도시들을 좋은 도시로 만드는 데 열심인 사람들, 교회와 사회에서 더 깊은 이해, 정의, 평등을 위해 일하는 사람들 모두에게서 주목을 받았으면 한다.

　1장에서는 도시 교회의 방향을 조정할 수 있는 폭넓은 은유들을 고찰하는 동시에, '제자도'와 '시민권'이라는 한 쌍의 명령이 인간사를 지지하면서 변화시키는 복음이라는 이름으로 참여와 예언 사이의 긴장을, 아니 궁극적으로는 그 둘의 결합을 표현하는 데 어떤 역할을 할 수 있는지 살펴본다. 이 장은 그리스도교 고전인 아우구스티누스^{Augustine}의《하나님의 도성 *City of God*》을 활용하여, 지역 교회의 신실하고 독특한 실천을 육성하는 동시에, 공공의 일에 참여하며 '성육신적' 현존을 알릴 수 있는 도시 신학, 공공신학의 윤곽을 그릴 것이다.

2장에서는 도시 생활과 신앙 위원회의 보고서인《신앙의 도시들: 기념, 비전, 정의 요청 *Faithful Cities: A Call for Celebration, Vision and Justice*》(2006)을 포함해, 도시 생활과 신앙을 다룬 최근 공식 보고서들을 비평할 것이다. 지역 주민들을 위한 신앙 기반 공헌들, 즉 '신앙 자본^{faithful capital}'이 지속되어야 할 필요에 대한 주요 결론, 정부의 도시재생 정책에 대한 분석, 그리고 특정한 신학 방법론을 적용하려는 시도를 모두 검토할 것이다. 또 '무엇이 좋은 도시를 만드는가?'라는 질문을 둘러싼 핵심 기준을, '조화로운', '인간적인' 도시에 관한 다른 관점들과 비교할 것이다. 이 장은《신앙의 도시들》이 사회 정책과 도시 이론으로 동시대 경향을 얼마나 성공적으로 반영했는지, 그리고 그 영향이 교회와 국가의 관계 및 공공신학이 도시 교회에 주는 의의에 관해 우리에게 무엇을 말해 주는지 평가할 것이다.

3장은 도시 이론과 도시 신학에서 이른바 '공간적 선회^{spatial turn}'가 어떻게 다원 사회에서 도시 교회의 본질을 이해하는 데 큰 도움을 주는지 강조하며, 책의 더 주요한 주제를 전개해 나간다. '하나님은 장소를 취하신다'는 삼위일체 신학의 의의, 지역주

47

들어가는 말

의에 대한 헌신, 공간과 장소의 성스러움은 모두 도시 교회의 실천을 위한 중심적이고 지속되는 주제들로 등장한다.

4장은 계속되는 빈부의 양극화를 고찰하고, 가장 소외된 도시 공동체가 사회에서 배제되는 현상이 여전히 가장 중요한 문제 중 하나라고 주장한다. 많은 영국 도시에서 지역 경제 활성화로 이룬 성과에도 불구하고, 재생 정책들은 부, 기회 또는 교육적 열망의 격차를 줄이는 데 거의 도움이 되지 않았다. 이 장은 하나님의 '가난한 이들을 우선하는 선택'과 개방적이고 포괄적인 환대의 신학적 전통이 지역 교회가 현존하고 참여하는 원천이라고 주장한다.

《신앙의 도시들》은 세계화가 도시 생활과 신앙에 미치는 영향을 다루고, 지역 교회가 점점 더 다원화되는 문화와 관계 맺을 수 있는 방법을 제안하기 시작했다. 5장에서는 영국 다문화주의의 미래에 관한 현재의 논의를 검토하고, 사회 응집성에 대한 정부의 관심이 다양한 공동체의 필요를 적절하게 다루었는지 여부를 고려한다. 이 장은 어떻게 성서 문학의 자료들이 다양성과 차이에 대한 질문들에 신학적이고 실천적인 대답을 제시할 수 있는지 탐구할 것이다.

6장에서는 이른바 '문화 산업'을 경제 부흥의 촉매제로 활용한 도시재생 전략 배후에 놓인 일부 생각들을 살펴볼 것이다. 2008년 리버풀의 '문화의 해'는 대단한 성공을 거두었지만, 이것이 누구의 '문화'인지, '종교'는 문화 르네상스의 열망에 어떻게 통합되고 있는지의 질문들이 남아 있다. 우리는 지역 교회가 지

무엇이 좋은 도시를 만드는가

역주의를 중시하며 강조하는 일, 내러티브, 기억, 가치의 언어를 양성하는 일, 그리고 성스러운 공간을 양성하려는 노력 모두 '좋은 도시'에 기여하는 귀중한 측면이라고 주장할 것이다.

'좋은 도시'는 능동적인 시민 의식을 육성하는 데 달려 있지만, 도시 사회는 민주주의의 결핍 때문에 고통 받는 경우가 매우 빈번하며, 교회는 더 나은 모델을 거의 보여 주지 못한다. 《신앙의 도시들》은 도시 사회에 더 큰 권한을 부여해야 한다고 요청하지만, 어떻게 이런 일이 일어날 수 있는지에 대한 실마리는 거의 제시하지 않았다. 7장은 권한 부여, 광역 기반 조직화의 전략을 검토하고, 신뢰 및 상호 관계 구축의 강조는 무조건적인 사랑과 정의라는 신학적인 주제와 깊이 공명한다고 주장한다. 또 개인과 정치를 강력하게 연결시키는 변화 전략으로 도시 교회를 준비시키기 위한 선언문을 제시한다.

8장은 도시 교회의 미래 생존 가능성에 관한 결론을 끌어내기 시작한다. 회중들도 남반구로부터 이주 유형을 보이고 있으므로, 지역 도시 교회는 점점 지구 공동체의 축소판이 될 것이다. 정부와 전통 둘 다 지역사회의 안녕이라는 측면에서 종교 단체들을 동원하는 데 관심을 드러내기 때문에, 범위가 더 넓어진 여러 정치 동향들은 도시 교회에 기회와 도전을 줄 것이다. 도시 교회는 회복력에도 불구하고, 급진적인 구조 조정을 요구하는 심각한 인구 통계학적, 재정적 위기에 직면해 있다. 도시 교회는 살아남을 수 있을까, 어떤 형태로 가능할까?

시민인가
제자인가?

들어가는 말

그리스도교는 시작부터 도시 종교였고, 그리스도교 선교가 로마 제국 전역에 급속히 확산되는 데는 그리스도교가 탄생한 도시의 사회학적·지정학적 요인들이 크게 기여했다(Gillett, 2005: 25-26). 또한 도시 문명의 경험은 요한계시록의 '새 예루살렘' 같은 성서의 이미지가 나타나는 데도 영향을 미친다. 심지어 그리스도교 교리도 세대마다 도시 생활이 가져온 기회 및 도전에 의해 발전되면서 형성되었다. 우리가 '들어가는 말'에서 제안했듯, 그리스도교 신학의 역사가 실천적인 지혜의 모음으로서 상황과 맞물려 기록되어야 했다면, 도시 생활과 신앙의 문제에 대한 고민들은 복음의 주요 가치를 드러내는 토대가 된다. 이를테면, 지상의 시민이자 천상의 시민으로 행동하는 가운데 발생하는 긴장을 어떻게 안고 살아갈 것인지, 여러 다른 가족들에게 둘러싸인 '에클레시아*ekklesia*', 즉 하나님의 가족은 어떻게 통치해야 하는지, 그리고 부활하신 예수 그리스도를 믿고 신뢰한다는 고백은 공적으로 어떤 의미가 있는지 등이다. 도시는 오랫동안 문명의 중추이자 무역 및 교류의 중심지, 제국의 권력과 군사 전략이 이행되고 기술과 예술이 육성되는 중심지였다. 또한 필연적으로, 모든 세대의 그리스도인이 소명을 되새기고 수행하게끔 부름 받은 장소이기도 하다. 달리 말해, 그곳은 '그리스도'와 '문화'가 만나는 장소였다.

'도시 신학'이라 불리는 학문의 체계적인 역사를 정리하는 것이 이 장의 의도는 아니지만, 우리는 잇따른 세대들이 도시에 살면서 실제로 경험하는 '기쁨, 불의, 필요'에 다가간 몇 가지 방식을 보여 주려 한다. 이것이 하나님의 본성, 세상과 인간의 번영에 대한 새로운 이해가 생겨나는 맥락이었으며, 결국 신학 전통으로 계승된 지혜 형성에 기여했기 때문이다.

특히 우리는 도시 교회의 삶과 증언에 영향을 미치는 두 가지 다른 신학 모델과 그리스도교 전통의 자료들이 동시대 실천에 영향을 주는 방식을 숙고하면서 시작하고자 한다. 선택해야 할 것이 있다. 복음은 그리스도인들에게 '공동선'을 추구하고, 더 넓은 사회 안으로 들어가며, 다른 종교 전통들과 명목상 인간성을 공유하는 대신 협력하라고 요청하는가? 아니면 그리스도교의 부르심은, 세속 이성의 규칙에 조응하지 않는 반문화적인 실재로서 교회라는 독특한 정체성을 구축하는 문제인가? 우리는 이러한 질문들을 신학이 어떻게 '공공신학이 될 것인지' 전망하는 두 가지 대조적인 이해로 묘사할 수 있다.

1. 이를테면 공동선이라는 공유된 언어로, 보편적인 인간 원칙, 도덕적 가치관을 규명한다는 명목에서 다원주의 문화와 자유주의 국가에 적극적으로 참여하는 것. '공공적public' 도시 신학.

2. 다원주의 세계에서 복음의 가치관을 온전하게 보호하기 위해 더 배타적인 태도를 주장하는 입장. 서구 근대성의 이를테면 다원주의, 시민 종교, 자유주의(비그리스도교적 가치와 '연관성을 보여 주려고' 하는 신학을 포함) 같은 서구 근대성의 과시적인 요소는 참되고 급진적인 제자도에 해롭다는 가정. '교회적ecclesial' 도시 신학.

이러한 긴장은 미국 신학자 크리스틴 헤이어Kristin Heyer의 글에서 가져온 다음 인용문에 잘 요약되어 있다.

이 과정에서 전면에 부상한 쟁점들 중 하나는 신학이 어떻게 '공공신학이 되는가'이다. 예를 들어, 종교적 상징과 신념은 특정 기원과 맥락을 가질 수밖에 없기에 이는 '원래' 공동체 내부에서만 해독할 수 있고 의미를 갖는 것인지, 아니면 그러한 특수성이 신학으로 하여금 더 광범위하게 설득력 있는 의미와 공공의 목소리를 **실제로 가질 수 있게 하는지** 여부이다.…이러한 다른 접근법은 '신학을 공공신학이 되게 하는 것'이 신학을 위한 필수 요소인지 아니면 신학에 위험을 초래하는 요인인지 의문을 제기한다. (Hayers, 2004: 308)

우리는 이러한 두 관점이 서로 다른 입장에서 '시민권citizenship'•
과 '제자도discipleship'의 덕목들을 강조하는 것을 보여 줄 것이다.
실제로 이들은 서로 배타적이지 않지만, 그리스도교 신학 논쟁
에 지속적으로 영향을 미쳐 온 전형적인 유형이 되었다. 로마서
가 청중에게 세상을 "본받지 말고 … 변화를 받[으라]"라고 권면
할 때, 저자는 그리스도인들이 항상 직면하는 논쟁을 드러내고
있다. 그것은 세례를 받아 그리스도 안에서 새 생명을 얻은 신자
는 이 세상의 관습들에서 물러나고 분리되어야 하는지, 아니면
세상을 창조주이고 성육신한 성자이고 생명을 불어넣는 성령이
신 하나님께서 영원토록 일하시는 장소로 이해하고, 그러한 세
상을 위해 일하는 것을 믿음에 합당한 부르심으로 받아들여야
하는지이다. 20세기 신학자인 H. 리처드 니버는 이러한 긴장을
'그리스도'와 '문화'의 양극 사이에서 오랫동안 반복되어 온 특
징 중 하나라고 말한다(H. R. Niebuhr, 1951). 그러나 본질적으로 이
는 하나님의 계시가 주로 교회의 전통들과 실천들을 통해 주어
지느냐, 아니면 자연, 문화, 과학, 정치라는 '세속적' 영역 또한 우
리를 진리로 이끌 수 있느냐 하는 문제다.

　　그러므로 우리는 그러한 '계시'와 '이성'의 신학과 도시 교
회를 위한 '제자도'와 '시민권'의 감성이 밀접하게 연결됨을 염
두에 두면서, 신학의 본질적인 과제를 분명히 하는 데 관심이 있
다. 이는 신자들의 삶을 지도하는 동시에, 어떻게 신학적 원리들

• 시민 의식, 국가 소속으로 주어지는 권리와 의무를 강조하기 위해 채택했다.

을 공공 영역에서 '말할' 것인지를 판단하는 작업이기도 하다. 우리 두 사람의 글의 바탕인 성공회의 사회적인 전통과 스티븐이 섬기는 잉글랜드 성공회는 아직 국교의 흔적이 남아 있기 때문에 좀 더 '공공'신학으로 기울어져 있고, 그리스도교 가치관과 더 넓은 문화의 가치관은 본질적으로 수렴한다고 확신한다. 하지만 갈수록 더 세속적이고 다원주의적인 상황에서, 이는 반드시 사실은 아닐 수 있다. 그리고 도시 교회는 독특하고, 반문화적이고, 심지어 예언적 윤리를 강조하는 실천신학을 옹호하기 위해 주변 문화에 '세례를 준다'는 사고를 이제는 삼가야 할 때일지도 모른다.

따라서 우리는 20세기와 21세기에 일어난 운동을 추적할 것이다. 즉 '세상이 의제를 설정하도록 두며', 세속 이론 및 경향과 대화하면서 작업했던 '자유주의' 또는 공공신학들에서 물러나, 교리나 전통의 독특성에 기반을 두고 교회의 예배하는/성례전적 삶을 구현하는 특별한 그리스도교 정체성을 강조하는 '탈자유주의' 또는 교회적 신학들로 이동할 것이다.

우리의 결론은 공공과 교회의 두 기둥이 긴장을 유지해야 한다는 것이다. 신학은 하나님의 가르침에 나타나지만, 이는 '공적으로' 시험되어야 한다. 그렇더라도 교회는 궁극적으로 "세상을 향하는, 세상 속에 계시는 하나님"(Graham, 2004: 399) 신학을 반드시 선언해야 하는 공적 책임을 맡았으므로, 대화 및 동반자 관계를 교회적 신학의 특성에만 맞춰 제한할 수는 없다.

이러한 과정에서, 고대 로마 상황에서 그리스도인이자 시민에게 부여된 책임의 본질을 깊이 고민했던 한 중요한 신학자의 글을 가져오려고 한다. 그는 신학자인 히포의 아우구스티누스Augustine of Hippo로, 5세기경 북아프리카의 수도사이자 공직자였다. 그의 저술인 《하나님의 도성》은 지상의 통치자인 국가와 다가올 세상인 하나님 나라 중에서, 도시에 사는 그리스도인들이 궁극적으로 충성해야 할 곳은 어디인지를 다룬다. 따라서 이 장의 중요한 목표는 우리 시대 관심사를 그리스도교 신학의 고전과의 대화로 표현하는 것이며, 공공적이고 교회적인 이중의 부르심, 시민이 되느냐 제자가 되느냐는 항상 신학적 논쟁의 중심에 있었음을 지적하는 일이다.

공공신학의 본질

여기서는 '공공신학'의 전통을 검토하고 이에 대한 비판들을 고찰하며, 시민권과 제자도를 창조적인 방식으로 육성할 수 있도록 도시 생활과 신앙을 신학적으로 성찰하는 수정 모델을 발전시킬 예정이다. 우리는 들어가는 말에서 '공공신학'의 윤곽을 그리기 시작했다. 정의와 전통은 다양하지만, 주로 어떻게 나타나는지 이어지는 목록에서 설명한다.

첫째, 신앙 기반의 관점에서 공공 정책의 쟁점들을 다루는 공공신학의 유형이 있다. 이는 신학자들, 교회 보고서들 또는 교회 지도자들이 발표하는 성명에서 볼 수 있으며, "그리스도교 신앙의 도덕적 함의를 공적으로 이해할 수 있는 방식으로 더 큰 사회에 제공하려는 시도"라고 할 수 있다(Breitenberg, 2003: 64). 2장의 기반이 되는 《도시의 신앙*Faith in the City*》(ACUPA, 1985)과 《신앙의 도시들》(CULF, 2006) 같은 보고서는 마을들의 형편에 대한 교회의 진술, 공공정책의 특정 쟁점에 대한 교회의 논평이라고 할 수 있다. 공공신학은 정치 신학 이상의 영역을 포괄하므로, 이는 국정은 물론, 기업과 시장, 과학과 철학, 가정생활, 인종 정의, 자원 봉사 단체, 뉴스 매체와 엔터테인먼트 및 예술을 포함하는 대중문화, 즉 우리의 사고방식, 관계를 맺는 방식, 세상을 살아가는 방식을 형성하는 모든 제도 등, 다양한 '공적인 것'에 관심을 갖는다. 금융 위기, 세계 빈곤, 국제 문제에 대한 주교 또는 대주교의 성명 발표 또한 '공공신학이 되는' 신학의 한 형태를 보여 준다. 그들이 제도 교회를 넘어 더 넓은 사회와 문화의 맥락에서 신앙의 관련성을 고민하기 때문이다.

두 번째 차원은 그리스도인들(서품이나 안수 받은 이 그리고 평신도)이 세속 세계, 특히 아마도 직업 세계에서 신실한 증인의 역할을 수행할 수 있도록 준비시키는 지도 과정 또는 양성 과정과 연결된다. 이는 사람들이 개별 그리스도인이자 그리스도의 몸으로서 좀 더 자신감을 가지고 믿음의 전제들을 동시대 삶의 도전들에 연결하도록 돕고, 교회의 활동을 통해 미디어, 공공사업, 교육, 산업 같은 공공 제도와 진정성 있는 관계를 맺도록 돕는 '공공' 신학의 일이다. 하지만 많은 평신도, 특히 세속 직업에 종사하는 이들은 동시대 삶으로부터 이중적인 도전을 받는다. 공공 생활이 점차 기능적으로 세속화되거나 종교적으로 '문맹'이 되었다면, 많은 지역 교회는 '사유화'되었다. 교회는 개인 영성에 치중하고 그들 자신의 체계와 활동을 지속하는 데만 관심을 기울인다. 일상을 '신학적으로 성찰'하도록 자신감과 기회를 주는 공공신학이 절실하게 필요하다.

세 번째 차원은 어떻게 신앙에 대한 열심이 정치인들의 공적인 행동에 영향을 미칠 수 있는지, 그들은 어떻게 그것을 공론장으로 가지고 가기로 했는지에 대한 연구일 수 있다(de Gruchy, 2007; Gay, 2007; Graham, 2009c). 이는 어떻게 개인의 '사적인' 신념이 정치 논쟁 및 정책이라는 공적이며 제도적인 환경에 들어가는지에 관한 사례 연구이기도 하다. 그러나 토니 블레어Tony Blair를 청문하는 질문자에게 알리스테어 캠벨이 던진 유명한 경고, "우리는 하나님의 일을 하는 게 아니다"라는 말에 암시되어 있듯, 정치인이 공론장으로 종교를 가지고 가는 것에 상당한 저항이 있으며, 종교 극단주의를 경험한 대중 역시 공론장에서 종교를 다루는 것에 회의적이다. 공적 담론으로서 종교적 주장은 이 장의 주요 관심 대상은 아니다. 이후 5장에서 종교적 주장은 공론장에서 수용될 수 있는지, 아니면 세속 민주주의의 담론에서는 무조건 '제외'되어야 하는지 등의 질문을 더 자세히 다룰 것이다(Graham, 2009a).

공공신학의 뿌리

그리스도인들은 교회가 아닌 공공 제도나 비신자와의 관계에서 어떻게 행동해야 하는지 계속 질문을 받아 왔지만, 놀랍게도 '공공신학'이라는 용어는 최근에 등장했다. 이 용어는 1974년 미국인 학자 마틴 마티Martin Marty가 만들었다. 마티는 신학 사상 가운데 그리스도교 신앙의 공적 태도를 다소 명료하게 제시한 전통, 특히 교회와 개인이 공적이고 사회적인 쟁점들에 참여해 온 방식의 특징들을 기술하고자 했다. 서구 사회는 종교적 신념을 당연히 개인의 선택의 문제로 여기는 경향이 있지만, 마티는 종교는 항상 제도적이고 집단적인 표현을 전제한다는 점에서 '공적'이기도 하고, 종교적 가르침은 도덕적 가르침과 사회적 행동주의activism로 우리 문화를 형성하기도 한다고 상기시킨다.

마티는 미국인의 삶 속에서 '공공신학'의 두 갈래를 명시하는데, 이는 19세기 후반과 20세기의 교회와 사회에 뿌리를 두고 있다. 첫째, 그는 사목 경험을 사회 변화의 전략으로 연결하는 데 관심을 두었던 교회 지도자들의 글쓰기와 행동주의에 주목한다. 그는 이 점에서 모범적인 인물로 침례교 목사이자 '사회 복음' 옹호자인 월터 라우센부쉬Walter Rauschenbusch(1861-1918)를 꼽는다. 라우센부쉬는 미국 개신교 내부에서 개인주의 및 개인 구원이 지배적인 정설이 된 것에 반대했고, 대신 19세기 후반 뉴욕의 악명 높은 '헬스 키친Hell's Kitchen' 지역을 사목하면서 형성된 대안적인 관점을 채택했다. 이곳은 급속하게 산업화된 사회였는데도,

빈곤의 정도가 심각했고 노동자들의 노동 환경과 조건은 열악했다. 라우셴부쉬는 사회 구조와 사회 조건은 하나님이 정하셨다고 생각하는 신학에 맞서, 하나님 나라의 내재성을 역설하고, 예수의 사역을 해석하면서 그가 인간의 고통에 공감한 것을 강조하는 한편, 복음의 윤리적이고 정치적인 의미를 설파했다(Gillett, 2005: 22-23).

라우셴부쉬는 그리스도교 사회주의의 한 형태를 받아들여 사회와 경제의 근본적인 변화 및 자본주의 폐지를 요구했다. 그는 이를 하나님 나라를 이루어 내는 유형적이고 현세적인 수단으로 보았다. 복음의 이름으로 이러한 사회 변혁안들을 이행하는 일은 교회와 모든 그리스도인의 과제였다. 교회의 중심 역할은 새로운 사회 체제를 도입하고 희망의 메시지를 전달하는 것으로, 특히 가난한 이를 향한 긍휼의 마음과 여러 사회 계층, 인종 집단 간 사회적 분열의 화해를 구현해 내는 방식을 취해야 한다. 하나님이 예수의 모습으로 인류에게 다가오시듯, 라우셴부쉬는 이제 교회가 세상에서 하나님 사랑의 통로여야 한다고 주장했다.

그러나 마티는 또한 미국 혁명을 이끈 정치 지도자들, 이를테면 벤저민 프랭클린Benjamin Franklin과 에이브러햄 링컨Abraham Lincoln도 '공공신학'의 실천가들이었다고 주장하는데, 이는 그들이 "미국인의 경험을 이해하기 위해" 종교적 또는 신학적 자원을 사용했기 때문이다(Marty, 1974: 333). 그들은 그들의 정치 전략들을 알리고 국가로서 미국의 운명에 대한 성찰을 불러일으키기 위해, 종교적 모티프들에 의존했다. 마티에 따르면, 사회 변화를 위한 행동주의와 신학적 관점에서 비롯된 공공 비평, 이 두 전통은 자유주의 개신교 학자 라인홀드 니버Reinhold Niebuhr(1892-1971)에게서 융합된다. 그는 미국에서 종교의 사회적 행동, 즉 공공 생활에서 교회 및 교인의 활동을 해석한 사람이자, 신학적 관점에서 공공 쟁점들을 논의하는 데 크게 기여한 사람이기 때문이다. 그는 근본적으로 신학의 실천적이며 윤리적인 특성이 구체적인 가치와 상황에 대해 알려 주고 안내하는 데 있다고 확신했다. 니버는 그리스도교는 개인 구원이나 '영적' 질문을 다루는 것 이상을 한다고 주장했다. 그리스도교는 제도로서 교회의 '공적' 영향을 고민하는 것에서 훨씬 더 나아간 공적 태도를 갖는다. 그는 그리스도인들이 우리 공동생활의 질서와 관련된 문제들에 참여하고, 교회의 일을 넘어 인간사의 질서에 관심을 갖고, 사회 전체를 포용하고, 신학적 관점을 공공 토론 안으로 가져와 소개하는 일을 수행할 수 있다고, 심지어 이는 필수적인 일이라고 확신했다. 따라서 공적 의미를 묻는 질문들을 다루고, 더 넓은 문화에 영향을 미치고자 애쓰고, 문제와 정책을 다루는 방식이 만들어지는 것을 돕는 것이 바로 신학이다(Marty, 1974: 334이하.; Atherton, 2000: 1-24).

　　마티가 인정하듯, 니버에게도 비판자들이 있다. 그의 신학은 사회 전반을 다루는 실천적인 지혜와 윤리적인 담론 형태였기 때문에 교회에 대한 교리가 약했다. 그래서 특정 신앙 공동체의 공동생활, 전통, 예배와 무관해 보인다는 혐의도 제기된다. 그렇다면 교회 없이도, 교회 바깥에서도 신학을 가질 수 있다는 의미인가? 신학은 어디에서 말하고 있으며, 어디에 서 있는가? 공공 지식인들의 발명품인가, 아니면 전례적이고 성서적인 교회 관습의 전통에 뿌리를 두고 구축되어야 하는가? 앞으로 볼 테지만, 이러한 비판들은 교회를 중심으로 생각하는 후대 신학자들의 작업에서 다시 등장한다. 공공 정책과 대중 토론에 기여했다는 점에서, 그리고 종교와 '미국의 가치관'을 관찰한 이로서 니버의 명성은 두드러지지만, 그는 사람들이 그와 동일한 준거틀을 갖는다고 확신했기 때문에 그런 신학을 전개할 수 있었다. 자유주의 개신교라는 틀과 미국인의 핵심 가치관을 동일시하는 그의 가정은 유대인이나 불가지론자에게도 문제없이 수용되었다.

유럽과 영국에도 강력한 공공신학 전통이 있다. 스코틀랜드 신학자인 던컨 포레스터Duncan Forrester는 마티와 비슷한 마음으로, 칼 바르트Karl Barth, 디트리히 본회퍼Dietrich Bonhoeffer, 라인홀드 니버, 윌리엄 템플, 로널드 프레스턴Ronald Preston 같은 19세기와 20세기 공공신학의 원형적인 형태를 보여 주는 신학자들의 '가계도'를 구성한다. 윌리엄 템플(1881-1944)은 국교회 인물이면서 그리스도교 사회주의자였다. 그는 잉글랜드 성공회에 속한 주교이자 대주교인 그의 역할 안에 정책 입안자 및 정치인들과의 대화에 참여하는 일, 사회 문제에 목소리를 내는 일, 사회에 알릴 만한 신학적인 원칙을 작성하는 일이 자연스럽게 포함된다고 보았다. 이는 지금껏 '공공'신학으로 알려진 모델 중 가장 영향력 있는 모델이다. "예수 그리스도의 교회는 윌리엄 템플의 말처럼, 그 문 앞에 얼쩡거려 본 적도 없는 이들을 위해 존재하는 조직이라는 도전에 직면해 있다"(Forrester, 2001: 212). 이는 고귀한 창조 교리, 하나님이 인간 역사 속에서 일하신다는 교리, 그리고 교회가 세상의 안녕을 통해 그 나라가 실현되기를 추구한다는 확신을 반영하고 있다. 포레스터 자신의 말을 빌리면, 공공신학은 "교회의 이익"보다 "도시의 복지"를 우위에 둔다(Forrester, 2004: 6).

> 그리스도교 전통의 관점에서 표현되는 공공신학은, 개인, 신앙 공동체 그리고 시민사회의 제도와 상호 작용을 위해, 교회 안팎의 사람들이 이해할 수 있고 평가할 수 있고 가능한 납득할 수 있는 방식으로 신학에 입각한 해석과 지침을 제공하고자 한다. 따라서 공공신학자들은 모두가 이해할 수 있고 평가할 수 있는 수단으로, 그리스도교 신념과 실천이 기술記述적으로나 규범적으로 공공 생활과 공동선에 어떻게 연결되는지 전달하고자 하며, 그렇게 함으로써 가능한 그리스도인과 비그리스도인 둘 다 설득하고 행동하게 하고자 노력한다. (Breitenberg, 2003: 66)

공공신학의 이러한 전통은 도시 교회를 다룬 몇몇 뛰어난 글에 명백히 드러난다. 예를 들어, E. R. '테드' 위컴E. R. 'Ted' Wickham은 주요 산업 도시들의 필요를 충족할 수 있도록 전도구 생활과 산업 선교의 새로운 구조를 요구하는 책 《산업 도시의 교회와 사람

무엇이 좋은 도시를 만드는가

들*Church and People in an Industrial City*》에서, 선교는 세상에서 사람들을 불러내 교회로 들여보내는 것이 아니라, 교회가 인간 삶의 모든 면에 스며드는 것과 관련 있다고 주장한다(Wickham, 1958: 227-228). 복음은 "육신이 되신 말씀, 진리를 궁극적으로 승인하고 완성하신" 그리스도를 증언한다. "그분은 인간이 하나님을 이해할 수 있는 유일한 방식으로 역사 안에 계시된 하나님이다. 그분을 통해 하늘 나라가 지상에 세워졌으며, 그분은 모든 인간을 그 자신에게 통합시켜 그분 나라의 도구로 삼고자 하시며, 만물을 정복하고 그 만물이 아버지께 복종하도록 하실 것이다"(Wickham, 1958: 234-235).

인간사에서 일하시는 하나님에 대한 신학, 그리스도인을 세속 영역으로 부르는 복음의 신학은 20세기 중반 하비 콕스 Harvey Cox의 《세속 도시*The Secular City*》(1965, 대한기독교서회 역간)에서 절정에 달한다. 콕스는 19세기와 20세기 전반에 걸쳐 제도 종교가 쇠퇴하는 데 기여한 서구 도시화를 한탄하기보다, 현대 산업 도시 내에서 입증된 세속화를 기뻐하기로 마음먹는다.

> 이 세계가 세상에 대한 종교적이거나 유사 종교적인 이해에서 풀려나는 것, 모든 폐쇄된 세계관이 소멸하는 것, 모든 초자연적인 신화와 신성한 상징이 깨뜨려지는 것.⋯ 세속화는 인간이 그의 관심을 저 세상에서 이 세상과 이 시간으로 돌리는 것이다.⋯ 이것이 1944년 디트리히 본회퍼가 말한 "인간이 어른이 되는 것"이다. (Cox, 1965: 2)

콕스는 1960년대 초반 베를린에 일 년 간 머물면서 본회퍼의 작품에 몰두했다. 본회퍼는 인도주의적인 종교 탐구를 옹호하며 필연적으로 제도 종교의 안전한 틀에서 벗어나는, 대가를 치르는 자기 비움kenotic의 제자도를 강조했다. 그러나 콕스는 근대성에 관한 사회학적 이론에도 관심을 둔다. 도시는 전통이나 보수성에 구애받지 않고 인간 자율성과 자아 실현이 융성할 수 있는 장소로 묘사된다. 언론과 사상의 자유, 다원주의, 관용은 현대 산업 도시의 전형적인 특징이고 세속적인 생활 방식의 원천이다. 종교는 더 이상 사람들이 그들의 삶의 질서를 잡는 데 가장 중요한 틀이 되지 못하고, 점차 공공 생활의 가장자리로 내몰린다. 그러나 이는 세속화가 진행되는 과정에서 필연적이고 돌이킬 수 없으며 불가항력적인 필수 과정이다. 종교가 권위주의적인 신에게 유아적으로 의존하게끔 인간을 구속하려 든다면, 미신, 비합리성, 강한 공포, 의존성의 형태를 띠는 "과거로의 속박"은 악령이 내쫓기듯 추방되어야 하기 때문이다.

> 사람들은 점성학적, 형이상학적, 종교적인 세계에 매료되는 데서 벗어나 이 세상의 구체적인 문제들을 대면할 수 있어야 한다. '그 안에서만 하나님의 부르심을 발견할 수 있기 때문이다.' 마취제에 취한듯 주변 사회 현실을 잘못 자각하는 엉뚱한 행태와 이런 환각에서 비롯된 습관적인 행동이나 비행에서 반드시 벗어나야 한다. 이는 사회적 악령 추방exorcism이다. 바로 예수가 했던 일이고, 그의 교회가 지속해야 할 작업이다. (Cox,

1965: 154)

그러므로 종교 행위는 세속 도시에 적응하지 않으면 안 된다. 그리고 그리스도교의 메시지는 일반 사람들이 이해할 수 있는 용어로 표현되어야 한다. 답은 복음을 정치화하고, 그리스도교의 실천을 사회 변혁으로 변환하는 것이다. 콕스는 교회를 "하나님의 전위대avant-garde"(1965: 128)로 묘사한다. 제도 교회의 경계들은 진보적인 사회 운동들 안에서 해체된다. 교회는 그 자체를 목적으로 보지 않고 자신을 세상에서 하나님의 목적을 위한 도구로서 보기 위해, 스스로 영속하며 자급자족한다는 환상을 버려야 한다. 교회의 권위는 어떤 '초자연적인' 지위나 과거의 영광에 있지 않다. "하나님의 지속적인 활동에 따라 기꺼이 부숴지고 재형성됨으로써" 세상에 변화를 일으키고 권한을 부여하는 역할을 진실하게 감당할 때 교회는 권위를 얻는다(Cox, 1965: 105).

공공신학의 이러한 이해에서 핵심은 종교를 가진 대중과 종교가 없는 대중 간의 조화다. 공공신학을 만들어 가는 과정에서 신앙 공동체는, 인접한 지역사회나 신앙 전통 안팎에 있는 사람들 모두에게 의미 있고 설득력 있으며 최종적으로 공동선에 기여할 수 있는 표현과 의제를 찾아야 한다. 그래서 이러한 발견들로, 도시의 공동생활을 함께 나누고, **시민**으로서 소명을 완수하고, 공동선의 표현에 기여하고, 공유된 가치관의 관점에서 '무엇이 좋은 도시를 만드는지' 논의하도록 돕는 공공 도시 신학의 일부 윤곽을 그릴 수 있어야 한다. 이러한 전통은 장 칼뱅John Calvin

이 말한 '일반 은총'을 근거로 한다. 이 개념은 그리스도의 위격과 사역처럼 전통을 통한 구체적이고 독특한 계시가 허락되었을 뿐만 아니라, 하나님은 다른 이들도 구원을 엿볼 수 있게끔 이성, 세속 지혜, 해방을 향한 인간 정신의 노력 같은 다른 수단도 창조하셨다는 개념이다.

공공신학에 대한 비판

공공신학을 비판하는 이들은 신학은 일반 이성이나 세속 자료에서 비롯될 수 없다고 주장한다. '신학은 어디에서 말하는가?'라는 질문을 의식한 듯, 신학이 아무데서나 견해를 취할 수 있다는 가정은 불합리하며, 교회 밖에 있는 사람들을 위해 신학적 토론을 할 수 있다는 것은 추정일 뿐이라고 주장한다. 정말 중요한 것은, 자신의 전통 안에 구현된 그리스도교적 덕목을 함양하는 일이며, 공적인 가치들과 어떤 상관관계도 시도하지 않는, 그리스도교 자체의 도시^{pllis}라고 할 수 있는 독특한 공동체를 형성하는 일이다. 공공신학은 국가나 자본주의 같은 지배적인 세력에 지나치게 굴종적이다. 쇠락하고 절망에 빠진 제도가 낳은 산물인 공공신학은 그 필요성을 인정받기 위해 기존 질서에 자발적으로 흡수된다. 공공신학은 또한 복음의 예언적 증언을 침묵시키고, 교회를 일종의 도구로 전락시킨다. 공공신학은 사회의 '계약 문화' 안으로 진입하기 위해 교회의 봉사 활동 및 교회 자체를 다시 브랜드화하기 위해 필요한 신학이다(8장을 보라).

　　두 번째 비판은 공공신학은 그 자체를 정의하는 데 너무 많은 시간을 소비하느라 사회에서 결단력 있는 그리스도의 증인 역할을 충분히 감당하지 못하고 있다는 데 있다. 이론은 너무 많고 실천은 부족하다. 사회학적인 비평 능력도 너무 부족하다. 다양한 대중을 이야기하면서도, 학문적 추측을 뛰어넘지 못하고 상아탑에 남아 있다. 또한 비판자들은 공공신학이 처음 등장한 특정 맥락, 곧 미국의 자유민주주의와 영국의 국교회에 지나치게 의존함으로써, 근본적으로 다른 사회를 숙고할 줄 모르며, 자유주의의 모순 및 그리스도교 국가의 붕괴를 인정할 줄 모른다고 비판한다. '세속 이성'을 존중한 사회적 대가도 거의 없다. 기껏해야 용인되는 정도이고, 공론장의 가장자리로 점점 밀려나고 있다.

'교회적' 사회 윤리

'공공신학'의 주류 전통이 인간의 공통된 도덕성과 선이라는 공유된 언어를 규명하겠다는 명목으로 다원주의 사회와 자유주의 국가에 적극적으로 참여하고자 한다면, 이에 대한 대안이 될 수 있는 다른 전통도 고려해 봐야 한다. 이 입장은 적대적인 세상에서 복음적 가치관의 온전성을 보호하기 위해 더 배타적인 입장을 강하게 고수하는 자세를 취한다. 이는 다원주의, 시민 종교,

자유주의(비그리스도교적 가치관과 '연관성을' 보여 주려 하는 신학 포함) 같은 서구 근대성의 자기 과시는 진실하고 급진적인 제자도에 해가 된다고 가정한다. 그러므로 그리스도교 신학은 근본적이거나 보편적인 인간의 종교 경험에 호소한다는 의미에서 '공공'적일 수 없다. 오히려 "신학의 우선하는 과제는 … 궁극적 의미를 묻는 보편적인 인간의 탐구와 관계를 맺는 것이 아니라, 그리스도교의 자기 묘사다"(Sanks, 1993).

이러한 종류의 '교회적' 신학은 탈근대주의 철학, 특히 우리가 더는 합의의 세계, 거대한 내러티브와 보편 진리의 세계에 살지 않는다는 주장에 큰 빚을 지고 있다. 그 결과, 종교적이든 아니든, 선의를 가진 모두가 동의할 만한 '보편 지혜' 같은 것은 없다. 이는 현대 과학적 세계관이 그리스도교와 근본적으로 충돌하지 않음을 입증하는 것을 신학자의 일이라고 이해했던, 18세기 이후 현대 신학의 경향에 대한 반발이기도 하다. 현대의 신자가 종교적이며 세속적인 두 세계에서 진실하게 사는 방법을 보여 주기 위해 이성과 계시라는 두 세계 사이를 '중재'하고 '연결'하는 일이 신학이라고 고려되었다(Graham, Walton and Ward, 2005: 138-169).

하지만 1990년대에 그런 중재와 연결 작업에 관심을 두지 않는 새로운 세대의 신학자들이 두각을 나타냈다(Hauerwas and Wells, 2004; Milbank, Ward and Pickstock, 1999; Milbank, 1990). 그들의 목표는 과학적 '객관성'과 이성이라는 세속적 기준에 굴복한 것처럼 보이는 현대 자유주의 신학의 근본적인 오류를 바로잡는 것이었다. 주류 공공신학에 대한 이러한 비판자들은, 세속 사회에서 공공 영역이나 논의에 진입하는 일은 그리스도교가 많은 견해 중 하나라는 시각에 이미 굴복하는 것이며, 따라서 일종의 상대주의에 항복하는 것이라고 주장한다. 그들은 신학의 미래는 일반적인 인문주의 담론에 적응하는 것이 아니라, 교회의 생명인 교회론에 뿌리를 두는 데 있다고 주장한다. 그들은 이성이라는 보편적인 규범과 모두가 참여하는 공적 토론 같은 자유주의 근대성의 전제를 거부하기 때문에, '탈자유주의' 관점이라고도 불린다. "그들이 누구보다 그들 자신을 위해 시온의 노래를 부를 때, 비로소 그 노랫소리가 사회 전반에 넉넉히 퍼져 나갈 수 있다"(Lindeck, 1989: 54).

무엇이 진실한가, 무엇이 선한가는 추상적인 원리로 설명할 수 없고, 선한 성품이나 합리적인 지성을 가진 이들도 이해할 수 없다. 그것은 특정 공동체가 동의하는 이상, 그들이 말하는 이야기, 그들이 만들어 내는 살아 있는 본보기와 관련이 있다. '선한 삶' 또는 좋은 도시의 비전을 '수행'하거나 살아내는 공동체적 방식과 관련이 있다. 교회는 그러한 덕목들이 함양되는 장소다. 이를 뒷받침하는 결정적인 내러티브가 성서 안에 있다. 교회는 성례전적 예배를 모범적인 관습으로 따른다. 변혁적인 예수의 죽음과 부활을 통해 인간 공동체 회복의 비전을 품는다. 이러한 급진적인 윤리를 실천하는 공동체는 세속 이성과 절대로 타협하지 않는다. 오히려 교회는 그 자신의 방식으로 이야기하는 온전하게 진실한 공동체로서, 대안적인 '공공'이 된다. 교회의 실천이 교회를 증언한다. 더 광범위한 대중의 관점에 맞춰 자신을 정당화하지 않으며, 대중적인 담론에 영향을 미치려 하지도 않는다. 하나님은 인간의 가장 고귀한 덕목들을 대표하는 인물마저 뛰어넘는 예수 그리스도를 통해서만 알려지신다. 그분은 오히려 세상을 철저하게 주조하고 변혁하는 살아 있는 말씀이다. 그리스도인들은 하나님의 평화와 정의 공동체에 '참여'한다. 교회는 '거룩해진' 백성이다. 이들이 낯선 사람, 약한 사람, 장애인을 대하는 방식은 하나님 나라의 비유다(Hauerwas, 1981).

세속화 시대에 '급진 정통주의'에 잇닿은 신학자들은 스스로를 '탈세속적'이라고 선언했다(Smith, 2004). 그들은 세속적인 것과 성스러운 것이 분리되었다거나 종교가 사유화되었다는 근대성의 전제를 받아들이려 하지 않는다. 급진 정통주의는 세속적인 탈근대성의 공허함과 과잉을 폭로하기 위해 문화 및 문학 연구의 (매우 복잡한) 방법론과 어휘를 사용하며, 사회 이론 한가운데서 '성스러운 것'을 복원할 필요성을 지적한다(Milbank, 1990). 또 탈근대주의의 비평 이론들(후기구조주의, 해체주의, 탈식민주의, 비평이론) 그리고 그 이론들이 근대성(인문주의, 이성, 상대주의, 성과 속의 분리, 세속 지식의 자율성)의 '거대한 내러티브'(또는 성우聖牛)*에 대해 던진 질문들을 활용한다. 탈근대주의는 모든 진리 주장의 우연성과 구조성을 폭로하기 때문에, '근본적인' 진리의 종말을 암시한다.

---

* 지나치게 신성시되어 비판과 의심이 허용되지 않는 관습이나 제도 등을 말한다.

급진 정통주의는 신학 고유의 (초월적, 고백적) 전제들을 회복할 기회를 붙잡고, 그리스도교가 세속 사상을 향해 그 자신을 설명해야 할 의무에서 벗어났다고, 그러나 그 때문에 '바깥을 향해 이야기'할 수 있다고 주장한다. 급진 정통주의는 그리스도의 용서와 화해가 실행되고 그들의 사회 윤리를 지향하는 장소로서 그리스도교 공동체의 강력한 비전을 제시한다. 밀뱅크Milbank가 말하듯, 교회는 "인간의 모든 경계를 뛰어넘을 수 있고, 오로지 '생명'의 법만 채택하며, … [그리고] 다양하나 조화롭고 화해하는 공동체를 수반하는 사회적 몸이다"(Milbank, 1990: 100).

그레이엄 워드Graham Ward의 《하나님의 도시들Cities of God》(2000)은 도시 이론('무엇이 도시를 만드는가?' '무엇이 **좋은** 도시를 만드는가?'라는 질문)을 진지하게 다룬《세속 도시》이후, 도시 신학 분야 최고의 책이라 할 수 있다. 그러나 하비 콕스와 **달리** 워드의 도시는, 파편화되고 원자화되어 있으며 심각한 문제가 발생하는 장소다. 예를 들어, 워드는 이러한 뿌리 없음의 전형으로서 사이버 공간의 무정형성을 자세히 분석한다. 환상 같은 가상현실의 본성은 모든 의미를 피상적이고 취약하게 만든다. 깊이나 내구성은 찾아보기 힘들다. 또 이와 마찬가지로, 그는 소비주의, 특히 포르노그래피가 물질적 제약들에 구애받을 필요 없이 모든 욕망의 만족을 약속한다고 생각한다. 워드가 보기에 이는 인간의 기본적인 유한성을 용납하지 못하고 부정하는 것이며, 진보, 완벽성, 자연 지배라는 계몽주의 사상에 의해 영속된다. 하지만 세속적인 근대성은 그 궁극적인 가치가 놓인 토대 자체를 명확하게 설명할 수 없다. "오로지 신학만이 세속주의에게 허무주의적인 자기 착오로부터 세속주의를 구할 수 있는 정당성을 부여할 수 있다"(200: 236). 그렇게 개신교 자유주의에 대한 급진 정통주의의 반발에 발맞추어, 우리는 신학이 세속적인 것에 의존하는 것이 아니라 어떻게 세속적인 것이 그 진짜 소명을 상기하기 위해 신학에 의존하고 있는지를 본다. 그러나 급진 정통주의는 단순히 세속적인 가치관을 거부하는 '전통'의 재조명이 아니다. 오히려, 이는 도시를 수많은 텍스트처럼 '읽는' 방식을 제시하여, 도시 안에 유포된 무질서와 무작위의 징후들을 일관된 신학적 세계관으로 다시 배열할 수 있게 한다.

하지만 워드의 도시는 맨체스터의 거리를 언급하고 있음에도 매우 일시적이고 무형적인 장소다. 특히 워드는 만연한 가상현실, 영화, 소비주의, 포르노그래피의 환상을 의도적으로 강조한다. 독자는 빈곤, 마약, 범죄, 퇴락하는 사회 기반 시설, 소외, 또는《도시의 신앙》에서 묘사한 것과 같은 지역사회 개발이라는 물리적인 이슈를 안고 살아가는 도시 공동체들을 직접 관찰한 민중의 이야기를 찾겠지만, 이는 헛수고다. 또 화해의 전령으로서 교회에 집중하는 탈자유주의와 급진 정통주의의 '이상주의'에 발맞추다 보면, 도시재생을 위한 실제 지역 교회의 전략에 거의 주목할 수 없다.

미국인 학자 윌리엄 캐버너William Cavanaugh에 따르면, 서구에서 그리스도교 국가의 붕괴와 세속화는 역사에서 교회가 소멸되었음을 의미했다(Cavanaugh, 2003). 근대성은 '신성한 것'과 '세속적인 것'의 구분, 세속 이성의 자율성, 공공 광장의 중립성을 전제로 한다. 따라서 만일 종교와 신학적 세계관이 공공 토론에 참여하거나 정책에 영향을 미치고 싶다면, 신앙고백을 경계하는 공적 담론의 규칙을 따르겠다고 동의한 후 허락을 요청해야 한다. 그 규칙은 신앙고백 자체를 배제하고 만들어졌기 때문이다. 그러나 캐버너가 보기에 이는 교회가 시민사회 내부에서 단지 하나의 자원 봉사 조직 정도로 약화된 것이다. 그리스도교 국가의 종말과 함께 정치 신학과 공공신학은 한 발자국 떨어져 작업할 수밖에 없는데, 이는 그들이 논리 정연한 논거, 또는 다원주의 시민사회의 일부로서 그리스도인의 역할 및 행동주의로 영향을 미칠 수 있는 능력을 공공 토론의 전제라고 이해하기 때문이다.

하지만 탈자유주의 신학은 이러한 분열에 공모하려 하지 않는다. 지금 세계의 재신성화와 종교의 부활이라는 이름 아래 위기에 닥친 성과 속의 분리에 굴복하는 것이기 때문이다. 캐버너는 교회가 하나님의 구원 계획의 중심이며 "역사를 통해 하나님의 완전한 정치를 보여 준다"고 주장하면서 대안을 제시한다 (Cavanaugh, 2003: 403). 정치는 하나님의 능력이 행사되는 것이고, 교회는 변혁적인 정치가 구체화되는 모습을 구현한 것이다. 어떻게 도시 빈곤에 대한 보고서를 작성하고 시민 의식을 함양할까보다는, 전례와 헌신적인 삶으로 나타나는 새로운 예루살렘의 원형으로서 교회란 무엇인가가 더 중요하다. "교회의 역할은 단지 국가에게 정책을 권고하는 것이 아니라 다양한 종류의 정치를 구현해서, 세상이 진실한 정치를 보고 변화되도록 하는 것이다"(Cavanaugh, 203: 404). 하지만 이는 시민권의 의무를 거부하는 것이 아니라, 제자도라는 유형을 우선되고 최종적인 것으로 주장하려는 시도다. 그리스도인들이 '에클레시아*ekklesia*'(시민들의 모임을 의미하는) 안으로 들어왔다는 표징들, 이를테면 세례와 성찬은 단지 예배나 영적 훈련이 아니라 극도로 정치적이라고 할 수 있는데, 이는 그런 전례들이 하나님 나라에서 이루어지는 하나님의 대안적인 통치를 선포하는 공동체를 형성하는 행위이기 때문이다. 그러나 교회는 세속 정치를 다루느라 시간을 허비하지 않는다. 다가올 세상을 구현하는 데 집중해야 한다. 교회는 승리주의가 아닌 평화를 전달할지라도 궁극적으로 이길 것이고, 그 체제 안에서 살면서 세계 구원의 청사진을 제공할 것이다.

캐버너는 다른 곳에서 어떻게 전례인 성찬 자체가 일종의 공공신학일 수 있는지 설명한다. "그리스도교의 정치적인 실천은 성찬에서 구현된다"(1998: 2). 이는 어떻게 탈자유주의가 교회의 '수행performance'을 공공 생활의 본질로 파악하는지를 명확하게 보여 주는 실례다. 캐버너는 칠레의 교회를 예로 들면서, 인권 유린, 대량 학살, 고문 같은 것들을 반대하는 데 교회가 개입해야 한다고 주장한다. 그러나 공공신학의 과제는 "고문은 나쁘다"라고 성명을 발표하거나, 국제연합United Nations에 로비를 하거나, 인권이라는 보편적인 표현을 사용하는 것과는 관련이 없다. 오히려 교회의 저항은 상연되고 구현되고 수행될 필요가 있다.

고문은 인간의 몸, 즉 특정인의 육체적 실체를 공격하는 짓이고, 온전한 신체를 폭력의 대상으로 격하시키는 수단이며, 정보를 빼 내거나 굴욕을 주는 수단이다. 고문에는 의례적 요소가 포함되어 있으므로, '대안적인 질서' 즉 구현 의례가 그 자리를 되찾지 않으면 안 된다. 고문의 역겨움을 인정하면서도, 구원을 구현하는 대안적인 비전을 선포하는 의례여야 한다. 캐버너에 따르면, 신체가 [고문의] 의례에 따라 도구화되고 대상화되었으므로, 이제 그 자리에서 "국가가 수행한 원자화에 대응할 수 있는 사회적 신체의 재등장"을 선언하는 의례가 일어난다(1998: 4). 성찬은 말이나 글이 아니라 상징과 성례를 통해, 죽음과 고문이 최종 결정을 내리지 못함을 선언하는 방식이다. 그 과정에서 교회는 성찬을 통해, 국가가 승인한 폭력에 저항하는 체제가 된다.

탈자유주의 신학의 비판가들

많은 정치 신학자가 탈자유주의 신학이 그리스도교에 대한 개인주의적이고 부르주아적인 학문적 해석에 교회적으로 저항하는 복음주의의 한 형태를 방어한 것에 박수를 보내지만, 영적인 것과 정치적인 것을 분리하고, 정의에 관련된 이슈, 이념 비판, 교회적이며 사회적인 개혁을 위한 행동에는 관심이 부족한 탈자유주의적인 경향에 이의를 제기하기도 한다. (Heyer, 2004: 324)

탈자유주의의 장점은 보편적 합리성을 회의적으로 보는 태도에 있으며, 공동체의 독특성을 구별해서 기념하는 데 있다. 하지만 많은 비판자들은 이러한 반문화적인 측면과 세속 국가의 규칙을 따르지 않으려는 모습은, 교회가 공공 영역에서 어떻게든 마련해 놓은 발판을 잃어버리는 것을 의미한다고 주장한다. 많은 도시 교회는 교회 바깥에서 사업 자금을 신청해야 할 때도 있고, 또 교회 바깥의 시간 틀과 결과에 맞추어야 할지, 아니면 '주류' 바깥에 있게 되더라도 교회 스스로 자신의 의제를 설정할지 선택의 문제에 직면해 있을 때도 있다.

　　마찬가지로, 만일 세상의 공공신학이 그 뿌리를 교회에서 되찾아야 한다면, 이러한 탈자유주의 전통은 교회의 신학이 현실 세계와 다시 연결되는 지점을 재발견해야 할 필요가 있다. 캐버너 자신도 인정하듯, "교회의 경계가 어디에 있는지는 실제로 항상 명확하지는 않다"(2003: 405). 비판자들은 그러한 유토피아 공동체가 가능한지, 그들이 그렇게 순수한 분리주의를 구현할 수 있는지 자주 물어본다. 일반적으로 영국의 종교사회학은 아직 교회에 모여든 남은 이들을 다루지 않는다. 오히려 전도구 주민과 일반 사람들 사이의 중첩되는 유사성을 다룬다. 그리고 여기에는 단순히 국교회의 흔적이 아니라, 사람들은 매일 세속적인 소명과 타협하며 제자도를 실천한다는 그리스도인의 책임의 현실이 반영되어 있다. 사람들은 사회복지사, 학교 운영위원, 기업가, 경찰관으로서 세상을 살아가는 그들의 삶과 그리스도인으로의 부르심을 분리할 수 없다. 이러한 점에서, 어떤 의미에서든 자신을 둘러싼 환경을 벗어나는 순수한 '그리스도의 증인'이란 없다.

우리는 공공 생활을 다루는 두 가지 다른 신학 사이의 긴장을 보았다. 하나는 그리스도교 전통의 계율과 가르침은 '보편 지혜'라는 공리에 반영되어 있으며, 교회의 과제는 여러 종류의 동반자 관계에 헌신하는 것이라는 확신에서 출발한다. 이와 달리, 신앙 공동체의 독특성을 형성하고 초월성과 신성함을 망각한 세상에 예언적으로 선포하기 위해 고안된 배타적인 담론이 복음이라고 여기는 사람들이 있다. "하나는 성서 내러티브를 진정으로 설명하고 살아내는 삶을 과제로 삼고, 다른 하나는 지속적으로 그 내러티브와 암시된 의미를 설명하고 경험 및 다른 지식과 연결하는 시도를 요구한다"(Heyer, 2004: 325).

아우구스티누스와 《하나님의 도성》

이렇게 여러 갈래로 나뉜 생각들을 조화시킬 방법이 있을까? 도시에 대해 실증적으로 연구했다기보다, 도시에서 사는 인간의 상황을 은유적으로 성찰한 한 고대인의 연구가 앞으로 나아갈 길을 제시해 줄지 모른다. 하지만 아우구스티누스가 현실 정치의 위기에 대응하여 그의 위대한 논문《하나님의 도성》(413-427 CE)을 저술했다는 사실은 앞서 우리가 중요하게 다루었듯, 현실의 문제에서 신학이 출현한다는 사실을 온전하게 보여 준다. 주후 410년 도시 로마가 북유럽 고트족에게 함락되면서 제국과 전체 문명은 붕괴될 위험을 맞았다. 아우구스티누스는 그때까지 북아프리카 히포의 주교였으나, 유럽의 나머지 지역, 지중해, 북아프리카와 마찬가지로 그 충격이 그에게도 전해졌다. 그는 특히 콘스탄티누스 치하에서 주후 313년 공식적인 종교로 채택된 그리스도교를 로마 멸망의 탓으로 돌리는 비판자들을 의식하고 있었다. 사람들은 로마가 전통 신들에게서 돌아섰기 때문에 취약해졌고, 그리스도인들 때문에 로마에 침략꾼들이 들어왔다고 생각했다. 그리스도인들의 주장에 따르면, 그들이 궁극적으로 충성하는 대상인 하나님은 지상의 통치자인 황제의 권위를 초월하고 능가한다. 아우구스티누스는 특히 그리스도교의 정치 질서는 여전히 합법적인 통치 형태이고, 그리스도교는 건전한 국가와 국민을 약화시키는 것과 거리가 멀 뿐더러, 도시를 선하게 하는 데 기여할 수 있다고 주장하기 시작했다.

우리의 관심과 관련 있는 부분은 아우구스티누스가 복잡하고 다원적인 사회·문화적 맥락에서 글을 썼다는 사실이다. 그리스도교가 공식 종교로 채택되긴 했지만 이곳은 여전히 복잡한 세계였고, 그리스도인들은 이교도, 유대인, 세력이 미미했던 영지주의자들과 마니교도, 그리고 로마에 침입한 고트족과 더불어 살고 있었다. 이곳은 중세 유럽의 안정된 그리스도교 국가가 아니라, 정말 이것저것 다 섞인 용광로 같은 곳이었다. 그리고 아마도 그리스도교 국가의 붕괴에 직면한 '주류' 자유주의 공공신학의 도전들을 고려할 때, 우리는 아우구스티누스가 들여온 '공공'

은 다양하고, 변화되고 있고, 다원적이고, 논쟁적이기도 했음을 기억해야 한다.

아우구스티누스 그 자신은 다양한 배경을 가진 사람이었다. 그는 하나님의 사람인 동시에 세상의 사람이었다. 교육을 많이 받은 사람이었고, 로마 공직에서 성공한 관리였고, 자라는 동안 그리스도인이 아니었고, 어린 시절에는 세상을 빛과 어둠, 선과 어둠으로 나눌 수 있다고 믿었던 그리스도교의 한 분파인 마니교의 영향을 받았다. 영지주의자들처럼 마니교도들은 물질, 자연, 육화된 것은 타락했으며, 종교의 과제는 신자를 이성과 빛의 신성한 세계로 인도하는 것이라고 믿었다. 하지만 아우구스티누스는 387년 그리스도교로 회심했으며, 이 여정은 후대에 또 다른 유명한 작품인《고백록*Confessions*》으로 기록되었다.

《하나님의 도성》의 중심 사상은 두 도시라는 개념으로, 모든 형태의 공공신학 및 정치 신학에서 아우구스티누스가 매우 중요하게 생각한 주제다. 이 두 도시는 인간의 상충하는 욕망, 곧 자아에 대한 사랑(아모르 수이, *amor sui v. fui*) 혹은 욕망과 하나님에 대한 사랑(아모르 데이, *amor dei v. fui*) 혹은 욕망에서 비롯한다. 자아에 대한 사랑은 자신의 이익, 개인주의, 권력욕이 주도한다. 하나님에 대한 사랑은 자비, 관대함, 각종 선한 것에 대한 관심이 그 특징이다. 아우구스티누스는 이러한 두 시각 또는 충동이 각 개인의 지성과 감성에는 물론, 공동 또는 단체 생활이 운영되는 방식에도 공존한다고 주장한다.

이러한 두 도시 간 투쟁, 긴장에도 불구하고, 아우구스티누스는 하나님에 대한 사랑과 세상이나 자아에 대한 사랑이 양립할 수 없다는 생각을 거부한다. 그의 세계관은 어떤 이상적인 영적 영역에 올라가기 위해 육체와 역사의 물질적, 현세적 세계를 극복해야 한다고 주장하는 마니교의 세계관이 아니다. 아우구스티누스는 그리스도인들은 다가올 세상을 기대하며 살면서도, 현재의 세상을 살아가는 도전을 포기해서는 안 된다고 주장했다. 이는 하나님이 초월적이시면서 내재적이시라는, 아우구스티누스의 신론 때문이다. 하나님은 "가장 높이 계시면서 가장 가까이 계시며, 항상 부재하시면서 항상 존재하신다"《고백록》. 하나님은 그리스도 안에서 인간 역사의 일부가 되셨고 우리의 인간성을 공유하신다. 하지만 그의 죽음과 부활을 통해 (타락한) 창조 세계를 구속하셨고, 피조물인 인간에게 부활하신 그리스도의 삶에 참여함으로써 자아에 대한 사랑을 극복할 수 있는 방법을 제공하셨다.

찰스 매튜스Charles Mathewes는 아우구스티누스와 공공신학에 관한 책에서(Mathewes, 2008), 아우구스티누스에게 죄는 박탈, 자아가 하나님의 사랑으로부터 소외되는 것 같은 '결핍'으로 이해되며, 이기심 또는 세속적인 욕망에 굴복하는 것과 관련 있다고 주장한다. 하지만 이는 단지 하나님과 단절되는 문제가 아니라 동일한 창조물인 자연 전체와 단절되는 문제다. 그들의 안녕과 풍성을 바랄 수 없고, 하나님 아래서 그들과 공통된 운명임을 보지 못하는 문제다. 아우구스티누스가 보기에, 그 죄 또는 결핍에서 구속받는 일은, 바로 우리의 '공공성' 회복, 즉 하나님, 이웃,

그리고 인간이 아닌 자연 등과의 올바른 관계로 돌아가는 것을 포함한다. 그래서 매튜스는, '아모르 데이'의 통치 아래 인간성의 참된 목적의 구속과 회복은 만물 간 연결을 회복하므로 필연적으로 공적인 상태를 암시한다고 주장한다.

하지만 이러한 구속은 시작되었으나 아직 최종적으로 성취되지는 않았다. 여기에는 '지금 그리고 아직은 아닌'의 문제가 남아 있다. 중요한 사실은 그리스도인들은 세상에 남겨져 그리스도와 함께 세상의 구속에 참여하도록 부름 받았다는 것이다. 하지만 아우구스티누스가 이 두 도시를, 마치 한 곳은 정치라는 세속 세계이고 다른 한 곳은 교회라는 상대적인 성역인 것처럼, 또는 두 경합하는 정당이나 성명서인 것처럼, 별개의 두 장소로 이해했다고 생각한다면 오해다.

윌리엄 캐버너는 어떻게 그리스도인들이 종교적 신앙과 공적 이성 간 균형을 유지할지, 제자도와 시민권의 긴장을 관리할 수 있을지 검토하기 위해, 아우구스티누스의 '하나님의 도시' 개념으로 돌아가면서 유용한 은유를 제시한다. 그는 두 영역을 분리된 독립된 세계가 아니라, 서로 겹쳐진, 거의 가상공간처럼 묘사한다. 그러나 그 두 세계는 주로 수행이 이루어지는 공간들로, 그 안에서 다른 내러티브들(우리의 경우는 안녕과 인간의 성취)이 실행된다.

두 도시를 수행이 이루어지는 곳으로 생각하면, 교회를 상상할 때 나타나는 몇 가지 심각한 문제를 피하는 데 도움이 된

1장 시민인가 제자인가?

다. 하나님이 보시는 교회, 즉 그리스도의 몸은 세속 국가와 깔끔하게 구별되고 그 경계가 잘 정의된 인간 제도·기관이 아니다. 교회는 도시 공동생활체*polis*가 아니라 하나님이 지상에서 펼치고 계시는 구원 역사에 참여하는 일련의 실천이나 수행이다. … 교회는 별개의 영토가 아니다. … 교회는 하나님의 도시를 상연하기 위해 다른 이들과 연합한다. (Cavanaugh, 2006: 318)

아우구스티누스의 두 도시는 두 가지 규율이나 언어가 존재하는, 성스러운 왕국과 세속 왕국의 '두 왕국'과 같지 않다. 오히려 세상 안에 있지만 세상의 것이 아니다, 더 이상의 궁극적인 변화를 기대하면서도 창조 세계의 선함을 인정한다. 아우구스티누스에게 이는 이기적인 욕망들에 끌려가는 인간성을 인정하는 동시에 그 안에 있는 신성함의 이끌림에 응답할 수 있는 능력을 지니는 것과 관련이 있다. 하지만 어느 쪽도 현세적이거나 세속적인 일들에서 물러나기를 요구하지 않는다. 오히려, 20세기 신학자인 라인홀드 니버와 그의 주석가들이 '현실주의'라고 불렀던 것, 즉 세상은 선하면서도 타락했다는 인식, 인간의 노력만으로 결코 성취할 수 없음을 인식하면서도 상황이 변화될 것이라는 믿음에 가까운 어떤 것을 요구한다(R. Niebuhr, 1932). 그러나 해결책은 절망하거나 지나친 자신감에 취하는 것이 아니라, 그 긴장을 지니고 창조적이며 건설적으로 살아가는 것이다.

그래서 두 (은유적) 도시는 두 지평선 안에서, 그러나 그 사이에서 살아가는 잠정성을 표현한다. 창조 세계는 온전히 하나님의 것이므로, 우리는 현실 세계에 참여한다. 그러나 그 세계가 영원하다거나 하나님이 주신 그대로라는 착각에 완전히 동화되거나 사로잡혀서는 안 된다는 것 역시 알고 있다. 대신 그리스도인들은 신적 은총이 인간사에 개입하기를 기다리라고 요청받는다. 이는 공공 생활이 하나님의 특별한 승인을 받은 삶이라는 것을 의미한다. 공적 삶은 인간이 세상의 공동생활에 참여하는 통로인 동시에 세상을 변화시키기 위해 노력할 수 있는 수단이 되기 때문이다.

아우구스티누스는 시민권과 제자도라는 한 쌍의 소명을 염두에 두고 공공, 도시 신학을 설명하는 과제에 다가가는 데 매우 유용한 몇 가지 주요 주제를 제공한다. 우리는 이미 모든 사람 안에서 하나님의 존재를 확인하는 일, 그리고 공유된 인간성 및 공통된 정치 과업이라는 명목으로 교회의 가르침의 경계들을 넘어 공동선을 추구하는 일과, 이와 대조적으로 그리스도교의 독특한 기여를 보존하는 방식, 즉 고유한 전통에 뿌리를 둔 그리스도교 정체성이라는 대안 사이에서 동시대 공공신학의 긴장이 발생한다고 주장했다. 여기서 한쪽으로 기울어지면 단순하게 '세례를 베풀'거나 기존 질서에 흡수되려 할 것이다. 다른 쪽으로 기울어지면 공공성을 잃는다. 공통된 언어를 사용하고 피상적인 차이 대신 밀접한 연관성을 추구할 능력을 잃는다. 그러나 아마도 아우구스티누스는 복잡한 로마라는 국가 내에서, 즉 도시 안에서 그리스도인의 정체성과 증인의 본질에 대한 글을 쓰면서, 동시대 신학은 필연적으로 긴장 상태여야 함을, 공공신학이 작동해

야 하는 신학적 현실의 가장 중심을 구성하는 것이 이 긴장임을
일깨우려 했던 것 같다.

　　우리는 토마스 아퀴나스^Thomas Aquinas 같은 신학자의 작업
에서 이러한 논지들이 통합되어 있는 것을 발견할 수 있다. 아퀴
나스는 자연계와 지적 탐구에 사람들을 하나님께로 이끄는 잠재
력이 있다고 보았다. 그러나 그것들이 '하나님과 유사한 어떤 흔
적'을 무심코 드러낼 수 있음에도, 인간 이성은 여전히 한계가 있
고 훈련받지 못했고 약하다. 그래서 전통의 지도가 여전히 필요
했다. 하나님은 인간의 노력이 아니라 은총의 선물로 분별되시
며, 본질적으로 신비이기 때문이다. 그러나 그의 주요 작품인《신
학대전 *Summa Theologiae*》은 논리, 관찰, 논쟁, 추론을 사용하여 하나
님의 존재에 대한 논증이 수행될 수 있음을 보여 주기 시작한다.
이와 마찬가지로 장 칼뱅과 아브라함 카이퍼^Abraham de Kuyper 같
은 후대 개혁주의 신학자들도 '일반은총'에 대해 이야기하고자
한다. 이는 전통을 통한 구체적이고 유일무이한 계시는 그리스
도인을 위해, 그리스도의 위격과 사역 안에 있는 반면, 하나님은
다른 이들도 구원을 엿볼 수 있게끔 이성, 인간의 진리 추구 같은
수단도 창조하셨다는 개념이다. 나아가 모든 유신론자가 그렇듯,
그리스도인들은 하나님이 인간의 의식보다 크시고, 우리의 유한
성과 진리에 대한 특정한 인간적 또는 문화적 표현을 초월하신
다고 믿는다. 그것은 선이나 신성함에 대한 인식이 결코 단 하나
의 계시 수단에 제한될 수 없음을 의미하는데, 하나님은 인간의
노력과는 별개로 활동하시기 때문이다. 이러한 주류 자유주의

전통의 공공신학자들은 하나님은 계시는 물론, 자연과 은총 안에서도 활동하신다고 확신하기 때문에, 인간의 이성, 과학적 탐구, 비그리스도인의 덕목 표현에도 의의를 부여한다. "그리스도 안에서 우리에게는 하나님의 실재와 세상의 실재에 참여할 수 있는 가능성이 주어졌다. 하지만 둘 중 하나에만 참여하는 일은 불가능하다. 내가 세상의 실재에 온전히 자리 잡고 있을 때에야 하나님의 실재가 그 자체를 드러낸다…"(Bonhoeffer, 1995: 193).

결론

도시 생활과 신앙의 역사, 그리고 우리 도시들의 본질 및 그 안에서 교회의 역할에 관한 신학적 사고의 상당 부분은, 산업혁명 이후 나타난 종교 의식의 퇴락 및 종교 체제들의 점진적 소외, 특히 잉글랜드 성공회 같은 주류 교단의 소외를 다룬 내러티브로 이루어져 있다. 서구에서 공식적으로 집계한 종교 소속의 정도는 19세기와 20세기 전반에 걸쳐 쇠퇴의 조짐을 보였음에도 불구하고, 지금은 그러한 쇠퇴에 대한 증거가 지나치게 강조되었을지도 모른다는 점과 20세기 후반부터 현재까지는 비정통적이고 다원적인 형태의 종교 관습과 조직이 출현했다는 점에는 대체로 동의한다. 일부는 전 세계에 걸친 이주의 결과이고, 일부는 개인 영성의 다양한 표현을 실험할 만한 더 큰 자유와 관련이 있을 수 있다. 이는 우리 도시들에서 신앙이 사라지지 않았음을 시

1장 시민인가 제자인가?

사한다. 하지만 점점 분명해지고 있는 바, 마치 신앙의 바다에서 조수가 극적으로 물러날 리 없듯, 이를 교회적 또는 신학적 수행이 전통적인 형태로 되돌아갈 것이라는 징후로 보아서는 안 된다. 공공 영역에서의 신학의 본질을 다루며 주장했듯, 이는 그리스도교 국가로 돌아가거나 영국 국교회와 '다를 바 없는' 상태가 되는 것과 관련이 없다. 오히려 세속주의와 다시 마법에 걸린 것 같은 이 모든 모순적 흐름과 더불어, 도시 생활과 신앙의 복잡성을 다루기에 적합한 재구성된 공공신학을 탐구하는 것과 관련이 있다. 과거의 신학에 몰두하는 일은 시대착오적으로 보일 수 있지만, 그것들은 우리에게 사람들이 어떻게 그들이 처한 위기 상황에 대응했는지, 어떻게 우리가 시민이자 제자로서 그들의 지혜를 물려받아 우리 자신의 여정을 계획할 수 있는지 많은 것을 알려 준다.

2장

공공신학으로서
도시 신학

이 장에서는 여러 교회 보고서가 이 주제에 어떻게 접근했는지 검토하면서, 도시 교회에 대한 신학적인 성찰을 이어 가고자 한다. 1장에서 공공신학을 다루었다면, 여기서는 이에 대한 사례 연구로서, 특히 지난 25년 사이에 출간된《도시의 신앙》(ACUPA, 1985)과《신앙의 도시들》(CULF, 2006)이라는 두 주요 보고서를 집중적으로 살필 것이다. 이 보고서들을 비롯한 여러 연구들은 그리스도교 신앙의 렌즈를 통해 마을과 도시의 변화을 논평하고, 공공 정책에 대해 신학적으로 정통한 목소리를 제시하고자 했다. 더 광범위한 대중에게 도시 생활과 신앙의 현실들을 전달하면서 정부와 공공 정책에 상당한 영향을 미친 경우도 있다. 우리가 주장할 터이지만, 영국의 사회사상사에서 중요한 작업인《도시의 신앙》은 잉글랜드 성공회가 도시 생활과 신앙에 기여한 유일무이한 특징 중 하나를 보여 주기 시작한다. 그것은 지역 주민을 우선순위로 강조한 점, 그리고 교회와 국가를 연결하고 지역 경험과 전국적인 관심을 이어 주는 가교로서 국교회의 가치(역설적으로 보이는 듯한)에 중점에 둔 것이다.

이러한 보고서들은 도시 생활의 현실을 반영하고 대중의 인식을 형성했을 뿐만 아니라, 도시 그리스도인들이 일상과 소명에서 직면하는 특별한 도전들을 교회 스스로 신학적으로 성찰할 수 있도록 다양한 방식을 여러 수준에서 소개하기도 했다. 따라서 우리는 도시의 맥락에서 공공신학 발전의 이정표를 추적함으로써, 도시의 맥락이 배움과 새로워진 신학적 이해의 장소 역할을 하는 방식에 대해 더 깊은 통찰을 제공하고자 한다. 그러나 공공신학의 지난 20-30년을 개괄적으로 살펴보면, 그러한 비전이 실제로 대중의 인식과 정부 정책에 변화를 가져왔는지 질문하게 만든다. 사실《도시의 신앙》에서 시작해서《신앙의 도시들》을 거쳐 그 너머로 이어지는 이야기는, 공공 생활에 물질로 후원하며 개입한 교회의 신뢰도가 돌이킬 수 없을 만큼 훼손된 이야기 중 하나며, 여기에는 공공신학 그 자체의 과업에 대한 함의도 포함되어 있다.

이 장의 주요 강조점은 우리가 '도시 생활과 신앙을 위한 대주교 위원회'Archbishops' Commission on Urban Life and Faith, **CULF**에 함께 참여한 경험과 관련이 있을 것이다. 이 위원회는 2006년 5월에《신앙의 도시들》이라는 보고서를 출간했다. 결국《신앙의 도시들》의 결과로 스티븐은 '도시 생활과 신앙'을 위한 주교로 임명되어 그 주요 권고를 따르는 특별한 책임을 맡았고, 그 보고서는 이 책의 상당 부분에 기여한 작업이 되었다. 따라서 그 보고서 자체를 검토할 뿐더러, 위원회CULF의 관심사가 교회는 물론 국가에서도 계속해서 논쟁을 불러일으켜 온 몇 가지 모습을 추적할 예정이다.

하지만 앞서 1985년에 출간된 중대한 보고서 《도시의 신앙》과 함께 시작된 도시 신학의 20년 역사 안에서 그 보고서의 위치를 파악하는 일부터 시작하고자 한다. 《도시의 신앙》은 20세기 영국 공공신학의 정점을 보여 주었다고 여겨지는 책이다. 이책의 결론 및 신학적인 추정 대부분은 이제 변화하는 시대에 덜 적합해 보이지만, 이는 획기적이었고 위원회의 자기 이해에 강력한 영향을 미친 통찰을 제공해 주었다. 그러므로 이렇게 획기적인 보고서들 사이의 20년을 이어 온 연속성과 변화라는 주제로 우리 논의 전반을 채우며, 도시 생활과 신앙과 관련 있는 공공신학의 주요 우선순위들로 결론을 내리려 한다.

《도시의 신앙》과 그 이후

공공신학에 관한 한 책이 최근 성공회 맥락 내 도시 신학에 큰 영향을 미치고 있다. 바로 1981년에 임명된 '도시 우선 관심 지역*을 위한 대주교 위원회(Archbishop's Commission on Urban Priority Areas, **ACUPA**)'의 보고서인 《도시의 신앙》이다. 이는 대부분의 조

• 도심 문제의 심각성에 따라 우선적으로 관심을 갖고 지원 및 후원하기 위해 ACUPA에서 선정한 지역들을 말한다.

사 및 논의의 주제가 되어 왔으며(Henry Clark, 1993; Harvey, 1989; Graham, 1996), 교회 도시 기금Church Urban Fund 같은 초창기 계획들로 현재의 관행들이 형성되는 데 큰 기여를 했다.《도시의 신앙》이 나오는 직접적인 촉매가 된 사건은 1981년 여름, 여러 도심 지역에서 발생한 소요 사태였다. 1982년 실업, 경찰과 지역사회의 관계 단절, 부족한 주택 공급 및 사회 기반 시설 낙후, 사회 보장 제도와 교육과 지역 편의 시설에 대한 자금 삭감 같은 도심의 문제들을 우려했던 도시 주교들의 압력으로, 당시 캔터베리 대주교였던 로버트 런시Robert Runcie는 도시 지역의 곤경을 다룰 위원회 설립을 발표했다.

원래 위임한 내용은 다음과 같았다. "도시 우선 관심 지역의 문제 해결을 교회의 삶과 사명으로 이해한다. 문제를 해결하기 위해 교회의 능력과 통찰력을 발휘하고, 부족하고 필요한 부분을 보완한다. 그 결과는 적절한 해당 기관에 권고한다"(ACUPA, 1985: iii). 특정한 공적 역할을 수행하고자 하는 위원회의 의도는 명백하다. '위원회'라는 용어는, 19세기와 20세기 전반에 걸쳐 공공 보건, 교육, 공장 개혁 같은 문제들에 대한 영국의 여론을 형성하고 공공 정책을 수립하는 데 중대한 역할을 했던 정부 후원의 '왕실 위원회'에서 나왔다는 점에서 의미가 깊다. 마거릿 대처Margaret Thatcher가 집권한 11년간(1979-1990) 보수당 정부가 왕실 위원회를 단 한 번도 임명하지 않았다는 사실은 흥미롭다. 일부 사람들은 이를, 정부가 작은 정부와 시장의 힘을 지지하기 위해 국가의 권력과 독립적인 시민사회의 영향력을 줄이겠다는 결의를 드러낸 것으로 보았다.

그 위원회는 인력서비스위원회Manpower Services Commission 위원장을 지낸 고위 공직자 리처드 오브라이언 경Sir Richard O'Brien을 의장으로, 무역조합, 산업, 자원 봉사, 교육 부문 및 교회 출신의 다른 일원들로 조직되어 있어 흡사 고위직 집단 느낌이었다. 위원회는 정부와 관련이 없는 입장임에도, 거버넌스의 과정에 참여한 동시에 지역과 민중에 초점을 둬야 할 필요성을 강조했다. 위원들은 연이어 도시 우선 관심 지역을 방문하고 각 지역을 직접 경험했다. 덕분에 보고서 출간 이후, 정치적인 동기를 드러냈다고 비판받았을 때마다 보고서에 실린 증거들의 출처를 입증할 수 있었다. 여기에는 분명 잉글랜드 성공회 사회사상의 일관된 특징인 두 가지 강조점이 반영되어 있는데, 첫째는 실증 가능한 증거를 다루는 일을 중요하게 생각한다는 점이고(Henry Clark, 1993: 73), 더 혁신적이며 급진적으로 보이는 두 번째는, 민중 공동체에 관심을 기울이면서 흔히 공공 영역으로 들어가지 못하는 목소리와 관점을 받아들이고 평가한다는 점이다. 이 덕분에 보고서에는, 비판자들이 반박하기 어려우며, 그러한 공공신학을 위해 지역의 지식과 참여의 의의를 강조하는 진정성과 직접성이 녹아 있다.

우리는 공식 통계가 가린 인간의 현실을 직접 확인하기 위해 도시 우선 관심 지역에서 시간을 보내지 않으면 안 되겠다고 결정했다. 일련의 방문 과정에서, 우리는 도시 우선 관심 지역

사람들이 생활하는 물리적 조건들을 보았고, 열린 공청회와 소규모로 초대된 모임에서 그들이 직접 하는 이야기들과 그들의 경험들을 들었다. 또한 지역 정부, 경찰, 사회복지사, 다양한 돌봄 기관 및 지역 교회 대표들과도 많은 시간을 보냈다. (ACUPA, 1985: xiv)

《도시의 신앙》은 1985년 12월에 출간되었다. 이는 마거릿 대처의 보수당 정부에 타협 없는 공격을 가했다. 이 보고서는 정부가 교조적인 통화주의 정책의 이익을 위해 사회복지 사업, 교육, 소득 지원에 대한 국가 지출을 제한함으로써, 경기 침체의 악영향을 받는 지역들의 곤경을 더 악화시키고 있다고 믿었다.《도시의 신앙》은 또한 정부, 기업 등이 포기하는 도시 우선(관심) 지역마다 교회가 존재한다는 사실은 매우 중요하다고 강조했다.

위원회는 도시들의 상태가 영국 사회의 공정성과 평등을 평가하는 주요 지표라고 결론 내렸다. 그렇지만 마지막 단락에서 보고서는 전혀 다른 어조를 취하고, 공공 정책을 심도 있게 다루지도 않는다.

우리 각자는 개인적인 삶과 생활 방식에서 도전에 직면해 있다. 그것은 가난하고 힘없는 이들과 함께 계시는 부활하신 그리스도 곁에 더 가까이 설 수 있도록 우리 생각과 행동을 변화시키라는 부르심이다. 우리는 도시에서 신앙을 발견했다. (ACUPA, 1985: 360)

보고서는 소외된 도시 공동체들과의 연대를 교회 전체의 부르심으로 확장하면서, 도시 우선(관심) 지역에 직원과 자원을 배치하는 공동 전략을 준비했다. 교회 도시 기금의 후원 아래, 교회 내부에서 돈이 재분배되었고, 지역의 다양한 주요 과제들을 지원하기 위한 외부 기금이 조성되었다. 이후 몇 년 동안 주류 그리스도교 교파들은 도시 우선(관심) 지역의 상태에 관한 일련의 보고서들을 작성했다(ACAGUPA, 1990; Methodist Church, 1997; Cooper, 1992; Harvey, 1989). 하지만 20세기가 끝나 가면서, 특히 1997년 신노동당 정부가 선출된 후, 도시 교회가 운영되던 사회적, 경제적 맥락이 상당히 달라진 것은 분명했다. ACUPA로부터 20년 후, 21세기 초반 교회는 도시재생에 대한 양면적인 경향을 해결해야 하는 과제에 직면했다. 우리가 사는 도시들의 물리적, 경제적 지형은 몰라볼 정도로 변했다. 1990년대 초반 보수당의 재생 계획으로 시작하여 1997년 신노동당의 선출로 이어지면서, 정부에 대한 적대적인 분위기는 점차 동반자 관계를 맺어야 할 상황으로 대체되고 있었다. 1997년 감리교에서 출간한 보고서인 《도시들》*Cities*은 1990년 이후 보수당 정부와 노동당 정부가 착수한 다양한 재생 계획을 요약해 실었으며, 도시 지역에 개입하지 않고 그 지역을 방치해 온 정부 정책에 대한 《도시의 신앙》의 분석이 이제 사실에 가까웠다는 것을 보여 주었다(Methodist Church, 1997).

사실 2000년대 초반까지 이전에는 침체되고 쇠퇴했던 도시들, 이를테면 리버풀, 맨체스터, 뉴캐슬은 지역 경제 회복의 활기찬 중심지가 되었으며, 주민 참여 및 지역사회 부문, 그리고 기업과의 전략적인 동반자 관계를 중요시한 정부의 지원에 따라 재생 정책은 확산되고 크게 장려되었다(Steele, 2009). 비판자들이 지적하듯, 중앙정부가 포괄적으로 사회복지 사업 및 지방의 사회 기반 시설에 재투자해야 한다는《도시의 신앙》의 요구, 즉 기본적으로 세금 지원 및 중앙에서 주도하는 사회복지 제도 모델로 회귀하자는 요구는 이미 1985년에 시대착오적으로 여겨졌으나, 21세기 초반 무렵 대다수 주요 영국 도시가 경제 호황을 맞게 되자 완전히 폐기되었다. 도시 우선(관심) 지역에 대한 교회의 헌신에 대해서가 아니더라도, 도시 경제의 변화하는 특성, 특히 '도시재생'으로 알려진 현상에 대한 교회 측의 재평가가 필요한 시점이었다.

《도시의 신앙》의 20주년이 다가오는 것과 함께 이러한 맥락에서 잉글랜드 성공회의 도시 주교 자문단은 2002년에 영향력 있는 논문을 출간했다. 이는 영국의 마을들과 도시들의 변화하는 경제적, 사회적 지형을 다루고 교회가 맡아야 할 과제의 본질을 상세히 설명하고자 했다. 이 논문은 만일 교회들(그리고 특히 잉글랜드 성공회)이 도시 지역에서 장기간 존재하기 위해 애쓰고 있다면, 그 자체의 선교와 사목에 대한 좀 더 능동적이고 전략적인 이해가 필요하다고 주장했다. 도시와 더불어 신앙을 지키기 위해서, "우리 사회에서 벌어지는 변화에 직접적으로 그리고 일관성 있게 참여[해야 할] 뿐더러 뿌리 깊은 [말 그대로] 상황을 해결해야 할" 의지가 필요했다(2002: 6). 보고서는 또한《도시의 신앙》과는 확연히 다른 변화를 완벽히 보여 주는 진정한 재생 '산업'의 출현을 확인했고, 놀랍게도 신학적인 이미지와 영성의 언어에서 끌어낸 열망을 말했다. "갱신, 재생, 르네상스라는 표현은 우리 도시들에서 다시 정돈해야 하는 영적 차원을 이야기한다. 이는 신학적 범주에 속하는 표현으로, 교회는 이를 통해 하나님이 인간 삶의 모든 측면에 개입하시고 관심을 가지신다고 증언한다"(Urban Bishops' Panel, 2002: 23).

신앙의 도시들: 기념, 비전, 정의

도시 생활과 신앙 위원회는 "도시 사회에 대한 긍정적인 비전과 도시 사회 내부에서 교회의 존재와 증언을 분별하고 장려"하려는 목적으로 2004년 2월에 설립되었다(http://www.culf.org/sections/panda). 위원회는 13명의 후원 회원과 자문 위원들, 사무국 및 추가 기부자들로 구성되었다. 이 위원회의 보고서인《신앙의 도시들: 기념, 비전, 정의 요청》은 2006년 5월에 출간되었다.

　　《신앙의 도시들》의 연구 결과 중 일부는 다음과 같이 요약할 수 있다. 첫 장인 '연속성과 변화'는 1980년대 이후 및《도시의 신앙》의 출간 이후 발생한 주요 변화들을 평가하고자 했다. '우리 도시들의 세계'는 우리 도시들 내부에서 인종 및 종교 다양성이 눈에 띄게 증가한 모습을 가장 중요한 변화 중 하나로 명시했다(CULF, 2006: 17-29). '번영: 안녕의 추구'는 도시재생의 진정한 성공에도 불구하고 소득, 보건, 교육, 주택 공급에서 현저한 불평등이 지속되고 있음을 강조했다(2006: 30-44). 우리 도시들에서 많은 이들의 삶의 질이 향상되지 않았으며, 부의 증가가 반드시 더 큰 행복으로 이어지지는 않았다. 젊은 사람들은 특히 더 심한 불안과 우울을 경험하는 것으로 나타났다. '사람을 위한 재생: 지위, 권력, 이익 그 이상'은 재생 사업의 장기적인 지속 가능성에 의문을 제기했고, 문턱 높은 공동체들의 증가 및 그 결과 극빈층이 도심과 적정한 가격의 주택에서 쫓겨나는 것을 지적했다(2006: 54-65). '좋은 도시: 사람을 생각하는 도시재생'은 어떻게 재생이 도시를 건강하고 살기 행복한 장소로 만들 수 있는지 살펴본다. '참여와 헌신'은 신앙 기반 조직들이 '신앙 자본'이라 부르는 형태로 지역 이웃의 복지에 기여하는 바가 긍정적이고 독특함을 주장한다(2006: 66-75). 전반적으로 보고서는 번영이라는 허울 아래 소득과 기회의 뿌리 깊은 불평등이 완강하게 지속되고 있음을 지적함으로써, 그리고 그러한 계획들의 야망을 뒷받침하는 바로 그 비전과 가치관을 조사함으로써, 재생의 수사법과 현실 사이의 중요한 간극을 드러냈다.

《신앙의 도시들》은 열한 개의 권고로 마무리되는데, 일부는 잉글랜드 성공회와 다른 교회들 및 신앙 공동체들을 겨냥했고, 또 다른 일부는 정부와 자원 봉사 부문을 겨냥했다. 이 보고서는 잉글랜드 성공회가 도시 지역에서 계속해서 '계획적, 지속적, 실질적'으로 존재할 것과, 직분에 상관없이 모든 교회 지도자들이 도시 신학과 상황 신학을 교육받게 할 것을 촉구했다. 세계적으로나 지역적으로, 교회는 그 일원들이 이기적이거나 타인을 착취하는 삶의 방식을 갖지 않게끔, 부와 가난에 대한 그들 자신의 태도를 살펴야만 한다. 정부는 법정 최저 임금이 아니라 '생활' 임금을 설정하는 방안을 검토해 달라는 요청과, 빈곤층과 최고 부유층 간의 격차를 해소해 달라는 요청을 받았다. 또 망명 신청자들이 유급 일자리를 구해 자립할 수 있도록 하며, 이민, 난민, 망명 정책에 대해 여론을 "따르기보다 주도적으로 이끌어 가기를" 요청받았다. 종교 단체들은 인종 차별, 파시즘, 종교적 편협성과 맞서 싸워야 하며, 종교 단체 내부 및 단체 간 이해와 제휴를 위해 관계망을 구축해야 한다. 종교 공동체들과 정부는 청년을 위한 제도권 바깥에서의 교육과 영적인 안녕에 주의를 기울이면서, 청년 사업의 재건을 우선순위에 두어야 한다. 교회 도시 기금은 계속 지원되어야 하며, 전국의 교회 지도자들은 더 넓은 범위에서 '무엇이 좋은 도시를 만드는가?'에 대해 논의를 시작해야 한다.

ACUPA의 원년 위원인 루스 맥커리Ruth McCurry는 《신앙의 도시들》을 평가하면서, 《도시의 신앙》과 《신앙의 도시들》의 차이를 종합하고 문체와 어조에서 대조되는 여러 지점들을 지적한다 (McCurry, 2007). 그녀는 그 지점들이 시간이 흘렀기 때문에 예상할 수 있는 부분인 반면, 두 위원회 사이의 상당한 차이와 각기 그들의 과제를 어떻게 생각했는지를 가리키기도 한다고 주장한다. 또 ACUPA가 도시 우선(관심) 지역을 직접 관찰했다면, CULF는 좀 더 이론적이라고 지적한다.[2] CULF는 확실하게 지역의 목소리들과 증언들이 이야기하게끔 하긴 했지만, 이러한 내러티브들은 주 보고서의 좀 더 분석적인 본문 틈에 불편하게 자리 잡고 있다.《신앙의 도시들》은《도시의 신앙》의 냉철한 산문체와 대조적으로 복잡하고 어수선하며 다채롭다. 맨체스터에서《신앙의 도시들》의 출간 기념식을 할 때 일레인의 동료 중 한 사람은,《도시의 신앙》이 정부 백서를 떠올리게 하는 반면,《신앙의 도시들》은 주민 참여 조직의 연례 보고서에 가깝다고 말했다! 하지만 문체의 차이는 두 위원회가 활동했던 사회적, 종교적 맥락의 변화를 반영하기 때문에 표면적인 차이라고만 할 수는 없다. ACUPA는 국교회라는 유산이 그들의 연구 결과를 주류 여론과 쉽게 상응하도록 보장한다는 믿음에서, 자신 있게 '교회와 국가'에게 말을 건넸다. 심지어 "우리가 영국 국민의 절대 다수와 공유한다고 믿는 정의와 연민 같은 그리스도교의 기본 원칙"에 대해서도 말한다(ACUPA, 1985: xiv). 하지만 맥커리가 지적하듯, ACUPA는 교회는 물론 무역조합, 공무원, 공공 부문과 사회 정책 부문에서 일원들을 모아 온 반면, CULF는 훨씬 좁은 범위의 세속 부문으로부터 일원들을 데리고 왔다. 그 결과 "《신앙의 도시들》은 도시 지역의 교회에서 일하는 사람들이 주로 관심을 갖는 보고서로 읽힌다"(McCurry, 2007: 40). 아마도《신앙의 도시들》은 단순히 훨씬 '교회에 치우친' 보고서였겠지만, 당시 CULF의 일원들은 보고서가 이야기하는 관점을 유리하다고 보기에는 어렵다고 느꼈다. 사회에서 종교의 영향력은 감소하고 문화 다원주의는 증가하는 시기에 권위적인 그리스도교가 공적인 목소리를 채택하는 것은 불가능하게 보였다. 그렇다면, 교회 기반의 위원회는 어떻게 공공의 관심을 이야기하고 지휘할 수 있을까?

따라서 CULF가 이야기하는 관점은 일원들에게 가장 중요했다. 나아가 《도시의 신앙》 이후 제기된 비판 중 하나는, 그 결과를 분별할 만한 지속적인 신학적 성찰이 너무나 부족했다는 것이었다. 보고서에서 신학을 다룬 부분에 관심이 없더라도 논쟁의 실마리를 놓치지 않고 충분히 읽을 수 있었다. 그렇지만 특히 CULF는 그 청중이 핵심 신념을 공유하고 있다고 전제할 수 없었기 때문에, 단호하게 신학과 실천을 훨씬 분명하게 연결하려고 했다. 전문적인 언어로 후퇴하거나 국가에 설교하는 것처럼 보이지 않으면서 어떻게 그렇게 할 수 있었을까? 달리 말해 이 보고서가 '공공신학'일 수 있게 하는 전제는 무엇이었는가?

CULF의 주장의 신학적인 기반은 교리적이거나 교회적인 배타성을 드러내는 성명으로서가 아니라, 그 분석과 결론을 알려 주지만 그 기원에 대해서도 개방적이고 투명한 신앙고백으로 선언되어야 한다고 결정을 내렸다. 달리 말해 《신앙의 도시들》이 주장하듯, 이는 그 내부 담론을 더 많은 지지자들이 접근하고 이해할 수 있도록 보장하면서 그 자체 원칙의 토대들을 방어할 준비를 갖춘 진정한 '공공'신학이다. "신학은 신앙 활동의 어휘를 제공하지만, 이는 결코 종파적인 소수의 언어일 수 없으며 대안적인 관점에 비판적이고 건설적으로 참여할 준비가 되어 있어야 한다"(CULF, 2006: 15, 2.65).

《신앙의 도시들》은 우리 도시들의 상태를 단순히 사회·경

무엇이 좋은 도시를 만드는가

제적으로 분석하는 것에 만족하지 않으므로, 도시 생활과 신앙에 대해 신학적 근거가 있는 비판을 제공하기 위해 노력했다. 이는 도시 교회 및 일원들이 지역사회 모든 사람의 공동선을 장려하고 모든 종교인 및 비종교인과 동반자 관계를 맺으면서 일하는 데 관심을 기울이면서도, 본질적으로 하나님의 본성에 관한 고백에 뿌리를 두고 활동하고 있음을 강조하기 위한 것이었다. 마찬가지로 도시재생 계획에 대한 CULF의 비판 및 그 안에 담긴 비전, 즉 장기간에 걸친 공동체성 갱신 및 우리 도시들의 안녕을 바라는 비전은 대부분 더 광범위한 전통과 중첩되지만, 정의, 형평성, 인간 존엄성이라는 신학에서 파생된 가치에도 기반을 두었을 것이다.

그래서 위원회는 그 신학을 '전면'에 내세우고 도시 생활 평가에서 기반으로 삼을 공리를 선언하기로 결정했다.

- 하나님은 모든 생명의 근원이시며 모든 창조물에 목적과 특성을 부여하신다.
- 하나님의 형상과 모양대로 만들어진 모든 인간은 '타고난 훼손할 수 없는 존엄'을 공유한다.
- 인류의 가장 심오한 성취는 우리의 본래 부르심, 즉 하나님과의 관계로부터 비롯된 '상호성, 사랑, 정의'의 관계에서 찾을 수 있다. (2006: 2)

처음부터 우리를 사로잡았던 또 다른 신학적 쟁점은 위원회에게 해방 신학이 갖는 의의였다. 《도시의 신앙》은 해방 신학의 모티프를 사용했고, 비방자들은 '마르크스주의'라는 혐의를 씌웠다. 일레인은 이러한 혐의가 《도시의 신앙》 저자들의 의도를 오해한 것이라고 여러 해 동안 주장했다. 그들은 의도적으로 마르크스주의 경제 및 사회 분석을 채택한 것이 아니라, 복음이 단지 개인의 도덕만이 아니라 구조적 불의에도 관심을 갖는다는 것을 교회가 염두에 두도록 요청하는 방식으로서 해방주의의 분석을 사용했다(Graham, 1996; CULF, 2006: 14, 2.52-53). 하지만 결국 역사적으로 도시 빈민 운동으로 이어진 해방 신학의 출현은, 권한 부여, '역사의 밑바닥'으로부터의 신학이 되는 것, 성서를 평범한 그리스도인의 손에 쥐어 주는 것, 민중의 경험을 소중히 여기는 것, 하나님의 '가난한 이들을 우선하는 선택'을 실천하는 것을 강조했기 때문에 정치적이기도 했다. 우리는 가난한 이의 얼굴에서 그리스도의 얼굴을 엿볼 수 있다. 따라서 《신앙의 도시들》은 가장 취약한 이들과 연대하고, 그들과 그들의 경험 및 상황을 신학적 이해의 귀중한 원천으로서 살피는 것이 신학적인 명령이라고 결론 내렸다.

> 우리의 연구에서…우리는 도시의 신앙 공동체로부터 출현한 이야기, 통찰, 경험을 강조했다. 우리는 이러한 이해들로부터 세상을 향해 무슨 말을 해야 할지 신중하려고 노력했다.…우리는 이를 통속적인 것, 거리의 언어, 생활 언어를 언급하는 '일상 신학'everyday theologies 또는…'평범한 신학'ordinary theology이

라고 불렀다.…그러므로 우리는 새로운 전례의 표징들과 영성의 표현을 찾고 있다.…이것들은 우리 도시 지역 사람들의 삶으로부터, 그리고 그들의 삶을 향해 좀 더 진실하게 이야기를 건넨다. (CULF, 2006:15: 2,61-63)

《도시의 신앙》이 도시 우선(관심) 지역을 위한 경제적인 변호를 채택했다면,《신앙의 도시들》은 이를 확장해 신학적으로 변호하는 데까지 관심을 가졌다. 이는 평범하고, 민중적이고, 자원이 열악한 회중과 공동체가 그들의 경험을 거룩하다고 부르고, 그들 주변에서 일하시는 하나님을 보고, 기도, 예배, 영성에 대해 그들 '토착어'의 단어들을 사용해 표현하는 능력을 지지했다. 위원회의 일부 일원들에게 이는 청년들이 대중문화 형식에서 영적 의미를 찾을 수 있는 방식에 특별한 관심을 갖는 것, 민중의 말에 귀 기울이는 것, 변두리에서 발견한 신앙 표현에 담긴 생명력을 증언하는 것을 의미했다. 이는 또한 출간된 보고서에서 분석 단락들에 그림이나 내러티브 및 사례 연구를 따로 묶은 글상자들을 같이 실음으로써 책의 구성 방식으로 내러티브 접근 방식을 구현하고자 했다는 것을 의미했다. 여기에는 도시재생 계획이나 제도 교회의 '위에서 아래로의 전달 방식'이나 목적 지향적 안건들 때문에 공식적인 설명에서 가장자리로 밀린 목소리들을 통합하고 그들이 말하게 하려는 바람이 담겨 있다.

하지만 형형색색의 글상자들과 내용이 상당히 많은 본문의 병렬 배치는, 지역 이야기, 사회·경제적인 분석, 신학적이고 성서적인 주제에 대한 다양한 문체의 기록들을 통합적으로 제공하는 대신, 논의의 흐름을 방해했다. 근본적인 문제는 통일된 편집과 관련이 있을 수도 있지만, 이는 그러한 비공식적인 민중의 경험을 충실하게 표현하고자 하는 열망이 진정으로 달성 가능한가 하는 뿌리 깊은 질문을 암시하는 것일 수도 있다. 이러한 '공식' 보고서나 간행물이 도시 빈민의 영성을 공정하게 다루기를 기대하거나, 그러한 기회가 있을 수 있는지 기대하는 일은 불가능할 수 있다. 많은 해방 신학과 도시 교회의 핵심에 존재하는 주제, 힘 있는 이들이 힘없는 이들을 옹호할 가능성이라는 주제는 해결되지 않은 채 남아 있다. 우리는 7장에서 권한 부여라는 주제로 돌아갈 것이다.

《신앙의 도시들》은 종교의 지속적인 의의와 신앙 기반 조직이 공공 생활에 기여하는 바에 대해 낙관적으로 평가하는 반면, 영국이 종교 부흥을 경험하는 중이라는 암시를 남기지 않으려고 노력한다. 유럽 전역, 특히 영국에서 제도적인 그리스도교가 계속해서 쇠퇴 중인 사실은 부인할 수 없지만, 현재 종교사회학의 많은 논쟁은, 흔적만 남은 종교가 관습을 버린 형태와 새로운 영성을 통해 영향력 있는 문화적 힘으로서 어느 정도나 지속하는가(Garnett et al., 2006), 영국 이슬람교의 성장 및 아프리카, 카리브해, 동유럽 출신 이민자들로 인한 일부 소수 그리스도교 집단의 활력이 종교 쇠퇴를 어떻게 완화시키는가에 주목하고 있다. 그러나 CULF는 이러한 동향이 모순적이라고 느꼈다. 종교는 개별 정치인의 수사법과 정부 정책 과정만이 아니라, 법, 경제,

복지, 시민권 측면에 영향을 미치기 때문에, 신앙 문제는 공론장에서 새롭게 부각되는 중이다. 하지만 잉글랜드와 스코틀랜드의 국교회들이 계속 존재하고 있음에도 불구하고, 영국의 공공 토론 분위기는 공공에서 '하나님을 인정하는 것'을 부끄러워하는 경향이 있으며, 이러한 부끄러움은 정치 문화 전반에 걸쳐 널리 퍼져 있다. 따라서 한편으로 《신앙의 도시들》은 "교회가 아무나 대신하여 무엇이든 말할 권리가 있다는 개념에는 이제 의문의 여지가 있다"는 것을 인정했다(CULF, 2006: 8, 2.16). 그러나 다른 한편으로 모든 신념, 진실, 감정의 표명에서 신앙을 가진 사람들의 '도덕 감각'이 지속적으로 기여하는 바가 있다고 주장했으며, "이는 개인들과 이웃들이 변화할 수 있는 잠재적인 원천을 증명한다"(2006: 81, 8.18).

빈곤과 번영

《신앙의 도시들》의 또 다른 주요 주제는, 무시할 수 없으나 여전히 보편적이지는 않은 도시재생의 혜택과 관련이 있다. 우리 도시들의 광범위한 재생 계획은 지역 경제를 변화시켰고 지역사회에 새로운 기회를 제공했다. 그러나 종종 부와 소득의 불평등을 완화하기는커녕 악화시켰다(CULF, 2006: 31-32, 4.1-16). 현재와 1980년대 주요 차이는 빈곤이 실업보다는 낮은 임금 때문일 가능성이 높으며, 많은 이들이 만성적 부채에 시달린다는 점이다

(2006: 35-36, 4.29-31). 주택 공급 면에서 우리 도시들의 물리적 재생을 살펴보면, 도시 환경의 고급화가 도시 지역사회의 가장 가난한 구성원들을 가장자리로 밀어내었고 그들은 무시당하거나 부유한 이웃들로부터 배척당했다(2006: 61, 6.40, 46-47, 5.9-13).

그러나 혜택을 입는 이들에게 미친 경제 재생의 성과에도 그림자가 있다. 다양한 분야에서 수행된 많은 중요한 연구가 제시하듯, 서구 국가들에서 늘어나는 물질적 번영이 반드시 큰 행복이나 안녕을 가져오지는 않는다는 점이다(Layard, 2005; James, 2007; Graham, 2009b). 《신앙의 도시들》을 비롯한 뉴이코노믹스 재단New Economics Foundation, NEF의 연구서(Michaelson et al., 2009) 같은 이후 출간된 연구서들은 재생과 번영의 물질적 징후들이, 별로 가시적이지는 않더라도 의미 있는 지표들에 의해 강화되어야 한다고 결론을 내렸다. 인격적으로 그리고 정서적으로 좋은 관계, 더 넓은 공동체와의 강한 유대, 인생 발자취에 영향을 미칠 수 있는 자유, 개인의 필요 충족을 넘어서는 삶의 철학이 그런 것들이다(CULF, 2006: 42).[3]

《신앙의 도시들》의 출간 이후 이러한 문제는 더욱 부각되었고, 국가의 경제적 성공과 생존 능력의 척도로서 주관적인 안녕의 지표들을 매우 진지하게 고려해야 한다는 CULF의 직관에 따라 추가적인 연구가 수행되었다. 칠드런스 소사이어티Children's Society[*]의 연구에 따르면, 영국은 세계 4위 경제 대국이지만 영

• 잉글랜드 성공회가 정부와 협력하여 국가적으로 운영하는 어린이 자선 사업 단체

무엇이 좋은 도시를 만드는가

국의 청년들은 유럽에서 가장 우울한 집단이다(Layard and Dunn, 2009). NEF는 2006-2007년 동안 유럽 국가들에서 질적·양적으로 '개인적' 및 '사회적' 안녕을 측정하는 포괄적인 조사를 수행했다. 세계 불황이 닥치기 전이었음에도 이미, 경제적 성공이 가져올 수 있는 바에 대한 사람들의 기대와 그들의 실제 경험은 불일치했다는 결론이 나왔다.

> 현대 사회는 인간의 안녕을 추구하는 특정 모델을 중심으로 조직된다. 노골적으로 말하면, 이러한 모델은 경제적 생산량의 증가가 복지 개선으로, 더 높은 생활 수준과 사회 전반에 걸쳐 질적으로 더 나은 삶으로 직결된다고 주장한다. 경제는 명확하게 GDP 증가의 필요성을 중심으로 체계화되어 있고, GDP 분배 방식에 대해서는 상대적으로 거의 고려하지 않는다. 사업 모델들은 주주의 이익 극대화를 전제로 한다. 그리고 사람들은 더 많은 가처분 소득을 가질수록, 따라서 더 많이 소비할수록 더 행복해질 것이라고 믿게 된다. 그러나 경제 지표는 사람들이 실제로 그들의 삶이 순조로운지에 대해서는 아무것도 말해 주지 않는다. 안녕 추구라는 가장 중요한 목표에 대비되는 사회적 성과를 측정할 수 있는 더 나은, 더 직접적인 방식이 절실히 필요하다. (Michaelson et al., 2009: 13-14)

북미의 연구 동향은 그렇지 않지만, NEF는 개인과 사회의 경험에 영향을 미치는 요인들을 고려하면서 종교적 소속을 변수로 포함하지 않는다(Graham, 2009b: 11-12). 그렇지만 구성원들에게 강력한 사회적 유대감을 제공하고 본질적이며 회복력 있는 개인의 가치관을 양성할 만한 활동 및 조직에 참여하기를 제안한다는 측면에서, NEF의 보고는 성실한 종교적 소속과 참여를 긍정적으로 평가하는 설명들, 특별히 사회적 자본 이론과 연결된다. NEF는 적절히 장려될 시 개인과 사회의 안녕을 향상할 수 있는 여러 공리를 명시한다. 이 목록에는 종교적 신념과 소속으로 함양할 수 있는 많은 덕성과 습관을 포함하고 있다.

> **연결:** ···조사 연구에 따르면, 안녕은 가족, 친구, 사회 및 정치적 삶과 관련 있는 삶의 목표에 따라 향상되고, 직업의 성공 및 물질적 이득과 관련 있는 목표에 따라 줄어든다.···
>
> **주의 기울이기:** ···연구는 감각, 생각, 느낌을 인식하는 연습이 수년 간 우리 자신과 우리 안녕에 관해 알고 있는 지식을 향상시킬 수 있다는 것을 보여 주었다.···
>
> **끊임없이 배우기:** ···새로운 무언가를 성취하기 위해 개인적인 목표를 세워 따르는 행동이 보고된 삶의 만족도를 증가시키는 것으로 나타났다.···
>
> **베풀기:** ···협동하는 행위는 뇌의 보상 영역을 활성화한다. 이는 우리가 서로 돕는 일을 즐기게끔 연결되어 있음을 시사한다. 지역사회에 적극적으로 참여하는 개인은 더 안녕을 누린다고 하며, 그들의 도움과 자세는 다른 이들에게 연쇄 효과를 일으킨다. (Michaelson et al., 2009: 46)

어떤 기준이 좋은 삶에 대한 우리 인식을 적절하게 담아내느냐 하는 질문은, 우리를 《신앙의 도시들》의 또 다른 주요 주제와 그 방법론의 중심 구조로 이끈다. 이는 성공하거나 번영하는 도시를 판단할 수 있는 바로 그 기준과 **좋은** 도시로 인정받는 덕목의 척도와 연결된다.

'좋은 도시'

'무엇이 좋은 도시를 만드는가?'라는 겸손하지만 심오한 질문이 《신앙의 도시들》 전반에 퍼져 있다. 이는 의심할 여지없이 단순한 질문이지만, 그 이전과 이후 논의에 집중하고 이를 장려하는 데 큰 역할을 했다. 어떤 면에서 이는 20세기 중반 윌리엄 템플, J. H. 올담J. H. Oldham, 로널드 프레스턴 같은 신학자와 윤리학자들이 선호했던 '중간 공리middle axiom'를 떠올린다. 중간 공리는 일반 원리와 구체적인 정책들 사이의 중간 지점에 머물고, 실증 가능한 사실과 도덕적 계율의 상호작용으로 통합되었으며, 규범적 성명이라기보다 보편 지혜의 지시적 진술로 의도되었다. 이는 그리스도교 전통의 구체적인 교리를 공공 정책에 개입시킬 수 있는 하나의 방법으로 여겨졌다. 템플에게 중간 공리는 '자유, 사회적 유대, 봉사'와 같은 정서적 요소에 가깝다. 그러나 중간 공리가 구체적인 실천 정책들이 출현할 수 있는 공통 담론들을 한데 모으려는 의도였듯, 우리는 '무엇이 좋은 도시를 만드는가?'

111

라는 질문을, 개인의 신앙이나 철학에 관계없이 어느 누구나 그들에게 가장 중요한 문제를 나누는 장에, 그리고 변화와 갱신을 위한 구체적인 전략을 알려 줄 수 있는 근본적인 비전을 발굴하는 과정에 참여하라는 초대로 볼 수 있을 것이다.

이미 지적했듯, 좋은 도시에 관한 《신앙의 도시들》의 결론은 형평성, 권한 부여, 참여와 연결된다(CULF 2006: 4, 1.26). 하지만 좋은 도시의 비물질적인 차원을 강조하면서 예상치 못한 동맹 집단을 발견했다. 이는 '저항적', 내러티브적, 전체론적 접근을 옹호하며 합리주의적, 변론적, 정량적 분석을 멀리하는 도시계획가, 사회학자, 지리학자 같은 도시 이론가들 세대였다.

위원회의 일부 일원은 나이젤 드리프트Nigel Thrift, 애쉬 아민Ash Amin, 도린 매시Doreen Massey, 레오니 샌더콕Leonie Sandercock 같은 새로운 물결의 도시 지리학자들과 계획가들에게 큰 영향을 받았다. 이들은 아래로부터 출발하는 민중 중심의 접근을 지지하기 위해 근대 도시계획의 합리주의와 환원주의에 이의를 제기했는데, 이러한 접근에서는 도시 설계와 지역사회 개발에 대한 참여적인 모델이 이전 세대의 중앙 집권적, 기술 관료적 계획보다 선호된다. 앤드류 데이비Andrew Davey는 최근 이러한 글 다수가 윤리적이고 유토피아적인 대의를 강하게 드러내는 점, 그리고 도시 교회의 '수행적 신학'과 새로운 사회 운동의 '수행적 도시주의' 사이의 간극이 점점 줄어드는 점을 강조했다. "도시의 대안적인 이야기들이 행동으로 실현되고 이러한 비전들의 징후가 보이기 시작하면서", 두 움직임 모두 진정한 대중 운동과 사회 변화를 위한 협력에서 구체화와 상상력, 지역주의의 중요성, '개방성과 상호성'의 관계망의 확장이 미친 영향을 추켜 세운다(Davey, 2008: 43).

레오니 샌더콕은 세속적인 인문주의자지만, 그러한 비전에 담긴 '영적' 차원을 광범위하게 글로 다룬다. 그는 호주와 캐나다의 토착민과 원주민의 반군 투쟁을 인용한다. 그들에게 땅의 성스러움은 자연 환경의 신성함과 고결함, 장소의 기억, 비전의 정치, 희망의 실천에 근거한 대립 가치를 표현하는 것이다(Sandercock, 2003; CULF, 2006: 62, 6.50). 이렇게 비물질적이고 정량화할 수 없는 것에 대한 가치 매김은 《신앙의 도시들》이 신앙에 기반한 참여의 독특성에 대해 단언하고자 했던 대부분과 일치하지만, 샌더콕의 비전은 도시를 '재신성화'하는 작업에 속한다.

> 우리는 아마도 도시계획에 관해 다른 방식으로 이야기해야 할지 모른다. 이를 어떻게 부르든, 도시계획 작업에서 영성을 구현해야 할 때임을 인정해야 한다. 그러나 이름을 짓는 데는 어떤 실제적인 목적이 있을 수 있다. 이는 우리 자신을 바라보는 다른 방식, 세상에 우리 자신을 표현하는 다른 방식을 의미할 것이고, 필연적으로 '마음 교육하기'라고 생각할 수 있는 다른 방식의 가르침을 요구할 것이다.…나는 영성이란 존재 방식이자 앎의 방식이라고 생각하며, 이는 행동 방식을 뒷받침하는 특정 가치관의 영향을 받는다고 생각한다. (Sandercock, 2006: 66)

이러한 종류의 도시 프락시스praxis는, 사람들이 실제 거주 공간

113

과 장소에 부여한 의미 및 이야기를 소중하게 여기도록 좋은 도시에 대한 통계적이고 목표 지향적인 설명을 초월하는 것이 중요하다고 주장하게 한다. 이는 또한 도시재생 전략을 뒷받침하는 데 필요한 가치에 관한 더 깊은 질문을 마련하는 방식이자, 그저 단순한 봉사 활동을 후원하기보다 그러한 논의를 장려하는 신앙적 관점의 중요성을 새기는 방식이기도 하다.

> 도시재생을 위한 전략은 흔히 좋은 도시 또는 성공적인 도시의 네 가지 주요 원칙을 중심으로 통합된다. 그것은 곧, (1) 경제력 (2) 환경과 사회 간접 자본 시설, (3) 정치와 거버넌스 (4) 문화다. 이러한 네 가지 '도시재생의 기둥'은 물리적 자원, 부의 창출, 지속 가능성, 정치 구조와 관련이 있다. 여기에서 다루지 않는 것이, 우리가 도시 속 '인간의 얼굴'이라고 부르는 삶의 질, 안녕 또는 행복 같은 그다지 정량화되지 않는 질문을 참작하는 일이다. 우리는 도시의 **영혼**에 대해, 그리고 어떻게 종교 단체들이 이를 발전시키도록 도울 수 있는지에 대해 질문해야 한다. (2006: 5)

따라서 《신앙의 도시들》은 "오늘날 우리의 주요 도시들에서, 도시재생 전략을 떠받치는 암시된 가치관은 무엇인가? 작동 중인 세속적인 구원 교리가 있는가?…우리 도시들에서 초월의 징후는 어디에 있는가?"라고 질문한다(CULF, 2006: 56, 6.19). 인간의 실패와 교만, 죄, 구원과 구속에 대한 어떤 이해가 도시재생의 야망을 뒷받침하는가? 도시재생과 지역사회 갱신의 수사법 가운데, 변화의 행위자들이 궁극적인 숭배 대상으로서 드높이고자 선택한 것은 무엇인가?

샌더콕의 말에서 우리는 좋은 도시는 균형 잡힌 경제, 이타적인 시민 의식, 사회 정의에 관한 관심, 환경의 지속 가능성, 포용성이라는 기준에 의지하는 것을 본다. 그리고 이 모든 기준의 근거는 우리의 공유된 인간성의 가능성을 함께 기뻐하는 데 있다.

> 도시계획 중심에 있는 인간 정신은, 날마다 믿음과 희망의 춤을 추고, 관대함으로 탐욕을 누그러뜨리고, 개인의 야망을 시민의 열망으로 결합하고, 우리 자신을 돌보는 것 못지않게 타인을 배려하고, 우리 세대 못지않게 미래 세대들을 더많이 생각하고, 변화의 필요와 함께 기억의 중요성에 사려 깊게 무게를 두고, 길가에서 마주친 새로운 이를 무시하거나 더 나쁘게는 모욕하거나 왔던 곳으로 돌아가라고 말하는 대신 반갑게 인사하기 위한 분투에 참여한다. (Sandercock, 2006: 66)

'좋은 도시'냐 '인간적인 도시'냐?

뒤이어 다른 보고서들도 비슷한 분류를 시도했다. 버밍엄 대학교에서 시작된 '인간적인 도시계획Human City Initiative'은 우리와 도시의 관계 밑바탕에 놓인 가치관을 파헤치고자 한다.

> 우리가 살고 일하는 곳인 도시의 창조자로서 우리가 가진 비전
> 은 무엇인가? 우리의 경험이 도시 생활을 위한 가능성과 가치
> 를 어떻게 빚어 갈 수 있는가? 세계의 다른 많은 지역을 대표
> 하는 사람들과 장소를 공유한다는 것의 의미는 무엇인가? 시
> 민으로서 우리는 누구를, 또 무엇을 책임지는가? 우리의 공동
> 생활을 지배하는 힘은 무엇인가? 무엇보다도 도시를 인간답게
> 만드는 것은 무엇인가? 도시를 비인간적으로 만드는 것을 우
> 리는 어떻게 막아서고 뿌리 뽑을 수 있을까? (D. Clark, 2007: 3)

이 보고서는 《신앙의 도시들》이 사용한 '좋은 도시'라는 용어
를 비판하면서, 이는 다른 특성들과 연결해서만 정의내릴 수 있
는 용어라고 주장한다. 우리도 주장하겠지만, 바로 그 점이 중요
하다! '좋은 도시'는 서로 맞물리고 의존하는 많은 다양한 기준
이 들어 있는 '중층기술thick description**'이다. 하지만 '좋음goodness',
'선'이라는 개념은 의도적으로 기뻐하는 감각을 포함할뿐더러,
도덕 철학, 덕 윤리의 오랜 전통과도 연결된다. 이 전통들에서 선
개념은 인간의 운명과 번영과도 관련이 있다(Harris, 2006). '인간
적인'이라는 용어의 단점은 환경 같은 비인간적인 존재의 안녕

---

* 인류학을 비롯한 학문 영역에서 인간 행동을 설명할 때, 상황을 전혀 모르는 사람도 그 행동을
  이해할 수 있게끔 행동과 그 맥락까지 설명하는 것을 말한다.

이 우리와 연결되어 있음을 간과한다는 것이다. 또는 심지어 샌더콕 같은 인문주의 작가들에게 나타나는 특징인 비물질, 초월 또는 영적인 것의 의미를 놓친다. '좋은 도시'는 우리의 인간적, 물질적 필요를 충족해 줄뿐더러, 필연적으로 인간의 자기 이익을 초월하는 더 위대한 선을 지향한다.

2008-2009년 유엔 해비타트^{UN Habitat} 보고서는 안녕 및 성공과 관계된 많은 기준을 하나로 묶기 위한 용어, '조화로운 도시'를 이야기한다. '조화'라는 개념은 건축과 '자연' 환경들 사이에, 그리고 사회적 형평성과 생태적 지속 가능성이라는 목적들 사이에 필요한 균형을 표현하기 위해 채택되었다. 물질적인 척도는 분석에서 중요한 도구지만, 유엔 해비타트는 덜 유형적이더라도 중요하게 고려되어야 할 사항이 있다고도 지적한다. '영혼' 또는 정신이라는 용어의 사용에서 이러한 정서들과 이전 정의들 간의 연관성을 한 번 더 주목해 보자.

이 보고서는 오늘날 도시 세계를 이해하기 위한 이론적 틀로서, 그리고 도시 지역과 그 개발 과정이 직면한 가장 중요한 도전들에 맞설 수 있는 실제 도구로서 '조화로운 도시'라는 개념을 채택한다. 이는 관용, 공정성, 사회 정의, 좋은 거버넌스가 서로 연결되어 있으며, 이 모두가 물리적 도시계획만큼이나 지속 가능한 도시 개발에 중요하다는 점을 인정한다.…보고서는 또한 문화유산, 장소와 기억에 대한 감각, 도시에 의미를 부여하는 복잡한 일련의 사회적이고 상징적인 관계들같이, 조화에 기여하는 도시 내부의 다양한 무형 자산을 평가한다. 그리고 이러한 무형 자산이 '도시의 영혼'을 대표하며 조화로운 도시 개발을 위해 유형 자산 못지않게 중요하다고 주장한다. (UN-Habitat, 2008: x)

신앙 자본

'신앙 자본'은 《신앙의 도시들》의 중심 개념으로, 신앙 기반 조직이 건강한 시민사회에 기여할 수 있는 사회적 관계망을 강화하는 데 공헌하는 바가 있음을 설명하는 표현이다. 신앙 자본에 대한 논의는 로버트 퍼트넘Robert Putnam의 '사회적 자본' 연구에서 비롯되었다(Putnam, 2000; Field, 2003). 사회적 자본이란, 사회적 유대, 거래 및 제도를 강화하는 과정을 통해 공동의 목적을 지향하는 사람들이 연결되고 협력할 수 있는 자질을 보여 주는 지표를 말한다. 퍼트넘은 이를 "개인 간의 연결, 그 연결에서 비롯되는 사회적 관계망과 상호성 및 신뢰성의 규범"이라고 설명한다 (Putnam, 2000: 19). 퍼트넘은 사람들이, '유대'(가족이나 인종 또는 계층에 기초한 밀접한 관계), '이어짐'(다양한 집단 간의 더 열린 관계), '연결'(사람들을 평소의 동료 집단 바깥 관계망과 연결해 주는 관계)로 정의되는 이러한 연관성을 통해 풍요로워지며 건강한 시민사회를 세우는 데 필요한 기술과 덕목을 함양할 수 있다고 믿는다.

보고서가 주장하듯, 이는 연구 결과 대부분을 해석하는 데

쓰인 '중요한 발상'이다. 그리스도교 공동체는 '사랑', '소망', '심판', '용서', '기억', '환대'라는 어휘를 더 넓은 공동체와 공유함으로써, 세속 기관들이 제시한 도시재생과 성공의 내러티브를 대체할 만한 대안을 사회에 제공한다(CULF, 2006: 3, 1.17). 그 의미는 신앙 기반 조직들은 '사람 중심'의 독특한 방식으로 운영된다는 것이다. 신앙 기반 조직들은 경제적 성과에 초점을 둔 목표 그리고 상업적이고 법령을 따르는 기관의 일하는 방식과 상충할 때도 있지만, 이들과 생산적이지만 비판적인 동반자 관계를 맺을 수도 있다.

마찬가지로 '신앙 자본'은 통념적인 시민의 어휘를 관용(흔히 무관심을 의미할 수 있음)의 경계를 넘어 더 긍정적으로 확장할 수 있다. 또 만일 위험을 무릅쓴다면, '낯선 이'가 '이웃'으로 바뀌고, 그래서 쉽게 언론의 비방과 대중의 의심을 받는 외국인, 망명 신청자, 난민이 외국인의 위협이 아닌 영예로운 손님들로 여겨지는 환대의 범주까지 나아간다(CULF, 2006: 23, 3.43). 다양성이 점점 증가하는 사회에서 그러한 환대의 자산은 대수롭지 않은 것이 아닐뿐더러, 외국인 혐오와 제도적 인종 차별의 해독제 역할을 한다(CULF, 2006: 21, 3.27). 나아가 신앙 자본은 지역에 뿌리를 둔 실천들로 구별되며, 여러 세대에 걸쳐 지역 이웃들의 삶에 관여해 온 교회들과 다른 종교 단체들은 지역 공동체들에게 특정 장소에 대한 집단적인 기억과 뿌리 의식을 제공한다(CULF, 2006: 61, 6.39). 신앙 기반 조직들은 신앙 자본 덕분에 도시재생에서 핵심 역할을 수행하며, 여기서 "예상치 못하게 얻게 된 주요한 이익"

은 "다른 사람들과 그들의 형편이 중요하다"는 확신을 동기 삼아 지역사회에 참여하게 된 사람들이다(CULF, 2006: 66, 7.2).

따라서 신앙 자본은 《신앙의 도시들》이 '수행적' 신학이라 일컫는 바를 표현한 것이다. 이는 사람들의 믿음과 행동의 측면에서 볼 때, 신학과 실천은 본질적으로 통합되므로 신앙은 분리될 수 없다는 의미다. 신학은 단지 추상적인 교리나 철학적 사변이 아니라, 신앙생활을 지도하는 이야기와 가치관과 정서의 원천이다. '하나님에 관한 이야기'가 진짜임이 가장 잘 드러나는 순간은, 설교될 때가 아니라 실천될 때다. 예배, 전도와 구제, 사목적인 돌봄이라는 믿음의 행동으로 구현될 때다. 신학은 본질적으로 우리의 말이 육신이 되는 것과 관련이 있기 때문에, 항상 실천적이다. 《신앙의 도시들》은 이를 통해, 교회가 사회 활동에 참여하거나 사회와 협업을 함으로써 신앙생활에 집중하는 데서 이탈한다는 혐의에 이의를 제기한다. 오히려 종교적·영적 실천은, 헌신되고 변혁적인 행동주의의 형태로 '큰 이득을 주는' 신앙 자본을 일구어 가는 훈련이다.

> 신앙생활('마음의 습관')을 구성하는 이야기, 경전, 노래, 기도, 의례, 가르침은 어떤 인류학적 호기심이 아니다. 그것들은 소외된 사람들을 위해 움직이게 만드는 가치들을 얻는 원천이다. 신앙 관습과 이웃을 위한 행위는 분리될 수 없다. (CULF, 2006: 82, 8.22)

무엇이 좋은 도시를 만드는가

하지만 《신앙의 도시들》이 주장하는 한 측면은, 여러 도시 지역에서 기성 종교의 자원들이 인정되지 않았다는 것이다. 이는 부분적으로 정부가 많은 신앙 기반 조직의 본성을 오해했기 때문일 수 있다. 이것이 공공 및 법치 부문 내에서 '종교 문해력'(또는 이것의 결핍)이라 불리기 시작한 문제다. 이렇게 된 이유는 사회과학에서 세속화 논제가 지배적이기 때문일 수 있으며, 이는 소속된 종교에 대한 언급이나 이해가 거의 없이 인종과 민족 정체성(그리고 그것의 정치적인 의미)의 구축을 논의했다는 의미다(Smith, 2004: 187).

장기적인 시야로 바라보기

2006년 5월 캔터베리 대주교는 《신앙의 도시들》 출간을 앞두고, 이 보고서의 출판을 기대하면서 '교회와 도시'라는 주제로 상원에서 토론회를 개최했다. 토론회에서 눈에 띈 점은 연사들이 연이어 신앙 기반 조직들이 도시재생과 지역사회 재개발은 물론, 의료 담당 사목, 인종 차별 반대, 사회적 기업에 이르기까지 다양한 영역에서 기여해 온 것의 가치를 인정한 점이었다. 하지만 《신앙의 도시들》은 정부 당국이 종교 단체들의 자원과 동력을 마음대로 쓸 수 있다는 점과 도시재생 과정에서 지역민들의 역량과 기술이 경시되는 현황에 대해 경고도 했다. 그 보고서는 정책 입안자들과 재생 과제를 맡은 이들이 신앙을 잘못 이해하는 경우가 많다고도 주장한다. 또 의사 결정과 주민 참여에서는 민중 중심의 접근을 옹호한다. 이는 편협한 경제적 기준에 반대하며, 인간 번영과 좋은 도시를 만드는 일에서 전체를 아우르는 감각은 물론, 형평성 및 공정한 분배의 문제에 주의를 기울이는 부의 창출 모델에 가치를 두는 것이다.

예를 들어, 비축된 '신앙 자본'은 실제 성과가 산출되도록 실질적으로, 가시적으로 투입된다. 그러나 신앙 전통의 독립적인 가치관에서 비롯되어야 하므로, 편의나 일부 이해관계에 따라 단순히 채택될 수 없는 독립적이고 비판적인 목소리를 나타낸다. 《신앙의 도시들》은 도시계획 및 도시재생 시행사들과 비판적으로 연대하는 것이 중요함을 시인하지만, 신앙 기반 조직은 다른 시간 틀과 더 통합적인 가치관으로 우선순위의 대안을 제시해야 한다고 강조하기도 한다.

캔터베리 대주교가 상원 토론회에서 설명했듯, "[종교 공동체들은] 상황이 어려울 때도 회수하지 않아도 되는, 계속 투입되고 사용할 수 있는 사회적 자본에 대해 이야기한다. 기한이 정해진 보조금의 세계, 그리고 다소 숨 가쁜 재정 지원 제도를 견뎌낼 지도력과 경영 구조를 마련하기 위해 필사적으로 애써야 하는 세계에서, 그들은 좀 더 장기적인 시각을 허용한다"(R. Williams, 2006a). 그러므로 종교적 모임은 사회 쇄신을 위한 기술과 역량이 양성되는 곳이다. 《신앙의 도시들》은 신앙 기반 조직들이 우리 도시 이웃들의 물질적, 정신적 번영을 도울 수 있는 적합한 곳임을 지방 자치단체와 중앙정부가 인정하기를 요청한다.

앤드류 데이비는 최근 기사에서, 신앙 자본이 아마도 신앙 기반 조직들이 절대 반대할 '성과 요구' 사고를 인정하는 듯한 모순을 지적한다. 그는 그러한 기능주의로의 퇴보, 즉 종교 단체들의 '유용성'을 증명하려는 시도에 불편함을 드러낸다. 데이비는 신앙의 실천을 "관심이나 추가 자원을 끌어들이기 위해 정량화할 수 있는 제품 또는 상품"으로 바꿔 버리는 것은 위험하다고 주장하며, 경제 용어인 '자본'의 사용에 의문을 제기하고, "신앙의 자원과 자산"을 구체화하기 위해 은유를 넘어서는 신학적인 선례는 거의 찾아보기 어렵다고 지적한다(Davey, 2007: 16). 따라서 정부 정책을 전달하고 사회적 응집성을 위한 덜 유형적인 가치를 구현하는 행위자로서 신앙 기반 조직의 역량에 대한 현재의 관심은 비판받을 여지가 있다.

마찬가지로 신앙 기반 조직들이 취약해지거나 손 쓸 수 없는 쇠퇴기에 들어섰을 때 공적 역할을 지속하는 그들의 진정한 역량은, 신앙 자본이라는 어휘의 장기적 생존 가능성에 대한 엄격한 시험대다. 그렉 스미스Greg Smith는 다음과 같은 전제에 이의를 제기한다.

즉, '종교 공동체'에는 대규모 '공동체 지도자' 부대가 있으며, 이들은 시간을 할애해 정부의 사업을 지원한다.…[이는] 주임 사제는 시간이 되는 대로, 논란의 여지없이 지역사회 전체의 복지를 위해 기꺼이 일한다는 개념, 교회의 역할에 대한 전통적인 잉글랜드 성공회의 개념과 결합된 듯 보인다. 하지만 도심에서 신앙생활의 현실은, 이미지가 과장된 성직자, 평신도(및 사회적으로 배제된) 지도자에게 의지하는 집단, 사회적 의제보다 영적 의제를 우선하는 신앙, 희소한 자원을 두고 벌이는 종파 또는 공동체끼리의 경쟁일 가능성이 높다. (Smith, 2004: 195)

어떻게 해야 도시 교회가 외부의 예상에 얽매이지 않고, 지속적으로 지역사회에 참여하며 공적 역할을 수행할 수 있느냐 하는 쟁점은 8장에서 다룰 주제다.

그렇다면 《신앙의 도시들》은 신학하기doing theology에 귀납적·상황적으로 접근하는 것과, 도시 교회에서 바른 교리orthodox보다 바른 실천orthopraxy을 강조하는 것을 어떻다고 말하는가? 여기서 다시, 우리는 '보편 지혜' 전통에 뿌리를 둔 프락시스와, 복음의 독특성으로 표현된 신앙으로의 명백한 부르심을 존중하는 교회 사이의 긴장으로 돌아간다. 여기서 신앙 자본에 관한 논쟁은, 사회적 행동 대 전도, '공적 역할 수행 대 선포'를 둘러싸고 지속되는 논쟁 내부에 위치한다(Lech, 2006:15). 스티븐 콕스Stephen Cox에 따르면, 신앙 자본으로 제기되는 신학적인 쟁점은 모든 신앙 전통이 하나님의 본성 및 인간의 의미에 관한 핵심 신념들을 어느 정도까지 공유하는가 하는 것이다.《신앙의 도시들》이 주장하듯, 그리스도인들에게는 그리스도 안에 나타나는 하나님의 계시가 그들의 이해에 유일무이하다면 말이다. 만일 동반자 관계를 맺은 사람들이 함께 기도할 수 없거나 "우리에게 동기를 부여하는 신앙을 설명[할 수 없다면],…만일 우리가 그러한 신앙에 동

무엇이 좋은 도시를 만드는가

의하지 않는다면", 어떻게 신앙의 행동의 영적 차원이 유지되는가?(Cox, 2006:4) 이는 특별히 신앙 자본 중심으로 동반자 관계를 맺고 일할 때, 같은 과제에 참여한 사람들이 다른 종교를 가졌거나 종교가 없을 때 어떻게 신앙 자본이 구축되고, 지속되고, 설명될 수 있는지 질문한다. 우리는 이 질문을 1장에서 명시한 긴장의 사례로 볼 수 있다. 교회는 예배의 삶과 아마도 독특한 반문화적인 증언으로 그 존재와 정체성을 드러내는 '대안적인 수행'을 하는 곳인가(CULF, 2006: 49, 5.21), 아니면 복음이 희석될 위험을 무릅쓰더라도 다른 이들과 동반자 관계를 맺도록 부름 받았는가? CULF는 낯선 이와 빈곤한 자에게서 그리스도의 얼굴을 보는 수행적인 프락시스를 선택한다(마 25장). 교회의 온전함에 대한 관심이 하나님 아래에서 우리의 공통된 인간성을 증언하는 일보다 앞서 있지 않다. 그러나 그럼에도 불구하고, 행동주의의 원천이 되는 신앙의 자원들은 양성되어야 한다. 실제로 다원주의 사회에서 그리스도인들은 그들 자신을 설명할 준비가 되어 있어야 하고, 그 과정에서 신앙은 희석되기보다 깊어져야 한다.

예배당 벽 뒤로 물러서서 서로에게만 이야기하는 것은, 창조 세계 전체에 대한 하나님의 요구와 세상을 구속하는 데 동반자가 되라는 하나님의 초대를 무시하는 일이다. 그러나 교회가 동반자 관계를 맺으면서도 타협하지 않으려면, 그리스도교 비전의 핵심 신념에 충실해야 한다. 그렇게 하려면 예언자 이사야의 은유대로(54:2) 다른 이들과의 동반자 관계를 통해 "줄을

길게" 하려면, 머리만이 아닌 가슴을 울리는 예배에 집중하여 "말뚝을 견고[하게]" 하지 않으면 안 된다. (CULF, 2006: 75, 7.63)

그럼에도 불구하고, 선교, 전도, 회중의 성장에 대한 질문을 무시해서는 안 된다. 도시 교회는 교회가 쇠퇴하는 상황에서 살아남기 위해 애쓰고 있다. 그렉 스미스의 지적이 암시하듯, 지역 회중은 무한정으로 "그들의 형편을 과도하게 초과"해서 지역 이웃들에게 헌신할 여력이 없다. 이는 도시 교회 자체가 장기간 생존 가능한지를 제도의 측면에서 심각하게 질문하게 하며, 왜《신앙의 도시들》의 일부 비판자들이 명백한 복음주의의 의미에서 선교 문제를 다루지 못한 데 대해 신학적인 근거만이 아니라 전략에서도 실망했는지 설명해 준다. CULF는 그 일원을 구성하고 그들의 신학을 정의할 때,《도시의 신앙》이후 20년 동안 도시들 속으로 들어와 독특한 그리스도교 증인 역할을 하며 실천적인 과제들을 수행해 온 신흥 복음주의 전통을 충분히 고려하지 못했다. 여기에는 에덴Eden, 페이스웍스Faithworks, 어반 프레젠스Urban Presence 같은 단체들뿐만 아니라, 아프리카인과 아프리카계 카리브인 모두를 포함한 흑인 다수 교회의 현저한 성장도 있다.[4] 이러한 단체들 다수는 지역사회의 변화는 물론 개인적인 갱신에도 헌신하고, 복음주의에 대한 개인적인 헌신과 사회 정의에 대한 요구를 결합하는 데 어려움이 없다. 이들은 또한 통계적으로 도시 교회의 관할구들 중 가장 빠르게 성장하는 관할구들 가운데 있다(Cox, 2006: 4).

《신앙의 도시들》과 그 이후

이 보고서에서 우리는 종교의 양면적인 역사, 그리고 증오와 갈등을 조장할 잠재성에도 불구하고, 종교적 믿음은 여전히 도시에서 가장 풍성하고, 오래 지속되어 왔고, 가장 역동적인 동력과 희망의 원천 중 하나임을 주장한다. 신앙은 관계를 맺고 공동체를 구축하는 데 필수적이며 종종 본질적이다. 신앙 기반 조직들은 그들이 장려하는 가치, 그들이 영감을 주는 공적 역할, 그리고 그들이 관리하는 자원들을 통해 그들이 속한 지역사회에 결정적인 공헌을 한다. (CULF, 2006: 4, 1.28)

물론 《신앙의 도시들》이 《도시의 신앙》만큼 영향을 미칠 가능성은 낮았다. 《신앙의 도시들》은 도시 주교 자문단의 지도 덕분에, 이전 연구보다 더 복잡하고 덜 양극화된 맥락에서 작업하고 있다는 점, 그리고 정부의 제재를 쟁점화하기보다 '진행 중인 작업'에 대한 비평이 과제에서 훨씬 많은 비중을 차지한다는 점을 처음부터 인정했다. 그래서 그 핵심 전제는, 첫째, ACUPA가 봤다면 실망스러워할 만큼 너무나 명백한 수준에서 정부(중앙정부와 지역 정부)가 도시 우선(관심) 지역을 무시하더라도 더는 비난할 수 없다는 것이었고, 둘째, 위원회는 여전히 교회와 국가 둘 다에게 이야기하고 싶지만 그 결과를 즉각적으로 수용한다든가 증거를 필요로 하지 않는다고 더는 보장할 수 없다는 것, 그러나 위원회가 취한 입장에 대해 그 가치와 원칙을 설명하고 명시해야 한다는 것이었다. 이러한 고려 사항이 《신앙의 도시들》의 영향을 약화시켰을 수 있지만, 가장 중요한 일부 주제 및 결론의 근거가 되기도 했다. 이를테면, 영국의 많은 주요 도시의 경제, 문화, 물리적 상태는 눈에 띄게 개선되었으나, 도시재생의 '낙수효과' 정책*은 계속해서 실패했다는 것, 또 가장 소외된 도시 지역들에서 신앙 기반 조직들이 문제를 일으키기도 했지만 그들의 활동과 역할은 여전히 필요하다는 점, 종종 파편화되고 정신없이 바쁘게 돌아가는 정책 구상 현장에 가치 기반의 비판을 도입하는 일은 중요하며 이를 통해 개발에서 장기적인 시각을 고수하고 더 큰 그림을 유지할 수 있다는 점 등이다.

　우리는 숙고한 끝에 서로 다른 관점을 지니고 다른 출발점에 서 있는 다양한 사람들을 위원회로 불러 모으고자 했고, 그들에게 20년 전 ACUPA보다 훨씬 혼란스러운 상황에 관심을 갖고 참여해 달라고 요청했다. 변화하는 환경과 정부 정책에 관한 더 모호한 증거를 염두에 둘 때, 아마도 《신앙의 도시들》은 불가피하게 《도시의 신앙》만큼 논쟁적이지도 않고 직설적이지도 않을 것이다. 그럼에도 불구하고 20년 사이의 간극을 메우려는 시도가 있었다. 즉 빈부 격차 및 교회들이 지역 안에 존재하며 응답하는 일의 중요성 등 연속성을 꽤 유지하면서, 새로운 방식으로 활동하고 생각하기를 요청하는 등 변화하는 상황에 주목하려고 했다.

---

* trickle-down 또는 통화 하향 정책. 경제 효과가 정부, 대기업, 중소기업, 대중 순으로 물방울 떨어지듯 하향 침투한다는 이론이다.

무엇이 좋은 도시를 만드는가

《도시의 신앙》과《신앙의 도시들》의 가장 큰 차이는,《도시의 신앙》은 빈곤, 환경 파괴, 국가 재정 정책 측면에서 경제적으로 측정될 수 있는 정의justice를 쟁점으로 삼았다는 것이다. 이는 본질적으로 물질적인 안녕을 강조하는 보고서였다. 그러나 지난 5년이 넘는 시간《신앙의 도시들》이 예견할 수 있었듯, 이제 행복과 안녕의 의제를 다룰 때라는 것이 분명해졌다. 물론 우리는 신학의 영역으로 옮겨 가야 한다. 신학은 어떻게 사람들이 소중하게 여겨지는지, 어떻게 우리가 우리 미래에 참여하고 미래를 결정할 자유를 갖는지 또는 갖지 못하는지, 즉 어떻게 우리가 주변 환경을 발견하고, 전유하고, 그곳에 거주하는지를 다루기 때문이다. 온갖 결점에도 불구하고《신앙의 도시들》은 공공 정책에 참여하는 방식과 그 자체의 신학을 수행하는 방식에서 도시 교회가 겪는 시대의 변화를 성공적으로 반영했고 중요한 유산을 많이 남겼다.

첫째,《신앙의 도시들》이 충분히 관심을 기울이지 못한 두 분야는 주택 공급과 교육이었다. CULF는 재생된 도시들에서 상대적으로 부유한 '문턱 높은 공동체'가 확산됨에 따라 활동하기 시작했으나, 열악한 주거 환경이나 외곽의 소외된 단지에 발이 묶인 이들의 관점을 충분히 담아낼 공간을 제공하지 못했다. 4장에서 우리는 이러한 경험들로 돌아가 대안적인 주택 공급 정책을 주장한다. 기회, 직업 전망, 교육 성취도를 측정할 때 사회 계층은 여러 면에서 그러한 분리의 원인이며, 주택 공급 시장이 경직될 시 이러한 분리는 크게 악화된다. 그러나 계층은 다수의 도시재생 정책에서 여전히 '방 안의 코끼리'˙다.

둘째, 좋은 또는 지속 가능한 도시를 평가하기 위해《신앙의 도시들》안에서 강조되는 다양하고 복잡하지만 종종 무형적인 척도들은 여전히 체험을 통해 얻어진다. CULF는 이슬람의 신념과 실천에 담긴 위대한 다섯 기둥이 떠오르는, '도시재생의 다섯 기둥'과 함께, 경제, 거버넌스, 문화, 환경, 영성, 또는 삶의 의미를 안녕의 '중층기술'에 통합할 필요성을 이야기한다. 셋째,《신앙의 도시들》은 스티븐 로우가 '도시 생활과 신앙을 위한 주교'로 임명되는 결과를 낳았다. 그는 영구적인 이력을 지닌 최초의 잉글랜드 성공회 주교로, 단순히 상원 토론회에서 전문 정보를 요약·보고하기만 한 것이 아니라, 조사하고 변호하며 영국 전역을 종횡무진 다녔다. 또한 많은 다양한 수준의 정부와 협력하며 소통했고,《신앙의 도시들》이 꿈꾸던 바로 그 '좋은 도시'를 둘러싼 논의를 활성화했다.

여기에는 공공신학의 본질에 대한 이해가 깔려 있다. 교회가 어떤 권한으로 사회 문제에 대해 목소리를 낼 수 있는지 묻는다면, 전통주의자들은 주교는 세속적인 이유나 대중적인 관례의 제한을 받지 않고 전통과 역사적인 교회 형태로부터 권위를 얻는다고 대답할 것이다. 하지만 스티븐이 주도한 요약·보고 설명회는, 대중의 견해를 접하며 지역사회 목소리와 경험에 귀 기울이는 데서 얻게 된 권위, 증거 중심의 논쟁에서 비롯된 '공적으로

• 누구나 인식하고 있지만 직접 말하기는 꺼리는 문제를 말한다.

무엇이 좋은 도시를 만드는가

이야기하는' 권위를 갖는 또 다른 공공 개입의 모델을 암시한다. 사실 '도시 생활과 신앙을 위한 주교' 같은 인물의 효과는 무엇보다도, 그러한 지역사회 활동을 접하는 역량, 도시 생활과 신앙의 관심사 및 현실을 국가 차원의 무대에 확실하게 투영해 낼 수 있는 그의 역량에 달려 있다. 이어지는 장들은 계속해서 그 과정을 널리 알리기 위한 시도다.

공간과 장소의
신학

들어가는 말

우리는 도시 교회의 주요 덕목 중 하나가 지역 성격을 드러내는 것이라고 내내 강조해 왔다. 성공회 전통은 전도구 제도가 그 덕목을 소중하게 간직하고 있으며, 지역별 교회 지구에서 국가 곳곳을 관할하는 책임을 진다. 이는 흔히 전도구 관할 사제가 그 지역에 속한 전체 주민의 '영혼의 치유'를 맡아 온 모습으로 표현된다. 어떻게 보면 그리스도교 국가 시대로 역행하는 기묘한 시대착오적인 모습 같고, 심지어 국교회의 오만이 남긴 불편한 흔적으로 보이기도 한다. 그러나 이 장에서 살펴보겠지만, 그러한 영역 관할권이 법률 용어로 공식적으로 지정된다 하더라도, 특정 지역의 창조 질서가 하나님께 속해 있다는 이해는 그대로 남아 있다. 또 성령 충만한 그리스도의 몸인 교회가 그 장소에서 하나님의 선교를 확장시킬 수 있는 구체적인 맥락으로서, 지역적인 것, 구체적인 것, 특정한 것을 거룩하게 여기려는 열망도 그대

무엇이 좋은 도시를 만드는가

로 남아 있다. 신학자인 시거드 베리만Sigurd Bergmann이 주장하듯, 이는 '장소를 취하시는 하나님'과 관련이 있다(2008). 즉 물리적인 것, 공간적인 것 그리고 우리가 주장할 테지만 환경적인 것이 구속의 무대로서 신성화되는 것과 관련이 있다. 베리만은 또한 도시를 건설하고 그곳에 거주하려는 인간의 욕망은 근본적으로 '자연'으로부터 '문화'를 형성해 온 **문명화** 과정이라 주장한다. 이에는 하나님의 창조 본성을 모방하고 싶어 하는 뿌리 깊은 충동과 더불어 주거지와 생존을 향한 실용적인 욕망이 동반된다. 따라서 '장소를 취하시는 하나님' 개념은 신의 현현으로서, 창조 활동과 주거 행위를 통해 인간이 초월을 경험할 수 있는 성스러운 공간으로서 지역적이고 공간적인 것을 가치 있게 여긴다.

도시 이론의 '공간적 선회'

도시 지리학, 사회학 그리고 이제 도시 이론에 나오는 이른바 '공간적 선회spatial turn'*는, 장소란 지도에서 한 점 이상이며, 중립적이거나 사람이 살지 않는 공간이 아니라는 견해를 나타낸다. 소자는 이를 '도시 공간성 쓰기writing the city spatiality'라고 말한다. 그는 특정 공간이나 장소에서 '함께 머물러 산다'는 것이 의미하는

• 인간과 사회의 문제를 시간적 축으로만 숙고하는 데서 나아가 공간의 축을 동시에 사유해야 한다는 주장. UCLA의 에드워드 소자Edward Soja가 제시한 개념이다.

바를 묻는다. 그는 그의 지적 스승인 앙리 르페브르Henri Lefebvre를 인용하여 이렇게 말한다. "모든 사회관계는 구체적으로 표현되고 생활공간에 물질적이고 상징적으로 새겨지기 전까지는, 추상적이고 실현되지 않은 상태로 남아 있다"(Soha, 2003: 275). 따라서 '장소'는 결코 완벽하게 물리적인 위치나 완벽하게 추상적인 개념이 아니다. 오히려 장소는 사회관계의 공간이다. 장소는 인간 활동과 인간 문화에 의해 건설된다. '장소감'은 사람과 사회가 장소에 거주하고 이를 점유하기를, 그리고 결정적으로 이에 의미를 부여하기를 요구한다. "우리는 기하학적 공간 관계라는 추상적인 틀에 살지 않고, 의미의 세계에서 산다. 이는 전적으로 물질적이지도 않고 정신적이지도 않은 장소들에 둘러싸여 있는 동시에 장소 안에 존재한다"(Cresswell, 1996: 13).

소자의 작업에서 흥미로운 점은, 사회는 역사와 시간의 흐름을 통해 진화하고 발전한다는 고전적인 마르크스주의 사회 분석, 마르크스가 헤겔에게서 가져온 관점에서 벗어나서, 사회관계와 인간 공동체를 본질적으로 시간적인 조건 대신 공간적인 조건에서 생겨나고 구축되는 것으로 이해한다는 것이다. 이러한 방식으로 사회, 특히 도시 사회를 생각하면, 우리의 인식 대부분이 변한다. 그러나 달리 보면 소자가 말하고 있는 바가 낯설지 않다.

고대 도시는 공적 공간의 창조를 중심으로 작동했다. 시민권은 추상적이거나 실체가 없는 방식으로 행사된 것이 아니라 모임, 교환, 거래, 토론, 모든 주요 행사의 기반이었던 시장과 시민 토론 광장 한가운데서 행사되었다. (물론 공공 공간과 사적 공간의 구분 역시 중요했으며, 우리는 일부 집단, 특히 여성과 노예는 공공 공간에서 배제되었고 따라서 온전한 시민권을 누리지 못했음을 기억해야 한다.) 우리는 도시 이론을 조사하면서, 도시계획가, 의사 결정자, 거주자들이 그들의 도시를 생각하는 방식 안에 도시 공간 자체의 물리적인 디자인이 포함되어 있음을 보았다. 특히 현대 도시 이론가들은 도시의 물리적이고 공간적인 구조가 도시의 더 깊은 사회·경제적 역학을 반영함을 강조해 왔다. 맨체스터에 대한 엥겔스의 고전적인 연구는, 교외에서 통근하는 부유한 공장 소유주와 자본가들의 눈에 띄지 않도록 도시 빈민들을 도심의 불결한 주거지에 집중적으로 몰아넣은, 분리된 공간의 영향을 예리하게 관찰했다. 그러한 분리는 (그가 보기에) 산업 자본주의 아래에서 돌이킬 수 없는 계급과 권력의 양극화가 어떤 모습이었는지를 드러내는 유형적인, 물리적인 징후였다.

4장에서 주장하겠지만, 우리 시대 많은 공공 주택 단지에서도 비슷한 움직임이 많이 일어나고 있다. 그곳에서도 많은 도시 공동체의 고립(특히 백인 노동 계급)이 공간 분리 및 사회적 배제와 깊은 연관성이 있다.

따라서 우리가 육체로 살아가는 존재로서 도시 공간과 장소에 거주하는 방식, 도시계획가, 설계자, 정책 입안자가 도시 공간 구성 간 관계를 공공 공간과 사적 공간, 부유와 빈곤의 공간으로 이해하는 방식에 주목하는 일은 우리 도시들의 본질을 '해독하는' 법을 배우는 데 매우 중요하다.

도시 산책하기

우리가 도시 생활의 근본적인 역학을 이해하려고 할 때 일단 공간과 장소의 의미를 의식하기 시작하면, 거주하고 있는 도시 공간을 단지 주어진 것으로 또는 '일상적인 것'으로 경험하는 데서 나아가 어떻게 그것이 의미하는 바를 더 사려 깊게 분석할 수 있는지를 훨씬 더 의식하게 된다. 일부 도시 이론가들과 신학자들에 따르면, 단순히 도시 및 주변 지역을 산책하면서 개인적인 인상과 경험을 서술하는 방법은 강력하고 감동적인 도구다. 그러한 글쓰기는 장소와 공간이 어떻게 기억과 의미와의 깊은 연관성을 떠올려 주는지, 실제로 그것을 얼마나 가득 담고 있는지를 보여 준다. 또 어떻게 직접적이고 명확하고 구체적인 것이, 추상적인 용어로는 실현하기 쉽지 않은 깊은 가치, 이야기, 권력관계의 유형적이고 살아 있는 실례를 제시하는지 보여 준다. 필립 셸드레이크Philip Sheldrake가 주장하듯, "물리적인 장소는 현실 사회구조를 은유하기 위한 중요한 원천이다"(Sheldrake, 2000: 45).

도시 지리학자인 도린 매시는 1950년대 자신이 성장했던 곳인 맨체스터 남부의 공공 주택 단지 '정원 도시', 와이덴쇼Wythenshawe로 돌아가서, 어린 시절 친숙했던 곳곳을 산책한 경험을 글로 썼다. 어떤 면에서는 매우 개인적이고 자서전적인 설명이지만, 매시는 특별한 추억을 통해 더 넓은 맥락으로 옮겨가 그녀 자신의 이야기를 가족사, 맨체스터의 도시계획 역사, 참여와 거버넌스의 문제, 도시 이론의 쟁점 같은 다른 이야기들과 엮어낸다. 그녀는 직접 경험한 점을 활용하여, 더 폭넓고 더 분석적인 접근법을 시도한다. 이는 본질적으로 더 깊은 분석을 유도하는 사물, 건물, 인공물을 마주치면서, 공간 사이에서 걷고 움직이는 신체적 감각에 의해 형성된 것이다. 매시가 말하듯, 장소는 "사회관계의 공간"(Massey, 2001: 460)이고 "유형적인 관례의 산물"(Massey, 2001: 464)이다. 그녀는 그러한 공간들을 형성해 온 사회적, 경제적, 상징적 교류와 관계를 폭로하기 위해, 그리고 사람들이 그 안에서 서로 소통하고 영향을 미쳐 온 방식을 폭로하기 위해 작업에 착수한다.

매시는 '건조 환경built environment'•이 더 깊은 가치관과 우선순위를 반영함을 강조한다. 땅과 인간 정주의 변화하는 특성은 '이야기를 들려준다.' 이것이 매시가 전하는 내러티브의 핵심이다. 그녀는 어떻게 사람들의 삶의 흐름이 공간과 장소에 의해 형성되는지 숙고한다. 따라서 그것을 단지 역사적이거나 시간적으로만이 아닌 공간적 현상으로서 보아야 한다고 요청했던 소자와 공명한다. 그러나 공간과 장소, 도시 환경은 근본적으로 개인들과 전체 지역사회의 내러티브를 담고 있는 구현된 환경이다. "도로를 포장한 돌들은 우리의 취약성을 떠올려 준다"(Massey, 2001: 471).

비슷한 결에서 리버풀의 그리스도교 사목자들인 바버라 글라슨Barbara Glasson과 존 브래드버리John Bradbury도 이러한 '공간'에

• 자연 환경에 대조되는 인공 환경 또는 건축된 환경

서 '장소'로의 움직임을 보여 준다. 그들은 도심을 돌아다니면서 공간을 옮겨 다니는 일 이상을 하고 있다. 그들은 도시재생의 결과로 지역 상징이 된 건물들과 현장들에서 들려올 만한 변화의 이야기들이 어떻게 리버풀 사람들의 '살아 있는 경험'을 위한 매개가 되는지 깊이 숙고하고 있다(Glasson and Bradbury, 2007).

나란히 놓이는 또 다른 한 쌍은 지역성과 세계성—이주든 휴가로 떠나는 해외여행이든—이다. 오늘날 와이덴쇼의 입지는 맨체스터 공항에 의해 점점 커지고 있으며, 이해 충돌의 가능성도 안고 있다. 이 두 장소의 물리적인 근접성은 더 일반적인 도시 이론의 주제를 설명하는 데 기여한다. 그것은 곧 도시는 본질적으로 이주하고 이동하는 장소이며, 새로운 문화와 사상을 끌어들이는 자석이라는 것이다. 글라슨과 브래드버리에 따르면, 리버풀의 피어 헤드Pier Head까지 이어진 길이 이러한 현상과 함께 어떻게 '공간'에 '장소'감이 스미는지를 생생하게 증명한다. 커다란 항구의 부두들은 도시에서 역사적 지위를 지닌 물리적인 기념물인 동시에, 상실과 박탈, 리버풀의 경제적 쇠퇴, 피어 헤드가 그 도시의 첫 모습이었거나 마지막 모습이었던 이들의 말로 다 할 수 없는 이야기들 또한 전해 준다.

외부인에게 이곳[피어 헤드]은 리버 빌딩Liver buildings과 강 하구 사이의 빈 땅이다. 그러나 리버풀의 역사에서 이곳은 이주와 이민의 역사로 두드러지는, 도착과 떠남의 감정을 일으키는 지점이다. 사람, 섬유, 설탕을 싣고 도착하는 노예선부터 세계 여행을 떠나는 쿠나드 회사의 크루즈선까지, 피어 헤드는 새로운 삶이 시작되는 장소였다. 감자 잎마름병 때문에 아일랜드에서 도망친 굶주린 사람들이 모인 극빈의 장소이자, 선주들이 그들의 화물선들을 내보내는 부의 장소였다. **우리 역사는 이주의 역사다. 들어오고 나가는 디아스포라다. 도시는 유기적이다.** 우리는 사람, 장소, 이야기의 결합을 마주한다. 피어 헤드는 리버풀의 사람, 장소, 이야기에만 특별한 어떤 것을 구현한다. (Glasson and Bradbury, 2007: 28; 우리의 강조)

글라슨과 브래드버리는 또한 도시의 역동적인 움직임을 강조한다. 그들은 물리적 공간에 특별한 의미를 부여하는 기억의 힘을 강조하고, 변화로 인해 가치 있는 대상이 상실되어 버릴 수 있음을 인정하는 한편, 성장하는 실체로서 끊임없이 변화하는 특성을 지닌 도시의 본질에 주목한다. 이러한 본질은 피해 갈 수 없는 세계적인 다양성과 함께 우리가 5장에서 다룰 주제가 될 것이다. 그 다양성은 글라스과 브래드버리가 올바르게 파악했듯, 처음부터 리버풀 이야기에서 일부분을 차지해 왔던 것이다.

　　매시는 또한 와이텐쇼라는 특정 장소의 건축물 및 정주의 역사를 더 넓은 경제·문화 역사와 연결한다. 그녀는 1945년 이후 영국 사회 정책을 펼친 특정 시대, '구노동당'의 공공 지출 및 중앙 계획의 시대를 염두에 둔다. 오늘날은 '거버넌스'와 참여 유형이 다르다. 거주자들은 의회에 속한 지주의 소작농이 아니라, 지방 자치 당국이 주도하는 도시재생 계획의 이해 관계자, 고객 또는 '동반자'다. 주택 보유량, 그리고 소유자 및 점유자에 의해 집의 물리적인 구조가 개선되는 방식이 그러한 이야기를 시각적이고 상세하게 들려준다.

하지만 매시가 언급하듯, 경쟁이 벌어지는 공간에서는 권력의 역학이 드러나기 때문에 "'공공 공간'은 까다로운 개념인 것으로 밝혀졌다"(2001: 471). 여러 다른 집단이 거주하는 공간이 인종별 경계에 따라 분리될 수 있듯, 접근과 배제에 대한 너무 많은 의문들도 공동체를 정상과 일탈로 분리하는 특별한 단층선을 드러낸다. 글라슨과 브래드버리는 이를 도심에 새로 지어진 상가이자 레저 복합 단지인 패러다이스 스트리트Paradise Street 주변 보행자 흐름으로 설명한다. 도시 공간이 다시 설계되었다는 것은 몇몇 오랜 상가들을 몰아내고 경비원들이 스케이트보드를 타는 사람들이나 노숙자들 같은 '바람직하지 않은 사람들'이 모여들지 못하게 막았다는 의미다. 이로 인해 그들은 공간의 일반인 출입과 소유권, 그리고 어떻게 도시 공간이 점유되고, 소유되고, 점령되고, 방치되고, 전복되는지에 대한 비판적인 질문들을 던진다. 그들에 따르면, 그러한 개발지들 주변에서 발생하는 일반인 출입을 막는 제한들은 '토착' 문화의 다양성을 짓누르는 대기업, 다국적 기업의 패권, 세계 공통어를 보여 준다. "'문화'를 형성하는 '내러티브'란 무엇인가? 침묵하는 이들을 희생시키면서 성취해 낸 우세한 성공 이야기인가?…이것은 누구의 바벨탑인가? 이것은 누구의 장소인가? 이것은 누구의 이야기인가? 세계적이고 다국적인 것들은 이야기를 만들어 말하고, 장소를 소유하고, 그 안에 어떤 사람들이 있어야 할지 결정한다"(Glasson and Bradbury, 2007: 31-32).

다시 말하지만, 도시 공간이 통제되고 관리되는 방식은 경제, 문화, 사회, 정치적 배제의 더 깊은 역학을 구체적으로 드러낸다. 와이덴쇼에 대한 매시의 기억과 글라슨과 브래드버리가 리버풀을 관찰한 내용은, 어떻게 도시 디자인과 건조 환경의 지형이 기업의 이미지와 시민의 자부심(도시의 사상)에 대해 표현하는지, 인간/시민/소비자라는 존재가 의미하는 바는 무엇인지(그리고 그것은 누구의 비전인지), 그리고 특히 도시재생의 맥락에서 남을 의식하는 '기념비적인 공간' 사용이(Massey 2001: 472) 어떻게 궁극적으로 열망하고 숭배할 세속적인 대상을 만드는지(Glasson and Bradbury, 2007: 31)에 대해 넌지시 알려 준다.

본질적으로 세 저자가 수행하고 있는 바는 '자문화기술지 autoethnography'라고 할 수 있다. 자auto는 자기(자서전처럼)를 의미하고, 문화기술지(ethnography)는 문화나 민족에 대한 글쓰기의 의미로, 이는 인류학이나 사회학 같은 분야에서 익숙한 방법론으로서 연구자가 다른 문화에 '참여 관찰자'로서 개입 관여하는 것이다. 매시, 글라슨과 브래드버리는 도시 공간을 이동하는 개인적인 경험을 통한 '도시 쓰기' 작업에서, '삶을 텍스트로 전환'하고 있으며 공간이 내러티브, 상징, 기억의 전달자임을 보여 주고 있다. 필립 셸드레이크 또한 다음과 같은 이미지를 사용한다. "따라서 장소를, 의미들이 겹겹이 쌓인 텍스트로 생각하는 것이 적절하다"(Sheldrake, 2000: 54).

이 모든 것은 단순한 생존 이상을 이야기하기 위해 그리고 실제로 빈 '공간' 이상이 되기 위해, 하지만 더 깊은 의미와 관계를 불러일으키고 구현할 수 있기 위해, 물질문화와 건조 환경에 가치를 둔다는 것을 보여 준다. 이는 인간으로서 물리적인 것과 형이상학적인 것 사이를 원활하게 움직일 수 있는 우리의 능력을, 그리고 어떻게 의미, 기억, 상실, 권력, 사랑, 충성심 같은 무형의 것들이 물리적인 맥락 안에 깊이 내재되어 있는지를 증명한다. 일부 신학자들이 주장했듯, 이는 우리가 하나님의 형상으로 지어진 인간임을 생각해 볼 수 있는 한 방식이다. 물질문화 안에 거주하면서도 하나님을 갈망하는 표현을 통해 순전한 물질성과 질료를 (포기하거나 내버리지 않고) 초월할 수 있음을 생각해 볼 수 있는 한 방식이다(Hefner, 2003; Graham, 2002). 이는 우리의 도시들 안에 내재적인 것과 초월적인 것이 병치되어 있음을 일깨운다.

'지속 가능한 도시': 환경적이고 생태적인 관점

따라서 어떻게 우리가 물리적 공간에 거주하며 이를 '장소'로 전환하는가는 인상적인 주제이며, 어떻게 도시 이론과 신학을 합칠 수 있는지의 사례를 또 하나 제공한다. 그러나 도시들이 그들의 생존과 안녕을 위해 물질적 환경, 즉 그들의 물리적 지속 가능성에도 의존하는 것에는 또 다른 근본적인 의미가 있다. 점점 서구의 거대한 산업도시나 탈산업도시만이 아니라 남반구의 신흥 거대도시에서, 거버넌스의 중심 지구, 금융의 중추 또는 인구와 문화의 중심지로서 도시만이 아니라, 땅을 비롯한 '자연' 자원들에 의존하는 유기적인 체계로서 도시에 관한 질문이 생겨나고 있으며, 이는 도시 생활의 물리성 및 공간적 영향, 무엇이 '좋은 도시'에 영향을 미치는가 하는 차원을 훨씬 더 잘 보여 준다.

2008-2009년 유엔인간정주United Nations Human Habitat 보고서는 '조화로운 도시'를 주제로 삼아, 다양한 인간 이익 단체와 지역사회 간 조화의 측면만이 아니라, 건축과 '자연' 환경 사이의 조화도 다루었다. 우리가 살펴보았듯이, 조화로운 도시에 대한 유엔의 개념은 좋은 도시 또는 인간적인 도시의 특징들로 다른 곳에서도 반영된 여러 자질들로 구성되어 있다. 그러나 점차 환경적 안녕도 보장해야 하는 긴박성이 증가하면서, 경제적 형평성, 공정한 지배 구조, 문화적 활성화에 관한 질문들은 부수적인 것이 된다.

이는 도시화가 자연 서식지에 미치는 영향과 도시 성장이 주변 지역에 미치는 영향과 관련이 있다. 도시화는 환경 오염, 과밀, 삼림 파괴, 지구 온난화, 재생 불가능한 에너지 자원의 고갈, 종의 멸종, 인구 성장, 오염 같은 심각한 문제들을 낳는다. 환경 및 녹색 정치의 부상은 이러한 현실에 대한 하나의 응답이기도 하다. 그들은 도시 거주자들에게 쓸 수 있을 만큼만 쓰며 살고, 환경에 미치는 영향을 줄이고, 도시 생활의 지구적 특성과 영향을 고려하라고 권한다. 그러나 궁극적으로 그들은 도시가 주변 환경에 절대적으로 의존함을 숙고하고, **생태학적** 측면에서 도시의 공간성을 광범위하고 서로 연동되며 의존적인 체계로 봐야 한다고 주장한다. 그러한 관점으로 보기 위해 우리는 필연적으로 우리가 건설하는 도시 공간과 장소가 지구 자체와 맺는 관계 및 지구에 대한 의존성의 측면에서 지속 가능한지 고려해야 한다. 이렇게 질문해 봐야 한다. 어떤 곳이 지속 가능한 도시일까? 그곳에 거주하는 것은 어떤 느낌일까? 그곳은 어떤 식으로 설계되고 관리되어야 할까? 여기서의 물질성은 무엇인가? 그것은 어떻게 '나타나야' 할까?

1970년대에 환경에 대한 인식과 새로운 환경 운동이 등장했다. 초창기 중요한 책은 레이첼 카슨Rachel Carson의《침묵의 봄 *Silent Spring*》(1962, 에코리브르 역간)으로, 이 책은 살충제와 합성 화학물질의 사용이 야생동물들에게 재앙 같은 영향을 미친다고 주장했다.《성장의 한계*Limits to Growth*》[Meadows, 2005 (1972)]는 인구 증가와 소비자의 지구 자원 소비가 미치는 영향에 대해 다소 종말론적인 그림을 그렸으며, 21세기 초반에 경제가 붕괴될 것이라고 예측했다. 유엔은 스톡홀름에서 개최된 인간환경회의Conference on the Human Environment를 시작으로, 환경에 큰 영향을 미치는 많은 계획을 후원했고, 대중이 관심을 갖도록 오존층 파괴 같은 쟁점들을 표면화했다. 보통 브룬틀란 보고서Brundtland Report라고도 불리는 우리 공동의 미래Our Common Future 보고서는 1897년 세계환경개발위원회World Commission on Environment and Development에서 나왔으며, 미래 세계경제 개발 유형은 환경의 지속 가능성을 우선순위로 삼아야 한다고 주장했다. 이는 지속 가능한 개발, 환경 덤핑, 공해, 화석 연료 사용 같은 분야에서 국제적 합의를 시도 한, 1992년 유엔환경개발회의와 리오 선언Rio Declaration으로 이어 졌다. 유엔인간정주계획United Nations Human Settlements Programme, UN-HABITAT과 유엔지속개발위원회Commission on Sustainable Development는 계속해서 지속 가능성에 대한 연구, 협의, 입법을 도모했다.

브룬틀란 보고서는 지속 가능한 도시를, "자신의 필요를 충족할 수 있는 미래 세대의 능력을 손상시키지 않으면서 현재 의 필요를 충족하는 개발"이라고 정의했다(World Commission on Environment and Development, 1987: 8). 물론 우리는 경제, 문화, 정 치의 어떤 요소들이 우리의 필요를 결정하는지 문제 삼을 수는 있다. 1991년 세계보전연맹The World Conservation Union은 지속 가능 한 개발을 "생태계를 지원하는 역량 안에서 살아가는 동시에 인 간 삶의 질을 향상하는 것"이라고 설명했다(Wheeler, 1996: 489). 이 무렵 건축가인 리처드 로저스Richard Rogers는 유명한 BBC의 리 스 강의Reith Lectures에서 '작은 지구를 위한 도시들'이라는 제목 으로 강의를 진행했고, 이는 곧 같은 이름의 책으로 출간되었 다(Rogers, 1997). 그는 지속 가능한 도시에 대해 다음과 같이 주장 한다.

- 공정한 도시, 사회적이고 경제적인 형평성이 드러나는 곳. 정의, 식량, 주거지, 교육, 의료 등의 사회적 재화가 공평하게 분배되며, 공평하고 민주적인 통치를 통해 사람들이 자신의

미래를 결정할 자유를 누리는 곳.

- 아름다운 도시, 건조 환경이 사람들의 영혼을 자극하고 정신 적으로 감동을 줄 만한 힘을 갖춘 곳으로, 사람들이 미적으로만이 아닌 물질적으로 계속해서 자양분을 공급받고 살아 갈 수 있는 곳.

- 창조적인 도시, 사람들에게 그들의 잠재력이 확장되고 마음 을 열고 혁신적이 될 수 있는 기회를 제공하는 곳.

- 생태 도시, 환경에 미치는 영향을 최소화하고, 경관과 건조 환경 간 균형을 이루며, 건축물과 사회 기반 시설이 자원을 효율적으로 사용하고 기본적으로 비축해 놓아야 할 최소의 생태 자본까지 소진하지 않는 곳.

- 접촉이 쉬운 도시, 사회적으로 섞이기를 장려하고, 공동체 및 이동성을 도모하고, 대면과 비대면 접촉 및 소통을 유도 함으로써, 공공 공간으로의 접근성을 갖춘 곳.

- 촘촘하고 다중심주의적인 도시, 전원 지역을 보호하고, 이웃 을 통합하며, 공동체들의 근접성이 극대화된 곳.

- 다양성의 도시, 차이가 가치 있게 여겨지며, 새로운 생각들 과 역동적인 공동체를 전제로 하는 공공 생활이 가능한 곳.

(Rogers, 1997: 167-168).

로저스의 강의 및 책 제목이 암시하듯, 이러한 기준들은 일반적 인 선, 안녕 또는 삶의 질의 측면에서만 측정되는 것이 아니다. 좋은 도시에는 그 모든 것이 있지만, 또 점점 현재 세대는 물론

무엇이 좋은 도시를 만드는가

미래 세대에 대한 책임, 더 넓은 자연 서식지에 대한 상호 의존성 및 성장의 한계에 대한 인식을 중심으로 조직되지 않으면 안된다.

따라서 지속 가능한 개발은 장기적인 해결책, 학제 간 연구, 여러 기관이 참여하는 계획을 강조하는 "인간과 생태계의 장기간 건강을 향상하는 개발"(Wheeler, 1996: 487)이다. 윌러Wheeler에 따르면, 주요 원칙은 다음과 같다.

- 촘촘하고 효율적인 땅 사용. 도시 확장 제한, 땅 사용 및 건물에 대한 규제. 땅을 사유지로만 보는 시각에서 벗어나기. 인간의 땅 사용과 자연의 연관성.
- 자동차 사용 줄이기, 대중교통.
- 자원의 효율적 사용, 공해와 쓰레기 줄이기. 재생 가능 에너지.
- 자연계의 회복 - 예, 운하와 야생동물, 시민 농장, 도시 농장.
- 편의 시설, 녹지, 교통수단, 다민족 공동체들에 접근할 수 있는 합당한 가격의 좋은 주택 공급.
- 건강한 '사회 생태계' - 사회 정의, 차별 금지, 역량 강화, 기회.
- 지속 가능한 경제 - 장기간의 건강과 지속 가능성을 중시하는 경제 체계 및 의사 결정 개발.
- 공동체 참여 및 민주주의 - 계획, 의사 결정 등에서.
- 지역 문화 및 지식, 특히 지역 고유성 소중히 여기기. (Wheeler,

1996)

이 원칙들은 흥미롭게도, 도시의 기본적인 활동들이 어떻게 구성되는지는 물론, 중대하게도 그 과정에서 물리적인 공간이 어떻게 활용되는지에 대해 폭넓게 언급하고 있다. 따라서 환경 문제들은 물적 자원의 쟁점들, 그리고 도시의 사회 기반 시설 및 내부 디자인을 포함해 전략적으로 배치되어야 하는 요소들 중 하나인 '공간'과 불가분의 관계에 있다. 이는 (공간적) 혼잡을 최소화하고 탄소발자국을 줄이기 위한 것이자, 재생 가능한 에너지 사용을 장려하고 오염과 과밀을 줄이기 위한 것이다.

　그러나 지속 가능성은 자원들의 기본 비축량까지 소진하지 않고 예비 매장까지 고갈하지 않는 거의 생태 자본의 개념으로, 주로 쓸 수 있는 만큼만 쓰는 삶을 요청한다. 또 아마도 여기에는 도시를 '기계'로 보는 근대적인 은유에서 벗어나 좀 더 유기적이고 생태적인 모델로 보는 변화가 반영되어 있을 것이다. 그것은 주변 환경과 세심하게 균형을 이루고 상호 의존 관계에 있는 역동적인 유기적 현상으로서, 적응력 있고 진화할 수 있는 살아 있는 실체인 도시로의 변화다. 따라서 다원적인 관점을 채택할 때 '좋은 도시'란, 생존과 번영을 목적으로 계속해서 장기간에 걸쳐 적응하고 변화에 대해 민감하게 대응할 수 있는 적절한 능력을 극대화할 수 있는 도시다.

　'녹색 도시화'를 주도적으로 지지하는 팀 비틀리Tim Beatley는, 도시의 디자인은 기계 비슷한 형태가 아니라 자연을 모델로 해야 하며, 도심과 그 주변 환경 간의 대안적이고 더 공생하는 관계를 위해 이전에 선호되었던 인공적이고 대량 생산된 환경을 극복해야 한다고 주장한다. 도시가 숲과 같을 수 있을까?(William McDonough) 깨끗한 공기와 물이 있고, 회복력과 활력을 주고 생산적이며 친환경적일 수 있을까?

팀 비틀리는 또한 도시들이 아무것도 낭비하지 않고, 재활용하고, 폐기물에서 자원을 추출해 내는 등 환경과의 공생 관계, 투입과 산출이 더 깊이 연결되는 관계를 맺음으로써, 선형 대사 linear metabolism 대신 순환 대사를 채택해야 한다고 주장한다. 예를 들어, 원거리 수송 식품과 관련하여, 지방, 지역, 지구적인 배후지에 대한 의존도를 더 잘 인식하고 더 많은 자급자족을 향해 나아갈 필요가 있다. 비틀리는 도시의 물리적 지형이 안녕에 필수적인 자연과의 연결을 통해 더 지속 가능하고 건강한 삶의 방식을 촉진하는 데 기여해야 한다고 주장한다. 또 저렴하고 편리하며 다양한 형태인 교통수단처럼, 사람들이 지속 가능한 방식을 사용하는 다양한 선택을 할 수 있는 기회를 제공해야 한다고 주장한다. 마지막으로 비틀리의 녹색 도시화는, 우리가 이미 접한 원칙, 좀 더 다민족적인 공동체의 원칙, 거주하고 싶은 매력이 있고 자급자족적이며 지역민들의 요구를 충족시키는 지속 가능한 주변 만들기의 원칙을 옹호한다. 따라서 도시의 '생태학', 즉 상호 의존적이고 충족적인 체계로서 도시의 기능은 우리를 다시 좋은 도시에 관한 논의로 이끌어 가며, 도시 공동체의 안녕을 위한 모든 기준이 서로에게 기여하면서 균형을 유지해야 한다는 사실을 다시 한번 알려 준다.

　하지만 시사 평론가들은 이는 단순히 폐기물 재활용을 위한 몇몇 조항을 도입하는 일 이상이라고 주장한다. 이는 실제 도시의 삶 전면을 '녹색화하는 것'을 나타낸다. 모든 것이 본질적으로 서로 연결되어 있다고 보는 시각이 **생태학**과 관련이 있다면, 이는 분명 녹색 도시화와 환경의 지속 가능성에 관한 관심사들에도 반영되어 있다. 환경적 측면에서 도시의 생존 가능성은 통합적인 문제이며, 안녕의 다양한 지표들 간 **상호 의존성**에 대한 질문이기 때문이다. 환경 운동은 공간과 장소에 대한 이해가 중심축이 되고, 지구적 유기체의 구성원들 간 상호 의존성이 근간이 되는 새로운 패러다임을 지향한다. 이런 패러다임 안에서 우리는 지속 가능성을 고민하고, 진보와 경제 성장을 필수로 보는 (헤겔 역사관이 뒷받침하는) 관점을 재고할 수 있다.

'세속' 도시에서 '성스러운' 도시로

여기서 우리는 도시 신학이 '공간적 선회'를 취한다는 것이 무슨 의미인지 더 자세히 살피고자 한다. 구원 역사의 특권화와 인간의 시간적 경험 안에서 활동하시는 하나님에서 벗어나, '장소를 취하시는' 하나님이라는 개념으로 옮겨 갈 것이다(Bergmann, 2007). 어떻게 그러한 공간적 선회가 지속 가능한 도시에 대한 신학적 이해를 형성하는가? 그리고 도시 교회의 미래 우선순위에 그것이 의미하는 바는 무엇인가? 어떻게 그것은 '장소를 취하는가', 혹은 성스러운 공간에서 형태를 갖추는가?

　시거드 베리만은 신학이 공간과 장소에 대한 이해를 회복하고 그 과정에서 더 깊은 생태적, 환경적 감수성을 개발할 수 있는 두 가지 주요 방향을 발견한다. 본질적으로, 이는 물리적 환경을 성스럽게 만들고 이해하는 일과 관련이 있다. 첫째, 그는 어떻게 성서와 그리스도교 교리에서 나온 고전적인 질문들과 주제들이 공간성으로의 선회에 비추어 재구성될 수 있는지 숙고한다. 그는 이러한 작업이 특히 서구 전통에서 소외되었던 많은 이미지와 관습을 강화시킨다고 주장한다. 그가 주장하듯, "종교는…공간 없이 또는 이를 뛰어넘어 작동되지 않는다"(Bergmann, 2008: 71). 그는 하나님이 인간에게 계시되고 인간이 초월을 만나는 지배적인 은유로서 공간을 재전유하고자 한다. "심지어 신학자들이 건축과 도시계획 과정을 종교적 현상과 하나님 경험의 표현으로서 연구할 수 있다"(Bergmann, 2008: 72). 여기에는 하나님에 관한 이야기는 언제나 그 이야기가 나온 세계와 문화에 의해 형성된다는 상황 신학에 대한 베리만의 이전 연구가 반영되어 있다.

　"성서적이고 고전적인 신학에 따르면, 공간은 생물에게 주어진 창조주의 선물로, 장소는 성자의 성육신과 성령이 이 땅에 거하심을 되돌아보는 토대의 차원으로 여겨질 수 있고 그래야 한다"(Bergmann, 2007: 2). 여기에는 창조 신학, 즉 물질적, 체현된 경험을 긍정하는 신학, 장소를 '성스럽게' 만들기 위해 건조 환경에 스며들어 생기를 불어넣는 성령 신학이 수반된다.

'종교적 과정으로서 도시화'

베리만은 또한 도시화 과정 자체를 일종의 종교적 탐구 혹은 실천으로 여길 수 있다는 생각을 발전시킨다. 인간은 그저 물리적인 주거지와 안전을 제공하는 거처를 건설하는 일에 만족하지 않는다. 인간의 욕구는 물질적인 생존을 넘어선다. 특히 성스럽거나 의미 있어 보이는 장소에 정주하고자 하는 깊은 욕망이 있다. 또 자연 환경을 개조함으로써 자연, 신성, 서로와 맺는 더 깊은 관계를 상징하는 주거지를 창조한다. 베리만은 원형을 받아들이려는 경향에도 불구하고, 인간 문화의 물질적 차원과 정신적 차원 간의 강한 연결이 되풀이된다고 반복해서 말한다. "도시는 지하 세계의 신성한 생명을 부여하는 힘을, 물, 지상, 천상 사이에 있는 사람들의 형성, 발전, 역사와 연결한다"(Bergmann, 2008: 75).

'마음껏 원하는 대로'

베리만은 또한 '집'(home, 독일어로 '하이마트*Heimat*')이라는 개념을 중요한 신학적 주제로 채택하는데, 이는 분명 공간적 선회와도 연결된다. 기술은 우리에게 '자연' 환경에 더는 의존할 필요가 없다는 환상을 주었고, 자연적이든 사회적이든 관계의 더 넓은 생태학과 도시화가 중요한 연관성이 있다는 우리의 인식을 은폐시켰다. 베리만에 따르면, 적어도 기후 변화는 우리의 취약성 그리고 바로 우리의 생존을 위해 우리가 기본적으로 지구의 장기적인 지속 가능성에 의존하고 있음을 경고해 주는 역할을 하고 있다! 그러나 도시화는 이러한 현실들로부터 멀어지게 한다. "집은 [더 이상] 거주자들이 짓지 않는다. 도시는 더 이상 공동체가 계획하거나 건설하지 않는다. 심지어 전투도 대면 접촉으로 하지 않고, 오히려 컴퓨터가 중개하고 이른바 '순수한' 군사적 충돌로 기술적으로 정화된다"(Bergmann, 2008: 79).

그러나 '마음껏 원하는 대로' 지내려는 본능은 지속된다. 판자촌의 골판지 상자라 할지라도 인간은 공간 '내부에 머무르려는' 욕망, 주거지를 창조하려는 욕망, 우리의 환경을 변화시키는 창의적인 행위를 수행하려는 욕망을 억누를 수 없다. 신학자들이 보기에 이는 인간이 된다는 것이 무엇을 의미하는지에 대한 심오한 무언가를 말하고, 하나님의 본성에 관해 무언가를 말한다. 베리만은 "궁극적으로 어떤 종류의 신, 또는 신념이 그러한 구조의 핵심에서 움직이는가?"라고 묻는다(2008: 79-80). 건축과 도시계획은 물리적인 형태와 디자인으로 되어 있지만, 그것들은 또한 완벽한 도시의 이상적인 구조를 구현한다. 베리만은 이렇게 묻는다. 만일 인간의 정주가, 베리만이 전형적인 유대 그리스도교 윤리라고 특징지은 환경, 이웃, 하나님, 그 자신에 대한 '사중의 사랑'을 중심으로 편안하게 지내는 일로 정리된다면 그 의미는 무엇인가? 그에게 이는 '좋은 도시'에 아주 가깝다. 그러나 이는 근본적으로 하나님의 영이, 건물을 짓고 거주하려 하는 바로 그 인간의 충동을 불어넣고 변화시키시는 것과 관련이 있다. "지금 이곳에 계신 하나님이 도시 공간에서 일하시고 자유를 주신다는 것은 무엇을 의미하는가? 더 간단히 말해, 하나님이 장소로 취하시는 곳은 어디인가? 어떻게 장소를 취하시는가? 하나님이 장소로 취하시는 곳에서는 어떤 일이 발생할까? 성령이 **원하는 대로 마음껏** 거하시는 곳은 어디인가?"(Bergmann, 2008: 82, 우리의 강조).

'기억상실증을 넘어'

베리만은 망각과 기억의 모티프를 사용해, 도시가 우리를 삶의 생태로부터 멀어지게 하는지, 아니면 우리를 신적인 추동력과 연결시킬 수 있는지에 대한 주제를 이어 간다. 우리가 보았듯, 그는 동시대 도시 이론(샌더콕)과 신학 안에서 반복되는 '기억'이라는 주제를 선택한다.

도시는 기억을 가지고 있는가? 어떻게 도시 공간은 시민들의 가장 깊은 기억을 파괴하는가 또는 강화하는가?…어떻게 과거의 기억과 이전 세대의 고통은 공간적으로 표현될 수 있을까?…이러한 맥락에서 그리스도교라는 종교는 주로 도시의 화합과 장기간의 기억을 옹호하는 역할을 해야 하는가? 또 이러한 맥락에서 성서의 종교는 도시의 기억과 더불어 일하라고 간청하는가? (Bergmann, 2008: 85-87)

필립 셸드레이크는 《성스러움을 위한 공간*Spaces for the Sacred*》(2000)에서 빈번하게 인용되는, 2025년까지 세계 인구의 3분의 2 이상이 도시 거주자가 되리라는 예측에 대해 깊이 성찰한다. 하지만 셸드레이크에게 이는 인구 통계학적인 질문 또는 환경적, 생태학적 관심사보다 더 나아가는 문제다. 이는 도시의 의미와 목적에 관한 **신학적인** 질문이다. 참된 인간으로 존재한다는 것, 진정으로 살아 있다는 것이 의미하는 바를 이해하는 데 도시는 어떤 역할을 하는가?

도시는 건설적으로든 파괴적으로든 점점 더 많은 인류에게 '일상의 실천'이 일어나는 곳이다. 도시의 성장 속도는 설계와 계획뿐만 아니라 의미와 목적을 묻는 더 깊은 질문에도 관심을 기울이기를 시급하게 요구한다.… 과제는 도시 만들기를 어떻게 인간 정신의 비전 및 이를 향상하는 것과 연결시키느냐다. (2000: 1)

다시 한번, 우리가 **물질적** 그리고 **형이상학적**이라고 부르는 것의 병치 관계에 주목해 보라. 인간은 창조적인 동물이자 세계의 건설자지만, 이러한 세계는 대성당, 운하나 카페 같은 물질적 실체일 수도 있고, 또는 영화, 이야기, 종교적 상징이나 신화처럼 의미 및 상상의 세계일 수도 있다. 보통 이 두 가지를 분리할 수 없을 때가 많다. 영화나 소설이 도시의 미래에 대한 희망과 두려움을 담아내는 방식을 고려해 보라. 글라슨과 브래드버리, 매시의 연구에서처럼, 공간과 장소가 다른 가치와 우선순위를 구현하는 방식 또한 고려해 보라.

그러나 셸드레이크는 도시의 공간성이라는 개념을 가져온 후, 어떻게 도시가 인간의 물질적인 건축물인 동시에 의미의 현장이라는 의식이 도시계획가들을 위한 일종의 사회 윤리로 변형될 수 있는지에 대한 이해를 전개하기 시작한다. 그는 우리 언어에서 도회지, 도시, 시민권, 시민사회에 해당하는 두 개의 라틴어 단어 '우릅스'(*urbs*, 물리적인 장소, 주거, 건물)와 '치비타스'(*civitas*, 함께 모인 사람들의 집합체)의 연관성을 깊이 살핀다. 도시는 장소**이면서** 사람들이다. 마찬가지로 도시계획은 물질 자원들에 관한 것만이 아니다. 누군가는 어딘가에서 좋은 도시에 대한 자신의 견해에 따라 결정을 내린다. 도시에는 그 자신의 역사가 있으며, 어떤 계획도 백지상태에서 시작된 적 없다.

셸드레이크는 도시를 반대하는 그리스도교의 유산에 대해, 그리고 특히 어떻게 공간과 장소가 '성스러운' 것으로 여겨질 수 있는지에 대해 양면적인 태도를 보인다. 성서 문학의 도시들은 저주받은 곳이고 신이 없는 장소인가? 아우구스티누스는 직접적인 지상 도시보다 영적 영역인 하나님의 도시를 선호했는가? 셸드레이크는 신학적으로 중요한 것은 도시에서 구현되는 인간 공동체의 질이라고 주장한다. "도시를 만드는 것은 성벽이 아니라 사람들이다"(2000: 14). 중세 시대 대성당 생활에 대한 이상은 그것을 다음과 같이 표현했다. 모든 인간의 삶이 그곳에 있었다! 문제는 "'성스러운 것'이 공공 장소와 공공 생활에서 물러나… 종교 건물의 정결한 장소 안으로, 그리고 사적 영역 안으로 간"(Sheldrake, 2000: 40) 계몽주의(18세기) 이후 세속화와 함께 발생한다.

상실했던 '성스러운 것'을 다시 공공 장소에서 인식하기 시작한 20세기 후반/21세기 초반의 이 반복되는 '탈세속'의 주제에 다시 한번 주목하라. 셸드레이크는 우리의 공간감과 장소감을 되찾고, 내러티브로 그 감각들을 다시 채우고, '일상의 실천'(드 세르토de Certeau 인용)이 일어나는 무대에서 그것들을 볼 필요가 있다고 주장한다. 그러므로 다시 한번, 셸드레이크는 일반적인 '공간적 선회'를 채택하지만, 단순히 '장소'를 기억과 의미의 장소로 이해하기보다 '성화된' 또는 성스러운 공간이라고 주장한다.

'성스러운 것'은 세계와 역사에서 벗어나 다른 차원으로 옮겨지는 것이 아니다. … 성스러운 것은 다양한 방식으로 분명히 표현되며, 그중 공간적 구조는 하나의 예다. … '성스러운 것'은 당면한 실용적인 관심사 너머에 주의를 기울이는 일을 수반한다. 달리 말해, 이는 인간 존재의 궁극적 가치에 대한 비전을

내포한다. (2000: 41)

핵심은 **특수성**particularity에 있다. 물질세계, 물리적 환경, 심지어 건조 환경의 중요성을 인식하는 데 있다. 이것이 우리가 누구이며 어디에 속했는지를 일깨워 주기 때문이다.

> '장소'라는 개념은 단순히 지리적인 위치가 아니라 환경과 인간 내러티브 사이의 변증법적 관계를 의미한다. '장소'는 기억할 역량을 가지고 있고 가장 소중한 것을 불러일으킬 수 있는 공간이다. 이것은 성육신 신앙의 핵심에 있는 '이것임thisness'•혹은 특수성이라는 독특한 감각을 불러일으킨다.…이러한 이유로 인간의 장소감은 중요한 신학적, 영적 쟁점으로 남아 있다. (Sheldrake, 2000: 43)

우리는 셸드레이크가 '비장소'[인류학자 마르크 오제(Marc Auge)가 지칭한 바를 따라]라고 부르는 것을 새로운 정체감과 소속감을 제공하는 '장소'감으로 변화시켜야 한다. 한 번 더, 어떻게 셸드레이크가 내러티브에 대한 생각으로 전환하는지, 성스러운 것과 초월적인 것을 잠시 볼 수 있는 날것으로서 '일상'의 이야기와 경험들에 가치를 두는지에 주목하는 일은 흥미롭다.

• 개체를 다른 것과 구별하는 형이상학적 원리를 말하는데, '개성 원리'라고도 한다.

무엇이 좋은 도시를 만드는가

내러티브는 우리 정체성의 핵심이다. 우리는 다른 관련 없는 삶의 사건들을 이해하고 존엄을 찾기 위해 따라 살 이야기들이 필요하다. 엘리트주의적 '역사'가 억지로 공개되어, 억압받는 이들, 즉 보통 공공 장소의 역사에서 배제되었던 이들에게 접근하는 일은 대안적인 이야기들을 들을 수 있을 때만 가능하다. 내러티브가 없다면 사람의 삶은, 그저 관련 없는 사건들이 무작위적으로 연속해서 발생하는 일에 불과하다. 탄생과 죽음은 헤아릴 수 없고, 일시성은 공포이자 부담이며, 고통과 상실은 말없이 이해할 수 없는 상태로 남아 있다. (2000: 55)

근대성은 구체적이고 개인적인 것을 희생해야 하는 보편성과 익명성을 강조한다. 그러나 신학적으로 성육신은 보편적인 것(만물의 근원이신 하나님) 안에서 구체적인 것(인간의 삶, 몸, 관계, 내러티브)에 가치를 둘 수 있게 한다. 이는 창조물인 인간이 공유하는 공동체의 일부분인 우리 자신의 특수성과 타인의 특수성 둘 다를 존중하기를 요구한다. 그리스도교 신학은 사람들을 이러한 직접적인 세계 및 공통된 인간 이야기 둘 다로 연결하는 의례, 내러티브, 공동체를 제공함으로써 근대성의 소외에 맞서는 내러티브 역할을 수행함에 다시 한번 주목해 보라. 교회는 이를 성찬으로 구현할 수 있다. 성찬은, 구원의 은총을 담는 그릇으로 물질 존재를 기념하는 것이자, 주어진 시간과 장소에서 보편적인 그리스도교 관례와 연결되는 특수성의 행위다. 우리는 8장에서 교회 건물의 의의를 더 자세히 다룰 것이다.

3장 공간과 장소의 신학

도시는 사람들의 삶을 향상시키기 위해 많은 역할과 목적이 있다. 레오니 샌더콕 같은 새로운 세대의 도시계획가들은 도시 개발에 대한 이러한 '인간 중심' 이해를 따라 작업한다. 그가 보기에, 특히 특정 장소와 공간에 내재된 상상력, 놀이, 섭리, 영성의 가치는 **인간적인** 도시를 만드는 데 핵심을 차지한다. 시카고와 밴쿠버 같은 도시들에서 공간 사용을 관찰한 우리의 경험이 이러한 정서를 뒷받침할 것이다. 두 도시는 도시 토지의 사유화, 특히 해안가 접근의 사유화에 저항하며, 여가와 운동을 위한 공공 공간의 활용을 도모했다. 우리는 2004년 CULF 보고서에서 시카고의 밀레니엄 파크에 대해 쓰면서, 그러한 공간이 주는 즐거움과 자유로움에 주목했다.

> 많은 어린이는 분수에 관심을 보였고, 대다수의 사람들은 수영복을 챙겨온 듯했다! 공원 전체는 즐거움과 재미로 가득 찼다.···실제로 시카고의 주목할 만한 특징은 노스 미시간 애비뉴 North Michigan Ave ● 근처의 도시 번화가가 아닌, 호숫가 아래에 있는 넓은 공공, 녹색, 레저 공간이다. 그 호숫가에는 자전거 타는 사람, 산책하는 사람, 달리는 사람을 위한 수많은 도로가 있으며 호수 선착장에는 많은 보트가 있다. 이는 데일리 Daley ●● 행정부의 토지 관리 및 개발의 결과이기도 하지만, 호숫가 및 공

● 고급 상점들과 고층 빌딩들이 들어선 시카고 번화가
●● 리처드 조셉 데일리(Richard Joseph Daley). 1955-1976년까지 시카고 시장을 역임했다.

무엇이 좋은 도시를 만드는가

동 공간을 상업적인 면에서 잠식당하지 않기 위해 움직인 지역 주민들의 단합과 캠페인 때문이기도 했다. (Graham and Lowe, 2004: 11-12)

이른바 '공간적 선회'와 관련 있는 "사람, 장소, 이야기의 결합"(Glasson and Bradbury, 2007: 28)은 무엇보다 공간에 대한 체현된, 감각적인 경험이다. 장소의 소리, 시각, 심지어 냄새가 더 깊은 진전과 역동성을 일깨우기 때문이다. 더 깊이 보면, '물질'은 '형이상학' 또는 '상징'을 반영하고, 사람들이 건조 환경에 기억, 내러티브, 가치를 부여할 수 있는 방식으로 접근하게 한다. 그러나 도시 공간의 디자인 그리고 그 안에서 우리가 살아가고 움직이는 방식은 권력과 배제, 정치와 경제에 대한 다른 이야기들을 들려준다. 그리고 세속적인 소비주의 '성전들'에서 말하든, 시민의 자긍심에서 말하든, 성스러운 공간에 머물며 말하든, 우리가 누구를, 무엇을 숭배하는지, 그리고 그것이 좋은 도시의 형태에 대해 상징하는 바가 무엇인지에 대해 해야 할 이야기들이 있다.

4장

분열된 국가:
우리 도시들이 처한 운명

계급에 따른…분열

런던 중심부를 출발해 사우스 허트퍼드셔의 구석진 곳인 사우스 옥스헤이까지 가는 여정은 쪼개져 갈라진 영국의 모습을 우화처럼 보여 준다. 메트로폴리탄 선은 무어 파크Moor Park까지는 빠르게 달리다가, 사우스 옥스헤이 인근 역에서는 천천히 정차한다. 무어 파크 역이 있는 곳은 부동산 가치가 수천 정도가 아닌 수백만 단위로 계산되는 영국에서 가장 고급스러운 주택 단지 중 한 곳이다. 무어 파크 단지 곳곳에는 감시 카메라들이 설치되어 있어 이곳을 지나가는 차량마다 번호판을 모니터링한다. 이어 최첨단 전자 제어 장치로 작동되는 차로의 전광판에 해당 차량의 진행 상황을 게시한다. 무어 파크 단지를 빠져나오면 노스우드 지역을 지나간다. 양 옆으로 나토와 연합군 사령부의 광대한 시설이 높은 울타리로 비밀스럽게 둘러싸인 길을 꽤 오랫동안 지나, 숲길 끝에서 좌회전하면 사우스 옥스헤이로 이어진다.

무엇이 좋은 도시를 만드는가

사우스 옥스헤이는 1940년대 후반과 1950년대 초반, 런던의 과잉된 인구와 블리츠 공습*의 희생자들을 수용하기 위해 지어진 대규모 공공임대주택단지다. 이곳은 영국에서 가장 번영하는 지역 중 한 곳에 자리 잡고 있으며, 1944년 최초 공개 청문회에서 주변 지역 주민들은 어느 방향에서든 그 단지가 눈에 띄지 않기를 바란다고 요구했다. 이는 여전히 그렇다. 울창한 숲으로 둘러싸여 있어 부유한 이웃 단지와 분리되어 있으며, 이로 인해 이미지는 저하되고 주변 지역사회로부터 낙인찍혔다는 느낌이 있다. 지역 본당 주임 사제인 팸 와이즈Pam Wise는 "물질적인 빈곤도 심하지만, 정신적인 빈곤은 더 심하다"라고 말한다.

인구는 약 12,000명이며, 이 중 93퍼센트가 백인 영국인이지만, 최근 몇 년 주로 흑인 아프리카인을 중심으로 소수민족의 수가 꾸준히 증가하고 있다. 2004년 1월 BBC의 〈뉴스 나이트〉는 그 단지에서 반사회적 행동이 많이 발생하고 있다고, 특히 인종차별이 만연하다고 보도했다. 여론의 우려 결과 치안은 개선되었으나, 사우스 옥스헤이에서의 생활을 게시한 블로그 글들은 문제가 여전하다는 사실을 보여 준다.

"차브(공공임대주택단지와 폭력, CHAV, council house and violent). 그렇다, 사우스 옥스헤이의 대부분을 요약하는 단어라고 할 수

---

* The Bliz, 영국 대공습이라고도 한다. 제2차 세계 대전 당시 1940년에서 1941년에 거쳐 독일 공군이 영국에 가한 일련의 폭격 및 공습을 영국 측에서 일컫은 말이다.

4장 분열된 국가: 우리 도시들이 처한 운명

있다. 젊은 차브들은 아버지, 어머니, 삼촌의 오랜 명성을 지키기 위해 애쓴다. 그들 모두는 '백인과 영국인이 아닌' 이들은 누가 됐든 혐오한다고 선언한다.…"('beentheredunit', 2007)

"이 지역은 50년 동안 특히나 지저분한 차브 종족을 번식해 온 전통이 있다. 이들은 인생에서 어떤 희망도 거의 보지 못하고, 이로 인해 그들에 대해 희미한 열망이라도 가진 사람을 향해 증오심만 키워 왔다."('supacreep', 2005)

사우스 옥스헤이의 통계는 전국적인 측면에서 볼 때 결코 극단적인 수치는 아니다. 노동 인구의 숙련도가 낮고, 한 부모 비율이 높으며, 보조금을 청구하는 비율도 높고, 주변 지역보다 기대 수명이 낮다. 교육 성취도는 낮은 편으로 가장 가까운 중등학교를 졸업한 학생 중 겨우 15퍼센트가 영어와 수학을 포함해 5개의 중등 교육 자격 검정 시험에서 A에서 C를 취득했는데, 이는 정말 끔찍한 수치다. 2006년 허트포드셔 의회는 사우스 옥스헤이 어린이들이 더는 왓포드에서 가장 가까운 (그리고 가장 좋은) 학교에 다닐 수 없도록 하는 동의안을 통과시켰다. 사우스 옥스헤이 어린이들은 18킬로미터 떨어진 보어햄우드까지 통학해야 했고, 그곳까지 직행 교통편이 없어 통학 시간은 대략 두 시간이나 되었다. 지역 초등학교 주임 교사 중 한 사람은, 말을 하지 못하고 아직 기저귀를 차고 학교에 오는 어린이들이 있다고 말했다.

사우스 옥스헤이의 올 세인츠 교회는 1996년 상승ASCEND

이라 불리는 프로젝트를 시작했다. 이는 주로 사람들이 역량을 쌓고 일자리를 얻을 수 있도록 돕는 데 초점을 두었다. 주요 문제 중 하나는 문해력이 입학 전 수준(읽기가 5-6세 수준)에 미치지 못하는 학습자가 많았다는 것이었고, 상승 프로젝트는 이런 사람들과 함께 시작되었다. 40대 성인이 읽기를 배우기 시작하면서 그의 생애 처음으로 자격증을 받은 이야기는 아주 감동적이다. 1년 간 595명의 참여자가 교육을 받았고, 643명이 정보, 안내, 상담 서비스를 이용했다. 그리고 서비스 시작 이후 550명이 유급 또는 자원 봉사 고용으로 전환되었다.

그러나 이 프로젝트의 재정 상태는 불안정했다. 정부 지원금이 사라지고 보조금 신청이 쇄도하자 주로 인근 부유한 교회로부터 자금을 끌어왔던 이사들은 부담이 되었다. 복권 기금 신청이 받아들여지기 전까지는 교회 도시 기금의 긴급 보조금 덕분에 사업이 중단되지 않고 중단기적으로 안정적으로 운영될 수 있었다. 더 흥미로운 일은 지휘자가 음악을 해 본 경험이 없는 사람들을 모아 대중 앞에서 노래하도록 용기를 북돋워 주는 방송 시리즈인 BBC의 〈콰이어〉에서 집중할 곳으로 사우스 옥스헤이를 선정한 것이다. 팸 와이즈는 사우스 옥스헤이를 촬영지로 제안했고, 이 프로그램은 거의 1년 간 지역 학교 및 성인 합창단과 함께 진행되었다. 성인들의 첫 모임에는 60석의 좌석이 마련되었다. 200명이 참석했고, 새로 결성된 합창단은 곧 웨스트민스터 사원과 지역사회를 위해 사용되는 야외 콘서트 장에서 공연을 펼쳤다. 지역사회 응집성을 촉진하는 문화의 힘은 나중에 다시 이야기할 것이다.

사우스 옥스헤이의 빈곤 문제는 그 단지가 부유한 지역 안에 위치해 있기 때문에 더욱 두드러진다. 쓰리 리버스^{Three Rivers} 지구 의회는 사우스 옥스헤이의 표심에 크게 영향을 받지 않기 때문에 이 지역에 자원을 집중해야 한다는 압박을 별로 받지 않았다. 통합 도시재생 기금이 잠깐 지원되었을 뿐, 실질적으로 도시를 살 만한 곳으로 개선해 줄 어떤 사업도 아직 시행된 적이 없다. 간혹 리얼리티 다큐멘터리 정도가 지역에 대한 환멸을 폭력으로 표출하는 젊은이들을 다룰 뿐, 사우스 옥스헤이는 누구도 관심을 두지 않는 지역, 영국 사회의 극심한 분열이 그대로 반영되어 있는 곳이다.

대성당 도시인 헤리퍼드^{Hereford}의 사우스 와이^{South Wye}는 다른 지역과 다르지만 여전히 비교적 부유한 환경 안에 있는 또 다른 대규모 공공임대주택단지 지역이다. 이곳에서는 지역 성공회 교회가 지역사회 상담 센터 사업의 일환으로 동네 상점에서 주삿바늘 교환소*를 운영한다. 그 단지에는 주거가 어려운 주택들이 많으며, 주민들의 기술 숙련도와 고용율은 심각하게 낮다. 약물중독 역시 자치주 내 가장 높은 수준으로, 보건 당국과 경찰은 이를 심각한 문제로 인식하고 있다. 통합 재생 기금이 단기간 지원된 적이 있지만 대규모 단지는 여전히 쇠락한 상태로 남아

---

* 더러운 주삿바늘을 사용하는 약물 환자들에게 소독된 주삿바늘을 나눠 주는 동시에 고립된 채 생활하는 그들에게 주삿바늘을 매개로 불러내어 위생, 보건 등을 확인하고 약물 관련 상담도 진행한다.

무엇이 좋은 도시를 만드는가

있다.

와이덴쇼의 벤칠Benchill은 영국에서 가장 빈곤한 지역이었다. 맨체스터 시 의회와 중앙정부는 맨체스터 공항 인근 음지에 있는 6만여 평에 달하는 이 지역에 두 가지 방식으로 접근했다. 첫째, 땅값이 낮았기 때문에, 보조금을 지원하고 개발 업체를 불러들여 높은 울타리와 담벼락 뒤에 고급 주택 단지를 새로 지어 공급하게 했다. 둘째, 관리가 제대로 되지 않던 사회 주택을, 새로 설립된 주택 기금 회사인 월로우 파크Willow Park에 넘겼다. 8,000채의 주택을 관리하는 이 회사는 교육, 보안 조치, 부채 자문, 지역사회 개발 계획 등 다양한 활동을 통해 와이덴쇼의 주택을 혁신하고 삶의 질을 개선하고 있다. 감사 위원회는 이 단체에 최고 등급인 별 3개를 부여했으며, 이 단체는 연이어 상을 받으면서 이 지역에서 활동한 공로를 인정받았다.

이 세 가지 사례 각각은 단조로운 사회/공공임대주택단지의 위험성을 보여 주는데, 이는 이스트 헐East Hull에서 플리머스 Plymouth에 이르기까지 수백 개의 비슷한 이야기들에서, 그리고 심지어 마을 공동체와 분리된 공공임대주택단지가 있는 일부 소규모 농촌 지역사회에서도 되풀이되고 있다. 이러한 단지들은 우리 사회의 계급 분열의 상징이 되었다. 2007년 10월 20일에 발표된 〈가디언〉지의 조사에 따르면, 노동당 정부 10년이 지났지만, 영국의 사회 변화는 거의 정체되었다.

사회에서 가장 가난한 사람들은 계급제도의 영향을 가장 잘 알고 있으며, 이들 중 55퍼센트는 사람들이 그들을 보는 방식에 가장 큰 영향을 미치는 것은 능력이 아닌 계급이라고 답했다. … 경제적 변화에도 불구하고 수많은 계급적 태도는 남아 있다. 이는 사람들이 여전히 얼마나 많이 버는지보다 어디에서 왔는지에 따라 평가받음을 시사한다.

버밍엄의 챔슬리 우드Chelmsley Wood는 맨체스터 와이덴쇼의 현대판이다. 1960년대 후반에 세워진 챔슬리 우드는 버밍엄의 긴 공공임대주택단지 대기자 명단의 모든 사람에게 거주지를 제공하기 위해 만들어졌다. 린지 핸리Linsey Hanley는 전후 공공임대주택단지에 대한 많은 이야기와 섞어서 이 새로운 단지에서 성장한 생생하고 감동적인 이야기를 들려준다. 그녀는 자신의 책을 이러한 말로 끝맺는다.

> 1971년 버밍엄 포스트의 한 기자가 "내가 성장한 단지"를, "낯선 사람들의 마을. [그] 우드, 탄생을 기다리지만 아직 피를 전달받지 못해 막혀 있는 마을, 공동체 의식, 경내 구석구석 허술한 지역에 바람이 모이는 곳. (이러한 새로운 직사각형 구역은 왜 항상 바람이 많이 부는 것일까?)"이라고 썼다.

> 낯선 사람들이 모여 사는 텅 빈 마을은 나에게 공간과 빛을 주었지만, 그 바깥의 삶이 어떤지 볼 기회는 주지 않았다. 그 안에서 자란 사람이 아니면 어떤지 알 수 없다. 그곳을 벗어나는

일은 감옥에서 탈출하는 것과 같았다. 단지는 세심하게 계획되어 조성되었고 접근성도 좋았지만, 보이지도 않고 뚫을 수도 없는 담벼락으로 둘러싸여 있었다. 이는 사실상 노동계급을 눈에 보이지 않는 곳으로 몰아낸 도시계획, 즉 실패한 도시계획임을 보여 주는 단지였다. 나는 그렇게 높은 또 다른 담벼락은 절대 기어오르지 않을 것을 안다. (Hanley, 2007: 233-234)

공공임대주택단지에 주교가 거주하는 일은 드문 현상이다. 그 지역에서 가장 큰 집(오래된 사제관)에서 생활해야 하는 어려움은 많은 공공임대주택단지 성직자가 직면하는 것과 다르지 않다. "집에 침실이 몇 개나 있나요?" "여섯 개요." "왜 침실이 여섯 개인 집에 두 사람만 살고, 침실이 세 개인 집에 여덟 사람이 사나요?" 아래층에 심각한 피해를 입힌 방화 공격이 있었다는 것은 별로 놀랄 일이 아니다. 힘든 환경에서 일하는 20명의 도시 성직자가 48시간의 피정 모임에 참여했을 때, 많은 이들이 공공임대주택단지에서 경험한 폭력과 기물 파손의 수준은 진행자 중 하나인 모스 사이드Moss Side 교구 사제를 충격에 빠뜨렸다. 총기 범죄의 대명사처럼 여겨지는 이 지역의 공공임대주택단지의 전형적인 삶, 그러한 반사회적인 행동을 그녀는 경험한 적이 없었기 때문이다.

조셉 라운트리 재단Joseph Rowntree Foundation이 후원한 사업에서, 레베카 툰스톨Rebecca Tunstall과 앨리스 쿨터Alice Coulter는 1991년부터 2001년까지 다양한 정부 재생 계획의 결과로 나타난 개선 사항을 조사했다. 그들의 연구는 다음과 같이 밝힌다.

> 이전 연구에서는 사회 경제적 측면에서, 특히 실업률 측면에서 지역 당국 및 국가 전체의 평균과 공공임대주택단지 내의 실태 간 격차가 줄어든 것으로 나타났다. 하지만 20개 단지 모두 여전히 지역 당국보다 실업률이 높았고, 19개 단지는 아동 비율이 높았다. 그러나 1991-2001년 이들 지역의 경제 활동이 예외적으로 증가했다.…이는 1980-2005년 다양한 경제적 지위의 주민들이 이들 단지에 유입되었기 때문이다. (Tunstall and Coulter 2006)

사회 계층: 모두 알고 있지만 말하지 않는 진실

지난 20년, 중앙정부의 지속적인 개입과 투자로 많은 지방 자치 단체의 물리적 환경이 크게 개선되었다는 것은 의심할 여지가 없다. 하지만 이러한 지역에서 들려오는 이야기를 통해 알 수 있는 것은, 특히 주민의 안녕과 행복 측면에서 아직 해야 할 일이 많다는 사실이다. 사회적, 계층적 유동성은 고착된 듯하다. 막대한 투자에도 불구하고 교육 성취도는 고비를 넘기는 데 더디고 열망은 여전히 낮다. 그러나 우리는 도시가 진정한 재생을 경험하기 위해 이러한 격차를 줄이고 지역사회의 통합을 강화하는 것이 핵심 목표가 되어야 한다고 주장한다.

무엇이 좋은 도시를 만드는가

캐나다의 한 보고서인《불안한 지역사회에서 회복력 있는 장소로 *From Restless Communities to Resilient Places*》에서는 밴쿠버의 개발 비전이 모델로 제시된다. "일부 주택 혼합이 아주 성공적이어서 방문객은 공공 지원 주택과 매매 주택을 구별할 수 없을 것이다"(도시와 지역사회 외부 자문 위원회, External Advisory Committee on Cities and Communities, 2006: 68). 보고서는 토지 개발 방식이 경제, 환경, 사회, 문화 차원의 지속 가능성을 포함하는 잘 짜인 전략의 일부가 되어야 한다고 주장하는데, 이는 흥미롭게도 2장에서 언급한 재생의 '다섯 가지 기둥'을 떠올려 준다. 지역사회 계획은 필수지만, 우리의 계획 체제에서 제안된 변화는 이러한 접근법을 장려하지 않는 것 같다. 와이덴쇼가 윌로우 파크와 함께 일하면서 이룬 성공 중 하나는 사회 주택 기금이 지역사회의 미래에 중요한 역할, 어떤 경우에는 결정적인 역할을 할 수 있게 되었다는 점이다. 예를 들어, 새로운 민간 부문 개발 설계와 같이 사회주택 기금이 통제권을 갖지 못한 곳에서는 울타리와 담벼락이 계속 계급 및 사회적 분열이 지속되고 있음을 나타냈다. 사회 주택 기금이 중요한 역할을 하면서, 지역사회·지방 자치부에서는 지역사회에 더 많은 권한을 위임하려는 움직임이 있다. 분명한 점은 여기에는 매매 주택과 공공 지원 주택 둘 다 포함되어야 하며, 융합 또는 혼합 경제 형태의 개발을 모색해야 한다는 것이다.

밀턴킨스 Milton Keynes에서는 모든 신규 개발에 30퍼센트의 공공 지원 주택을 포함해야 한다. 두 종류의 주택을 구분하는 일은 불가능하며, 이는 공공임대주택단지와 자가 주택에 거주하는 사람들이 나란히 살 것이라는 매우 현실적인 기대가 있음을 의미한다. 이러한 사회적 혼합은 혈통과 민족적 순수성이 결여된 《잡종 도시*The Mongrel City*》(Sandercock, 2003) 같은 책에 나오는 '혼종성'의 개념과 관련이 있다. 크리스토퍼 베이커Christopher Baker는 《도시의 혼합 교회*The Hybrid Church in the City*》(2007)에서 이 모델을 발전시킨다. 청년과 노인 맞춤 주택처럼 다양한 연령층을 위한 주택 개발이 이루어지지 않을 이유가 없다. 장애인과 정신 질환을 가진 사람들을 위한 주택도 있어야 한다. 대가족이 문화적 전통의 중요한 부분을 차지하는 아시아의 많은 공동체는 더 큰 주택 건설이 매력적으로 보일 것이다. 이러한 개발에는 종교 공간이나 모임 장소 등 좋은 공동체 시설이 필수적이다. 삶은 활기를 띨 것이고 교육의 질은 높아질 것이다. 악성 언론이 우리 지역사회를 폭력과 무법 천지인 곳으로 낙인찍기 위해 애쓰더라도, 중산층들이 두려움에 떨며 자기들만의 폐쇄적 공동체를 형성하지 않을 것이기 때문에 반사회적인 행동도 쉽지 않을 것이다. 그러한 지역사회에서는 주민들이 그들의 미래와 행복감을 좌우하는 실제 권한을 부여받아야 한다. 그곳은 흑인과 백인, 청년과 노인, 부유한 사람과 경제적으로 어려움을 겪는 사람이 함께 어울려 살아가는 지역사회가 될 것이다. 계층의 구분이 거주 지역과 거주 주택의 종류에 따라 결정되지 않을 것이다. 거주 지역에 따라 정치적 태도가 결정된다는 오랜 가정이 깨질 것이고, 지역의 정당 정치 활동은 재고되어야 할 것이다.

우리는 정부에 막강한 영향력을 행사하는 주택 개발업자들

이 갈망하는 배타적인 개발이 아닌 포용적인 지역사회를 지향해
야 한다. 우리가 가장 우려하는 것은 향후 20년 간 정부가 약속
한 대규모 주택 개발 사업이 민간 부문의 부추김으로 이러한 사
회적, 계층적 분열을 영속화하는 것이다. 그들은 부유층을 가난
한 사람들로부터 보호하는 부유층 전용의 고급 주택을 계속 공
급하는 것을 정당화하고자 시장을 이용할 것이다. 이는 하나님
나라에 대한 그리스도교적 비전과 완전히 모순되며, 이미 부유
층에 의해 배제된 사람들을 더 가장자리로 내몰고 소외시키는
짓이다.

　　우리는 어떤 주택에 거주하는가에 따라 소속되는 계급이
바뀌는 나라에 살지 않을 것이다. 국가 재정 연구원은 매년 영국
의 빈곤과 불평등에 대한 조사를 실시한다. 2008년 보고서에서
그들은 다음과 같이 썼다.

　　지역별로 소득을 세분화하면, 평균 가구 소득은 남동부, 런던
　　및 잉글랜드 동부가 가장 높고, 북동부, 중서부 및 북 아일랜
　　드에서 영국 소득의 약 91퍼센트로 가장 낮은 것으로 나타났
　　다. … 소득 불평등은 2년 연속 상승했으며 현재 사상 최고 수
　　준과 동일하다. … 1996-1997년부터 2006-2007년까지 전체
　　적으로 볼 때, 그 이전 보수당 정부 기간과 마찬가지로 소득 분
　　포 최상위층에서 소득이 가장 빠르게 증가했다. 중간 소득층은
　　소득 분포 최상위층 소득과 보조를 맞춰 왔다. 그러나 소득 분
　　포 최상위층의 소득이 소득 분포 하위층의 소득과 '멀어지고'

있다는 증거가 있다. (Institute for Fiscal Studies, 2008: 1-2)

겟 페어 Get Fair 운동은 영국의 빈곤 퇴치를 위해 전국적인 연합을 결성했다. 이 운동은 영국 어린이의 32퍼센트가 빈곤층으로 살고 있고, 영국 노인의 17퍼센트가 빈곤선 이하에 살고 있으며, 영국 성인의 43퍼센트가 돈이 없어 걱정하고 있으며, 장애를 가진 성인의 30퍼센트가 빈곤층으로 살고 있다는 사실을 상기시킨다. 데이비드 래미 David Lammy 기술부 장관은 한동안 이 운동을 위해 조용히 로비 활동을 벌였다. 그리스도교 사회주의자인 그는 노동당이 영국 사회의 분열에 적절한 영향력을 행사하지 못한다고 느꼈고, 그리스도교 사회주의 역시 도전에 직면해 있다고 생각했다. 그는 2007년 그리스도교 사회주의 운동인 토니 Tawney 강연에서 영국에 상처를 내고, 심화 확대되는 분열에 대해 언급했다. 그는 이렇게 말했다.

> 토니가 그랬듯, 우리도 모든 인간의 생명을 무한히 중요하게 여기고 있는지 자문해 볼 필요가 있다. 침대 한 칸 차이로 태어난 두 아이의 인생이 이렇게 달라질 수 있는 사회에서 그것이 과연 가능할까? 재능 때문이 아니라 배경 때문에 달라지는 사회에서? 아니, 기대 수명이 한 나라와 다른 나라뿐 아니라, 심지어 한 도시와 다른 도시뿐 아니라, 한 도시의 한 지역과 다른 지역이 급격하게 다를 수 있는 때에? (Lammy, 2007: 5-6)

무엇이 좋은 도시를 만드는가

이러한 불평등을 줄이려는 지방 자치단체의 시도는 기껏해야 반쪽짜리였다. 이제 몰랐다는 변명도 해서는 안 된다. 통계 자료는 거의 모든 지방 자치단체 및 일차 의료 서비스 기관 웹 사이트에서 볼 수 있다. 셰필드의 이전 노동당 정부는 도시 서쪽의 자원을 기대 수명이 10년 가까이 낮은 동쪽으로 옮기려는 대담한 시도를 했다. 그러나 지방 선거에서 부유한 지역의 투표율이 더 높기 때문에 가난한 지역에서 얻은 표가 부유한 지역에서 잃게 되는 표보다 더 적을 것이므로, 이에 대한 정치적 대가는 꽤 클 것으로 보인다. 물론 셰필드의 노동당 정권은 더 이상 집권당이 아니다.

인종에 따른…분리

2008년 1월, 로체스터의 주교 마이클 나지르-알리$^{Michael Nazir-Ali}$가 〈데일리 텔레그래프$^{Daily Telegraph}$〉에 기고한 글이 큰 파문을 일으켰다. 이 글에서 그는 다른 종교를 가진 사람들의 영국 이민과 '다문화주의' 철학을 공격했다.

> 세계적으로 이슬람 극단주의의 이념이 부활하고 있다. 무슬림들이 별도의 공동체에 속해 살아가고, 자신들만의 관계를 구축할 수 있도록 제도적으로 뒷받침되기 때문이다. 그 결과 무슬림 청년들은 그들이 성장한 영국이라는 국가에서 더 소외된다. 그들의 분리된 지역사회는 그들 이념에 충성하지 않는 한 '가

서는 안 될' 지역으로 바뀌었다. (Nazir-Ali, 2008)

주교의 발언에 대한 정당한 근거는 찾기 어려웠다. 다문화주의
는 공동체 관계의 모델이 되어 왔지만, 최근 들어 심각한 비판과
재검토의 대상이 되고 있었다. 유대인, 폴란드인, 아일랜드인, 카
리브인, 아프리카인, 중국인, 인도인 등, 새로 도착한 공동체는 항
상 가족이나 친구들 가까이에서 생활할 수 있는 안정감을 추구
해 왔다. 적절한 주택을 구할 가능성, 주류 공동체의 환대 여부,
익숙한 지역사회 시설 및 사회 기관의 근접성 등이 모두 이민 및
정착 유형에 영향을 미친다. 주교는 또한 1950년대와 1960년에
카리브해 나라들에서 막 도착한 후 교회가 환대해 주기를 바랐
던 성공회교도들에게 잉글랜드 성공회가 행했던 인종 차별의 이
야기를 잊은 듯했다. 야스민 알리바이 브라운Yasmin Alibhai Brown은
〈인디펜던트Independent〉에 기고한 글에서, 옥스퍼드의 칼 피치Carl
PEach 교수의 말을 인용해 날카롭게 반박한다.

> 분명히 말하지만, 영국에는 소수민족 인구가 100퍼센트인 구
> 는 단 한 곳도 없다. … 소수민족 인구를 모두 합치면 소수민
> 족이 다수를 차지하는 구가 몇 곳 있기는 한다. 그러나 소수민
> 족 인구의 78퍼센트가 그곳이 아닌 다른 구에 산다. (Alibhai-
> Brown, 2008)

이민자 공동체는 기대 수명이 낮고 고질적인 인종 차별을 직면하

무엇이 좋은 도시를 만드는가

는 도시의 가장 가난한 지역에 사는 것이 사실이다. 영국국민당이 다민족이 많이 거주하는 자치구인 뉴햄Newham과 월섬포레스트 Waltham Forest에 인접한 바킹Barking에서 큰 성공을 거두었다는 사실은 우연이 아니다. 영국국민당BNP의 득표율 상승은 노동당의 전통적인 백인 노동 계급 지지자들이 경제적, 사회적 복지가 악화된 것을 경험한 후 보낸 절규라는 데는 의심의 여지가 없다. '영국 노동자를 위한 영국 일자리'라는 고든 브라운Gordon Brown의 외침은 경기 침체가 시작되면서 사람들의 냉소를 받기 시작했다.

주택 매입권 정책으로 지난 20년 간 공공임대주택단지 재고가 거의 50퍼센트가 사라지는 등, 주택은 여전히 주요 쟁점으로 남아 있다. 바킹의 주교는 선거 결과를 논의하는 회의에서, "단기 임대 때문에 사람들을 이사하게 만드는 집주인들이 큰 문제"라고 언급했다. 〈서치라이트Searchlight〉의 닉 로울스Nick Lowles는 "이것이 런던에서 가장 저렴한 주택을 보유한 자치구에서 가장 큰 인구 이동을 초래하고 지역사회의 재건을 더 어렵게 만들었다"라고 말한다. 그 자치구는 런던에서 평균 소득이 가장 낮다. 성인 직업 기초 능력은 매우 낮고, 고등 교육 이수 수준은 런던에서 가장 낮다. 바킹-대거넘Dagenham 자치구는 성인 문해력이 전국에서 네 번째로 낮고, 수리력은 두 번째로 낮다. 또한 전국에서 가장 빠르게 변하는 인구 통계를 경험 중이다. 1991년 인구 조사에서는 96퍼센트의 사람이 자신이 '백인'이라고 답했다. 이는 2001년에 85퍼센트로 떨어졌고, 2003년 통계청은 백인 인구를 76.3퍼센트로 추정했다. 이 수치는 이제 70퍼센트 이하로 떨어졌을 것으로 추정된다.

이러한 맥락에서 정부의 실질적인 도움과 개입을 기대하는 것은 당연하다. 바킹이 템즈게이트웨이 개발에 기여한 바가 있더라도, 이는 대거넘에 있는 포드 사 자동차 공장의 안정적인 고용에 의존하던 경향이 꾸준히 약화되어 불만을 품게 된 바킹 주민들에게 어떤 영향도 미치지 못할 것이다. 오히려 자치구는 공립학교가 사립학교 프로그램을 받아들이기를 거부하자 투자 대상에서 제외했다. 몇 킬로미터 떨어진 노스 뉴햄에서는 스포츠 시설에 수십억 파운드가 투자되고 있지만, 올림픽 호재가 바킹의 불만을 품은 청년들의 삶에 영향을 미칠 가능성은 거의 없다. 자치구 내에 불평등이 심화되었고, 커지는 불만은 극우파가 급부상하는 데 자양분이 되었다.

바킹의 이야기는 전국에서 그대로 나타난다. 지난 선거에서 BNP 득표율이 가장 높았던 25개 지역구 거의 모두, 전국에서 가장 빈곤한 10퍼센트에 속하는 지역이다. 스토크 온 트렌트 Stoke-on-Trent와 반슬리 Barnsly 같은 곳에서 노동당 득표율이 붕괴되었다. 사우스 웨일즈에서 노동당의 심장이라고 할 수 있는 지역구들에서는 무소속 후보들이 승리를 거두었다. 스코틀랜드 선거구에서는 스코틀랜드 독립에 대한 뚜렷한 열망이 없음에도 불구하고 스코틀랜드 국민당 SNP이 휩쓸었다. 닉 로울스가 매우 중요한 기사에서 언급하듯, BNP는 "잊힌 노동 계급의 목소리"로 등장 중이다.

BNP는 정치적 소외와 경제적 박탈감을 호소 중이다. 노동당으로부터 점점 무시당하고 버림받고 있다고 느끼는 사람들을 위해 목소리를 내고 있다. BNP는 그들의 우려, 불만, 심지어 편견까지 분명히 표현하고 있는 중이다.···시간은 계속 흐르고 있기 때문에 지체할 틈이 없다. 경기 침체, 신용경색, 주택 공급 실패, 생활비 상승은 향후 1-2년 동안 불안감을 증가시킬 것이다. 정당들, 특히 노동당은 영국 인구의 상당 부분을 실망시키고 있다. 급진적이고 즉각적인 변화를 일으키지 않는다면, 영국은 유럽 대부분을 휩쓸고 있는 정치적 지진을 경험하게 될 것이다. (Lowles, 2008)

2009년 1월, 지역사회·지방 자치부는 국가 공동체 포럼National Community Forum에서 《영국의 가난한 백인들 사이에서 나타나는 소수민족에 대한 인식 및 분노의 원천Sources of resentment and perceptions of ethnic minorities among poor white people in England》(Garner, Cowles and Lung, 2009)이라는 보고서를 제작했다. 비교적 작은 표본을 기반으로 했으나, 이 보고서의 결론은 우리의 생각이 사실임을 확인시켜 준다.

특별히 독창적이지 않지만 두 가지 주요 결론은···첫째, 지역사회 응집성 및 통합은 빈곤과 관련 있는 사회 경제적 문제 때문에 가장 저해된다는 것, 둘째, 지역 여건은 여전히 사람들 간의 관계에 매우 중요한 요소라는 것이다. (Garner, Cowles and

4장 분열된 국가: 우리 도시들이 처한 운명

Lung, 2009: 9)

연구자들은 또한 사람들이 그들 자신과 그들의 지역사회를 '노동자 계급'이라고 지칭하는 것을 기쁘게 생각한다는 것을 확인했으며, 그들이 집중했던 관심사는 명확하게 계급으로 표시되는 일련의 경험을 통해 볼 수 있다. "이민과 통합이 문제로 심도 있게 논의되는 곳에서는, 주택,.혜택, 일자리, 영토, 국가 문화 등의 자원을 놓고 벌이는 실제적인 또는 인지된 경쟁에 초점을 맞춘다"(Garner, Cowles and Lung, 2009: 41).

실제로 통계는 일반적으로 흑인과 소수민족 공동체가 백인 노동자 계급을 희생시키며 번영하고 있지 못하다는 것과, 자원 배분 및 이주에 대한 정보를 더 많이 배포해야 한다는 요구가 있다는 것을 분명히 보여 준다. 보고서는 또한 '지역사회' 응집성 및 통합이라는 의제에서 '통합'이 의미하는 바가 무엇인지에 대한 적절한 논의 및 새로운 이해와, 특히 '정치적 올바름'의 개념을 둘러싼 지역 대화의 형태를 개발할 것을 요구한다. 이 과정에서 '지역 단체'에 대한 언급이 있기는 하지만, 협력하는 지역 종교 단체가 이러한 지역 대화를 가능하게 하는 데 중요하고 신뢰할 만한 역할을 하리라는 사실은 분명하다. 지역사회 응집성을 둘러싼 종교 단체의 역할을 보지 못하게 하는 정책 입안자들의 눈가리개를 제거하고, 이들에게 개발에 관여할 수 있는 자원을 제공하는 일이 이제부터 중앙정부의 의제가 되어야 한다.

"다원주의를 세상을 향한 하나님의 계획을 위협하는 것이

무엇이 좋은 도시를 만드는가

아니라 그 계획의 필수 요소로 수용하는" 종교 단체의 역량에 대해 다소 회의적인 입장을 취하는 앨런 빌링스^Alan Billings 조차도, 종교 단체가 지역사회 응집성을 증진하는 역할을 할 수 있다고 인정한다(2009: 124). 빌링스는 지역사회든 교회 연합이든, 지역사회 응집성 형성에 기여할 수 있다고 믿는다. 그러나 그것은 세 가지 형태로 위협을 받을 수 있다.

> 첫째, 지역사회가 위협을 느끼고 종교를 그들 정체성의 표식으로 강조하는 경우, 둘째, 다른 이유들 때문에 불안을 느끼는 신앙인들이 그들 종교의 지위와 명예가 위협받는다고 믿는 경우, 셋째, 가장 심각한 경우로, 신자들이 폭력을 포함한 모든 수단을 동원해 자신들의 대의를 진척시켜야 한다는 신성한 명령이 있다고 자신하는 경우다. (Billings, 2009: 111)

빌링스와 함께 우리는 다원주의를 주장하고 싶다. 그가 말했듯, "다원주의는 지루한 획일성으로부터 보호해 준다." 그러나 우리가 지금까지 이 책에서 살폈듯, 지역사회를 살기 좋고 안전하며 만족을 주는 곳으로 만드는 데 기여하는 여러 요소가 있다. 국가 공동체의 포럼^NCF 보고서도 지적하듯, 여전히 수많은 지역사회를 괴롭히는 경제적이고 사회적인 분리는 다원주의 사회가 이웃을 바라보는 방식에 영향을 미치는 주요 요소다. "삶이 힘들다. 누구를 비난해야 하는가?"

민주주의의 결핍에 따른···분리

이 장은 나라를 분열시키는 극심한 불평등을 가장 극명하게 경험하고 있는 주택 단지 이야기로 시작했다. 범행, 총기, 칼, 범죄 조직에 대한 두려움이 커지면서 이러한 문제는 더욱 악화되었다. 반사회적 행동 질서Anti-Social Behaviour Orders, ASBO는 맨체스터 공공임대주택단지에서 가장 큰 성공을 거두었다(적어도 사용되었다). 일부 지역 주민들의 삶은 확실히 개선되었다. 그러나 이 지역이 안고 있는 근본적인 문제를 해결하는 데는 거의 기여하지 못했다. 맨체스터의 마일스 플랫팅Miles Platting에서 일한 경험 많은 청소년 지도사는 이 지역이 우울증에 시달리고 있다고 말했다. 엄마들은 잠옷 차림으로 아이들을 학교에 데려다주고 오후에도 아직 옷을 챙겨 입지 않은 채로 아이들을 데리러 간다. 적어도 범죄 조직은 청년들에게 자존감과 '존중'을 얻을 기회를 제공한다. 마약은 추위에서 벗어날 수 있는 탈출구를 제공한다.

여기서 중요한 것은 교회가 여전히 이러한 지역사회의 핵심 부분으로서 그곳에 존재하며, 일부 지역에서는 희망의 등불이 되고 있다는 사실이다. 그러나 교회는 상처를 봉합하고 상심한 사람들을 위로하는 임시 처방을 하는 존재 이상이어야 한다. 모든 사람이 무조건적으로 가치 있게 여겨지는 그러한 좋은 도시의 그림을 제공하는, 변혁적이고 비전을 품은 존재가 되어야 한다.

할 수 있는 일이 전혀 없는 것일까? 폴리 토인비Polly Toynbee

무엇이 좋은 도시를 만드는가

와 데이비드 워커David Walker는 《부당한 대가Unjust Rewards》(2008)라는 책을 내놓았다. 이는 아마도 여전히 무의식적으로 허망하게 낙수효과 모델을 믿으며, 정부가 부자들이 더 부유해지도록 허용한 방식에 대한 맹렬한 분석이다. 그러나 낙수효과를 믿는 사람은 아무도 없다. 금융 부문이 규제에 얽매이지 않아야 경제가 성장할 것이라는 견해는 최근의 경기 침체와 은행 부실 사태에 비추어 재검토되어야 한다. 그러나 은행 및 기업의 이사회는 임원의 급여 수준을 보호하고 있는 것으로 보인다. 시 변호사들은 교사보다 100배 많은 급여를 옹호한다. 토인비와 워커는 가난한 지역에서 일하는 많은 성직자가 흔히 겪을 만한 이야기를 들려준다. 그들은 사회적 배제와 정치적 무관심의 치명적인 영향을 지적하고 변화를 촉구한다.

정치인들은 황금알을 낳는 거위에게 과감히 야유를 보내고 민주주의의 권위를 되찾아야 한다. 한두 세대 안에 역기능적인 불평등과 사회적 불만을 해소하고 더 공정하고 덜 분노하는 나라가 될 수 있다.

다른 국가들도 이미 이 길을 걸어 왔다. 대다수 다른 유럽 국가들, 특히 북유럽 국가들은 지속적으로 영국보다 경제적으로 더 성공했으면서도 수익을 더 공정하게 분배하는 방식을 선택했다. 이제 이는 기본 요건으로 받아들여진다. 실제로 가난한 어린이, 태어난 가정 때문에 첫 숨을 쉬는 순간부터 실패할 운

명에 처하는 어린이는 있어서는 안 된다. (Toynbee and Walker, 2008: 228-229)

그러나 이러한 쟁점들에 대해 예언자처럼 맹렬하게 대중의 관심을 요청하고 정부에게 도전해야 할 때, 교회 지도자들은 여전히 이상하게 침묵을 지킨다. 아동 협회Children's Society가 설립한 '좋은 아동기 연구Good Childhood Inquiry'는, 빈곤 아동에 대한 영국의 정책이 실패했다는 결정적인 증거를 풍부하게 제시했다(Layard and Dunn, 2009). 정부가 아동 빈곤 퇴치를 위한 노력에서 어느 정도 진전을 이루기는 했다. 그러나 근본적으로 그들은 커지는 빈부 격차를 무시했다. 사실 그들이 설명하듯, '부를 창출하는 사람들'에게 영광을 돌리는 것처럼 보인다. 이런 부의 창출자들은 신용에 의존하는 영국 국민들의 몸에 거머리처럼 붙어 살아가는 것으로 드러났다. 유럽 다른 나라의 경우처럼, 더 가난한 사람들은 공공임대가 그들에게 더 적절한 방식인데도 분수에 넘치게도 주택을 구입하라고 부추김 당했다. 은행의 수익이 지속적으로 성장할 수 있도록 더 높은 수준의 부채가 권장되었다. 안드레아스 휘텀-스미스Andreas Whittam-Smith, 〈인디펜던트〉 창간 편집자이자 최고위원(First Estates Commissioner)와 같은 예언자들은 재앙을 경고했지만 잉글랜드 성공회 내에서도 귀담아 듣지 않았다.

이제 진정한 변화의 기회가 찾아왔다. 토인비와 워커가 지적했듯, 현재 불황을 두고 정치적 입장을 취하기보다는 진지한 성찰이 도움이 될 수 있다. 우리가 바라는 21세기 사회에 대해 교회가 진정한 대안적인 비전을 제시해야 할 때다. 사우스 옥스 헤이와 사우스 와이의 단지 주민들이 남반구/북반구의 분리만큼 의 격차를 경험하지 않는 땅이 되어야 한다. 노소 모두 충만한 삶 을 누리며 이웃과 함께 기뻐하는 땅이 되어야 한다.

우리는 특히 도시 공공신학의 표식은, '신앙 자본'이라는 자원의 잠재력을 인식하도록, 격려하고 포용하며 환대하는 장소 로 살아갈 수 있게 하는 가치관과 실천을 인식하도록 도시 교회 를 격려하는 것이어야 한다고 제안하고자 한다. 사우스 옥스헤 이의 교회는 생계 유지, 빈곤 구제, 교육이라는 고대 수도원 전통 을 반영하여 근본적으로 환대를 베풀고 있다. 하지만 지역 교회 는 성공적이고 통합된 지역사회를 향한 지역의 희망의 본보기가 되어야 한다. 이는 지역 교회가 빈곤, 질병, 노숙, 문맹으로 인해 배제된 사람들을 포용하는 방법을 재발견해야 한다는 의미다. 많은 교회가 정신질환자를 위해 하는 놀라운 사역은, 흔히 소외 되는 무리에게 필수적인, 핵심적인 돌봄과 지원을 제공하는 신 뢰받는 지역 조직의 한 사례다. 맨체스터 롱사이트^{Longsight}의 성 누가 교회는 지역 정신병원과 오랜 기간 동반자 관계를 맺어, 전 통적인 주간 센터를 이용하기 어려운 많은 이들을 위해 '문을 열 어' 두고 있다.

지속적인 사회적 응집성은 보통 정부가 달성하기 어려운 목표이며, 이 쟁점은 다음 장에서 자세히 다룰 것이다. 그러나 우 리는 도시 공간에 대한 명확한 설계의 부족 및 혼합 주택 경제가 지역사회 응집성을 저해하는 데 큰 영향을 미쳤다고 제안한다.

영화 〈이것이 영국이다This is England〉는 많은 공공임대주택단지의 암울함과 완고한 사회적, 경제적, 정치적, 문화적 소외가 극우의 부상에 기여한 방식을 포착한다. 우리는 교육 제도에서 뒤처진 사람들을 위해 교육 기회를 향상하고자 하는 막대한 투자를 환영하지만, 더 나은 사회 통합으로 이어지는 정책들에 대항해 자신의 영역을 옹호하는 중산층들의 능력 또한 아주 잘 알고 있다. 교회가 교육에 기여하는 면에서 가장 비판을 받는 부분은, 전문인 중산층이 학업 면에서는 성공적이지만 보통 사회적으로는 배타적인 학교에 입학하기 위해 '교회 출석 규칙'을 악용하고, 그럼으로써 주변 주립 중등학교의 덜 균형 잡힌 입학에 기여한 일일 것이다.

마지막으로, 7장에서 살펴볼 '민주주의의 결핍'이란 분리된 도시들의 고통이 더 큰 부와 영향력을 가진 사람들에게 영향을 미칠 때만 정치적 쟁점이 된다는 것을 의미한다. 전후 영국에서 가장 가난한 지역사회에 시행된 주요 투자가 대부분 폭동 및 대중 시위 발생 이후 이루어졌다는 것은 슬픈 일이다. 옥스팜 OxFam•이 제작한 주목할 만한 영상이 있다. 이들은 체셔Chershire 마을의 부유한 중산층 여성들을 인터뷰하며 영국에 여전히 빈곤이 존재한다고 생각하는지 묻는다. 대답은 "아니오"지만, 모든 통계는 최근 몇 년 동안 빈부 격차가 현저하게 증가했으며, 정부

• 1942년, 영국 옥스퍼드에서 시작된 국제구호개발기구로 빈곤 해결과 불공정 무역에 대항하는 대표적 기구

무엇이 좋은 도시를 만드는가

정책에도 불구하고 아동 빈곤 퇴치 목표가 달성될 가능성이 낮다는 것을 보여 준다. 우리의 분리된 도시들에서 가장 가난한 사람들의 참여 부족으로 인해 정작 그들이 정치적으로 중요해지지 않은 '민주주의의 결핍'은 그들의 사회적 배제를 가중시켰다. 실제로 그리스도교 신자인 한 정부 장관이 '빈곤 역사를 만들자 Make Poverty History' 운동을 모방하여 국가적인 '겟 페어 Get Fair' 운동을 교회에서 시작하자고 촉구한 이유는, 정부가 국내 빈곤에 관한 정치적인 압력을 더 환영할 것이기 때문이었다. 이는 《신앙의 도시들》이 의심의 여지를 남기지 않은 영역이었다. 빈곤 퇴치는 신학적인 명령이지만, 정치적 노력은 물리적으로 분리된 지역사회, 권력이 박탈되고 배제된 집단, 뿌리 깊은 절망에 의해 유지되는 계급 분열을 제거하기 위한 일관된 전략이 있을 때만 성공할 수 있을 것이다.

바벨에서
성령 강림까지

들어가는 말

철학자 아리스토텔레스는 "도시는 다양한 종류의 사람들로 이루어진다. 비슷한 사람들끼리는 도시를 만들지 못한다"(《국가 Politeia》)라는 명언을 남겼다. 이 장은 도시 공동체의 문화적인 다양성과 점점 더 많은 도시 거주자들이 세계화 현상의 영향에서 벗어날 수 없음을 이야기한다. 우리는 다양성을 두려워해야 할지 아니면 축하해야 할지 묻는다. 또 신실한 시민-제자를 양성하는 면에서, 환대와 공동체라는 신성한 가치를 구현하는 면에서, 그리고 공동선을 증진하는 방식으로 다문화 도시의 미래에 대한 성숙하고 사려 깊은 토론을 촉진하는 측면에서 어떻게 도시 교회가 제대로 대응할지 묻는다. 이러한 질문은 그리스도인의 양육, 통합된 정체성, 세상과의 대화라는 세 가지 실천 과제에서 비롯된다. 그리고 우리는 특히 바벨탑(창 11:1-11)과 성령 강림의 날(행 2:1-36)이라는 두 가지 성서 내러티브를 통해 어떻게 실천신학이 형성될 수 있는지 살필 것이다. 이 두 내러티브는 도시 교회가 공공신학과 문화적 다양성을 고려한 교회론을 명확하게 하려고 할 때 몇 가지 지침을 제공할 것이다.

경기 침체와 다문화주의의 위기

2009년 1월 맨체스터의 주교는 맨체스터 교구에 속한 지방 당국자들을 초청하여, 경기 침체가 지역사회에 미칠 수 있는 영향과, 최악의 고통을 완화하기 위해 잉글랜드 성공회가 기여할 수 있는 방안을 논의하는 자리를 마련했다. 당국 대다수에서 고위 간부들이 파견되었으며, 맨체스터의 경우 하원 의회 부의장이 참석했다. 각 지방 당국은 증가하는 실업률, 늘어나는 부채 및 주택 압류, 그리고 노숙의 문제에 대처하기 위한 전략을 발표했다. 일부는 관련 협의회 위원들에게 제출했던 보고서를 발표하기도 했다. 그러나 이어진 논의에서 근본적이고 심각한 위협이 공통적으로 등장했다. '지역사회 응집성'이 위험에 처한 것이다.

현대 영국 문화의 특징 중 하나는 '비난 문화'다. 아동 학대부터 교통사고 사망까지, 병원 내 항생제 내성으로 인한 사망에서 어린이 익사 사고까지, 어떤 일이 잘못되면 누군가는 '책임을 지고' 처벌을 받아야만 '다른 이에게 다시는 그런 일이 일어나지 않도록' 할 수 있다. 사회 공통의 슬픔과 죄책 둘 다를 짊어질 또 다른 희생자를 찾아야 한다. 4장에서 다루었듯, 경기 침체는 극우 세력이 영국 도시 사회에 깊게 뿌리 내리고 오래 지속되어 온 인종 차별을 악용하는 발판을 제공할 것이라는 우려는 현실이다. 지난 지방 선거에서 영국국민당은 북서부 지역에서 6.5퍼센트의 득표율을 기록했는데, 이는 유럽 연합 의회의 의원을 선출하는 데 필요한 8퍼센트에도 크게 못 미치는 수치다. 백인 노동자 계층 및 때로 사회적으로 더 부유한 선거구에서 BNP 의원이 선출되는 경우는 '그들이 우리의 일자리를 빼앗아 간다', '그들이 사회 주택을 우선적으로 받는다'라는 구호에 기반하곤 했는데, 그런 편견들은 사실에 근거하지 않는다. 따라서 경제의 붕괴는 '비난 게임'을 위한 비옥한 토양을 제공한다. 실업자가 최대 300만 명에 달할 수 있는 상황에서, 금융 서비스 부문이 취업 센터 대기열의 가장 앞에 있을 것이라는 예측에도 불구하고, 은행 및 금융기관은 쉽게 취업할 수 있는 곳이 아니다. 의심할 여지없이 영국 북부의 가장 가난한 지역사회가 제일 큰 피해를 입게 될 것이다. 실제로, 제조업, 건설업, 서비스업이 심각하게 영향을 받을 것이며 저임금 노동자들이 경기 침체를 가장 견디기 힘들 것이라는 증거가 있다. 극동 지역이 아닌 맨체스터에서 저임금과 끔찍한 노동 조건으로 착취당했다는 아시아 노동자들의 폭로는 영국 고용 관행의 밑바닥을 드러낸다.

맨체스터 주교가 마련한 회의에서 눈에 띄는 통계 중 하나는, 2007년 그레이터 맨체스터Greater Manchester의 무슬림 인구 중 50.33퍼센트가 가장 빈곤한 10퍼센트에 속한다는 사실이었다. 무슬림 71.68퍼센트는 가장 궁핍한 20퍼센트 내에 속한 반면, 전체 인구의 22.84퍼센트가 10퍼센트 안에, 36.8퍼센트가 20퍼센트 안에 들어갔다. 무슬림 인구는 경제적으로 가장 취약하지만, 이들은 '우리의 일자리를 빼앗아 간다'는 '비난'을 받게 될까봐 두려워한다. 조지 부시George Bush의 '테러와의 전쟁'의 여파에 따른 이슬람 혐오증과 결합되면서, 비록 이제 많은 부분에서 신뢰를 얻지 못하지만, 이것은 많은 지역사회에서 불을 지필 수 있는 조합이 된다.

도시는 항상 이동과 이주의 장소였고, 사람들의 물리적이고 지리적인 이동은 정체성과 소속감에 새로운 도전을 가한다. 하지만 '사회적 응집성'에 대한 정부의 불안은 더 많은 검토를 필요로 한다. 이는 응집력 있고 조화로운 도시는 어떤 모습이어야 하며 어떻게 달성될 수 있는지에 대한 더 깊은 가치를 반영하기 때문이다. 그러나 근본적으로, 현대 도시들은 전례 없이 다양한 문화와 집단이 밀집해 있는 세계화의 용광로다. 이것이 거버넌스, 정체성, 공동 목적이라는 우리 개념에 도전을 가하지 않는다면, 그것이 놀라운 일일 것이다.

고도로 발달한 세계의 대도시들은 세계화 과정이 구체적이고 현지화한 형태를 띠는 곳들이다. 이러한 현지화 형태는, 좋은 의미에서 세계화의 본질이라고 할 수 있다. 그렇다면 도시를 자본의 국제화에 대한 반대가 해결되거나 충돌하는 주요 장소 중 하나로도 생각해 볼 수 있다. 나아가 대도시에 취약 계층 인구가 점점 더 집중된다는 점을 고려한다면 ⋯ 도시가 일련의 갈등과 모순 전체를 보여 주는 전략적 지형이 되었다는 것을 알 수 있다. (Sassen, 2006: 198)

달리 말해, 글로벌 도시들은 사회 변화의 용광로다. 특히 이는 이주의 압력과 다양한 인구가 한곳에 집중되는 현상에서 드러난다. 하지만 또한 과도하게 끌어다 사용해서 부족해진 자원 때문에 이러한 변화에 대응할 수 있는 능력이 가장 부족한 곳이기도 하다.

저항할 수 없는 힘과 부동의 대상

예의 바른 사회에서는 종교와 정치를 혼합해서는 안 된다는 격언이 있다. 21세기 초반 서구에서 이 말은 여전히 정설이다. 우리는 공공 생활과 종교적 신앙, 세속적인 이성과 신학적 고백의 관계를 그렇게 이해한다. 16세기와 17세기 유럽의 종교 전쟁과 유럽 및 북미에서 서구 계몽주의가 등장한 이래, 이 둘은 분리되어야 한다는 합의가 이루어졌다. 이는 '자유주의' 정치 철학으로 이어졌고, 이 정치 철학은 모든 신앙고백이 본질적으로 타인의 자유를 침해한다는 이유로 종교가 금지된 중립적인 공론장을 옹호했다. 이러한 관점에서, 국교회의 특권적 지위는 시대착오적이며 '공공신학'이라는 것은 존재하지 않는 것이고 종교는 사회의 응집성의 적이므로, 종교는 공적인 삶에서 배제되어야 한다고 주

무엇이 좋은 도시를 만드는가

장했다.

이에 대한 고전적인 관점은 정치 철학자 존 롤스John Rawls (1921-2002)와 관련 있다. 롤스의 고전적인 대답은, 공공 정치는 시민사회의 합리적인 시민들이 헌법의 본질과 기본 정의에 관한 공개 논의에 타당하다고 기꺼이 공개적으로 지지할 수 있는 가치와 원칙에 기반을 두어야 한다는 것이다. 공공 정치 토론에서 이러한 공통된 일련의 가치와 원칙에 호소한다는 것은 공통의 이성에 기초한 협력을 의미하며, 따라서 시민의 우정과 상호 존중을 불러일으킬 수 있다. 정치 또는 정책 논쟁이 임신 중절, 줄기세포 연구, 안락사, 동성 간 혼인, 심지어 전쟁과 같이 윤리적, 도덕적 의미의 문제와 관련되더라도, 공개적인 정치적 담론이 공동체의 일부만 접근할 수 있는 원칙에 의존해서는 안 된다. 따라서 다원주의 사회에서 종교적 담론 및 활동은 종교 영역 내부에 머물러야 한다. 교회나 사찰, 신학교, 종교 집회 같은 종교 영역으로 인정되는 장소 안에서만 이루어져야 한다. 달리 말해, 공공 광장에서 개인의 종교적 전제로 시작하는 말은 어떤 것이든 정당화될 수 없다. 다원주의 사회에서 공적 담론은 공유된, 즉 세속적 인문주의의 신념과 규범에만 근거해야 한다.[5]

인문주의 협회Humanist Society의 전 회장이자 언론인인 폴리 토인비는, 공공 문제에 대한 종교의 개입을 공격하고 암묵적으로 다문화주의나 국가 정체성에 대한 종교적 근거를 부정하는 일종의 '새로운 세속주의'의 대표적인 인물이다. 다음 발췌문에서 그녀는 2005년 7월 런던 중심가에서 발생한 폭탄 테러와 그

범인들이 급진적인 이슬람의 영향을 받았다는 증거에 대한 답변으로, 모든 종교를 공공 생활에서 추방해야 한다고 주장했다.

> 종교적 열광에 빠진 광란에 가까운 행동들, 맹목적인 숭배의 행동들이 다시 활개를 친다.…이는 이민 2세대의 빈곤이나 박탈 또는 문화적 괴리와는 관련이 없는 것은 아니지만, 이런 상황들이 직접적인 원인은 아니다. 이라크가 방아쇠를 당겼으나, 종교적인 망상과 더 관련이 있다. 어떤 종교든 그런 환경을 맞닥뜨리면 그럴 수 있다. 어떻게 원시적인 책 속 모든 단어를 절대 진리라고 설교하는 사람들이 광기에 빠지지 않을 수 있겠는가? (Toynbee, 2005)

그녀의 종교관에는 포이어바흐 Feuerbach, 마르크스 Marx, 프로이트 Freud 같은 인물들의 계몽주의적 사고가 반영되어 있다. 이들은 종교는 세상이 더 합리적으로 변함에 따라 다행히 사라지게 될 집단적이고 독성 있는 망상이라고 일축했다. 리처드 도킨스 Richard Dawkins, 크리스토퍼 히친스 Christopher Hitchens 등의 저서에서도 드러나는 그러한 견해가 유행하는 현상은, 모든 기성 종교의 대표들에게 유익한 교훈이 되어야 한다. 그러나 다른 사회 경제적 요인 없이 종교 혼자 모든 책임을 져야 한다는 토인비의 견해는 지극히 환원주의적이며, 모든 종교가 본질적으로 극단주의적이라는 가정은 이상하게도 반자유주의적이다. 종교 텍스트는 '원시적'이라는 그녀의 기술은 그녀 자신의 문화가 아닌 다른 문화를 향한 경멸을 드러낸다. 종교적 극단주의의 '저항할 수 없는 힘'에 대항해 세속주의라는 똑같이 치명적이고 편협한 '부동의 대상'으로 맞서는 것은, 급진 이슬람의 영향력 아래 있는 사람들의 동기라든가 더 응집력 있는 사회를 건설하는 방법에 대한 이해를 높이는 데 아무런 도움도 되지 않는다.

다양성이나 공공 토론을 존중하지 않는다는 의미에서, '종교적'인 상태와 '반자유주의적'인 상태를 혼동하는 경향은 토인비에게만 나타나는 것은 아니다. 하지만 이는 강력하다고 느껴지는 특정 가치들의 **기원**과 그 **결과**를 혼동하는 것일 수 있다. 모든 종교 교리에는 오류가 없다고 말하는 것은 잘못된 것일뿐더러, 종교 단체들이 그들의 신념을 옹호하는 면에서 세속 단체들보다 더 열정적인지 여부도 논란의 여지가 있다. 인간은 그러한 신념의 토대가 무엇이든, 그들이 깊이 신경 쓰는 바를 위해 더 열정적이고 심지어 공격적인 경향을 보인다는 사실로부터 우리의 정치적이고 사회적인 제도를 정말로 정화할 수 있을까? 반대로, 니콜라스 월터스토프Nicholas Wolterstorf는 "우리 세기에 대다수 사람들은 다양한 세속적 대의에 더 깊이 신경을 쓴다. 그 정도가 똑같거나 더 심각한, 세속적 대의로 야기되는 위험을 무시하면서 종교가 정치에 가하는 위험에 집중하는 것은 위험할 정도로 근시안적일 수 있다"(Wolterstorff, 1997: 112-113). 달리 말해, 왜 일부 사람들은 추정되는 공동선을 위해 자신의 신념을 '괄호로 묶는' 일을 해야 하는가? 사실, 일부 시민에게 정치적 또는 도덕적 토론에 기여하려면 그들의 신념을 끌어오지 말라고 요구하는 것은

201

5장 바벨에서 성령 강림까지

자유를 제한하는 것으로 보일 수 있다.

역사적으로 말해, 종교와 이성의 양립 불가능성은 서구 근대성의 출현 및 그에 따른 정교 분리 합의를 특별히 또렷하게 표현한 것이 아닐 수 있다. 스티븐 툴민Stephen Toulmin은 '세속적 인문주의'와 '그리스도교 정통주의' 사이에 양극화가 존재하지 않았다고 주장한다. 근대 초기 과학자와 정치 이론가 다수는 독실한 신자였으며, 언론의 자유 및 관용 원칙의 도입이 절대 공공 토론에서 종교적인 논법을 배제하고자 하는 의도는 아니었다(Toulmin, 1990: 24-25). 종교적 권위주의 및 교회와 국가의 강제적인 결합, 따라서 의무적으로 종교에 소속되어야 했던 강제성에 대한 계몽주의의 비판을, 모든 종교를 전면적으로 배제해야 한다는 주장과 혼동해서는 안 된다. 호세 카사노바José Casanova가 주장하듯, '세속화'는 세속이 종교로부터 '해방'되는 이야기였지만, 이는 모든 종교를 없애려는 욕구에서 비롯된 것이 아니라 종교적 다원주의와 공존에 대한 열망에서 비롯된 것이기도 했다(Casanova, 1994). 카사노바는 세속화 과정을 현대 사회에서 종교적 신념 및 관습의 불가피하고 냉혹한 소멸 또는 과학적 이성의 궁극적인 승리로 여기는 세속화 이론에 대해 비판적이다. 그는 규범적이고 실증적인 근거 둘 다로 세속화 논제에 의문을 제기하며, 그런 논제들은 "미신에서 이성으로, 신앙에서 불신앙으로, 종교에서 과학으로 인류가 진보적으로 진화하는 것으로서 역사를 보는 신화"를 영속화한다고 주장한다(Casanova, 2006: 17). 카사노바는 세속화에 대한 이러한 신화적 설명은 그 자체로 '탈세속화'되어야 할 필요가 있다고 말한다. 따라서 새로운 세속주의에도 불구하고, 사회 이론가들의 예측과 달리 종교는 사라지지 않았으며, 오히려 전 세계에서 놀라울 만치 새롭게 주목받고 있고, 이러한 상황을 반영해 종교와 공공 생활이 관계 맺는 방식에 대한 탐구가 점차 늘어나고 있다.

순더 카트왈라Sunder Katwala는 페이비안 협회Fabian Society에 기고한 글에서, 평등, 공정성, 자유의 원칙을 옹호하는 일은 어떤 종교적 논법이나 관점이 자동적으로 이에 위협이 된다고 주장하지 않고도 가능하다고 주장한다. "정치…에서 종교가 더 눈에 띄게 부각될수록, 우리는 종교, 국가, 공공 생활 사이의 경계를 다시 생각하고 다시 그려야 한다는 것이 점점 더 분명해지고 있다"(Katwala, 2006: 246). 우리는 자유주의 국가의 두 가지 다른 원칙을 구분할 필요가 있다. (1) 국가는 한 형태의 종교적 표현을 다른 형태보다 더 특권화해서는 안 된다. (2) 종교는 전적으로 사적으로 유지되어야 한다. 카트왈라의 주장에 따르면, 이런 원칙은 근본적으로 혼란을 일으키며, "종교를 가진 시민들은 사적 신념과 공공 가치 사이의 엄격한 구분을 받아들이기 위해 그들의 가장 깊은 신념으로부터 자기 자신을 떨어뜨려야 한다"는 가정으로 이어진다(2006: 248).

카트왈라는 공공 토론의 두 가지 모델, 즉 이념적인 세속주의와 실용적인 세속주의를 제안한다(Katwala, 2006). 첫 번째는 공적 영역과 사적 영역, 이성과 신앙 사이에 엄격한 방화벽을 유지하고자 한다. 다른 대안인 실용적인 세속주의는 원칙적으로 모든 시민의 권리를 소중하게 여기지만, 젠더, 성, 민족의 다양성을 존중하고자 하는 것처럼 종교를 이유로 차별하는 것을 거부한다. 이는 종교를 가진 참석자들이 공적으로 종교적인 견해를 펼칠 수 있는 특혜를 존중해야 한다는 의미다.

2006년 11월, 로완 윌리엄스는 그가 '강령적programmatic' 세속주의와 '절차적procedural' 세속주의라고 부르는 것으로 비슷한 구분을 했다. 강령적 세속주의는 도구적 중립성을 내세워 가치에 대한 모든 논의를 유보하는 반면, 절차적 세속주의는 경쟁하는 확신들에 관여하지만 판결을 내리려고 시도한다.

> 이는 사적인 자유를 최대한 허용하는 도구적 자유주의의 공허한 공론장과, 실질적인 차이를 조정하고 관리하는 법적 중재자 또는 중개인의 권위를 인정하는 혼잡하고 논쟁적인 공론장을 구분하는 것이다. 강령적 세속주의의 공허한 공론장은 사실상, 공적 중립성이라는 거의 가치가 개입되지 않는 분위기 및 특정 헌신이 공적으로 보이지 않게 되는 것으로부터, 적절한 자기 비판적인 사회를 지속하는 데 필요한 도덕적 동력을 충분히 제공받을 수 있다고 암시한다. 그러나 사람들이 사회적 또는 정치적 토론에 참여할 때, 공적으로 언급하거나 드러내는 것이 허용되지 않는 근본적인 확신과 그들의 관점 및 정책을 그렇게 쉽게 분리할 수 있는지는 전혀 자명하지 않다. (R. Williams, 2006b).

호세 카사노바 자신은 공론장에서 종교적 동기에 의한 영향력은 지속되어야 한다고 주장하며, 신앙 기반 조직들이 사회의 다원주의 특성을 인정하는 한 공공 생활에서 그들의 기여는 계속되어야 한다고 지지했다. 만일 종교가 차별화에 건설적으로 반응한다면, 만일 현대 개인의 자유에 반대하지 않는다면, 종교는 정당한 공적 목소리가 될 수 있다고 카사노바는 주장한다. 하지만 사회는 전반적으로 사회의 조화를 바라는 이들로 구성되어 있으며, 타자에게 귀 기울이고 '공동선'을 추구할 것이라고, 여전히 가정한다. 또한 여전히 '중립적' 중재자 또는 조력자가 있어, 종교 단체들에게 그들 자신의 전통을 검토하고 그러한 다원주의 논의에 참여하는 것이 그들의 신앙을 가르치는 것과 어떻게 완전히 양립할 수 있는지 확인하라고 권장할 수 있다고 암시한다. 그렇다면 이러한 가정은 아주 중요한 것으로 보인다. 이는 여전히 어떤 식으로든 시민성과 다원주의라는 서구 계몽주의의 기준들에게 '길들여'지고 있거나 완화되고 있는 종교적 세계관에 의존하는가? 부동의 대상과 저항할 수 없는 힘 사이에서 누가 판결을 내릴 수 있을까?

따라서 한편으로 건강한 시민사회를 풍요롭게 하고 양성할 수 있는 '실용적인 지혜'의 형태로, 종교가 더 폭넓은 공공 토론에 제공해야 하는 원천 및 자원이 있을 수 있다. 그러나 물론 이는, 이른바 종교적인 사람들은 합리적인 토론에 임했을 때 그들의 열정을 억제하지 못한다는 세속주의자들의 주장에 여전히 반대한다. 그래서 영국 사회는 열정적인 종교의 저항할 수 없는 힘과 세속적 자유주의라는 부동의 대상 사이에 진퇴양난으로 갇혀 있는 것처럼 보인다. 그럼에도 불구하고, 그리스도교 전통 내부에서 관용, 존중, 다양성의 목소리를 회복하는 것만으로도, 그러한 실천신학이 양성하는 시민-제자도의 프락시스를 형성하는 것만으로도 돌파구를 낼 수 있을지 모른다.

바벨탑

창세기 11:1-11에 나오는 바벨탑 이야기는 문화적 다양성, 특히 인간 언어의 다양성의 기원에 관한 신화다. 이는 본래의 획일성 상태에서 일어난 작은 타락을 이야기하는데, 처음에 독자는 왜 그러한 인간의 통일성이 야훼의 바람으로 보이지 않는지 질문할 수 있다. 규범적인 메시지는 공통 언어는 잘못되었고 하나님의 처벌을 받아 마땅하다는 것이지만, 이보다 더 많은 의미를 풀어내야 할 필요가 있다. 이 이야기는 유목 민족의 정착을, 곧 단 한 장소와 웅장하게 설계된 거대한 대도시로의 이주를 말한다. 도시 건설은 인간의 독창성을 표현한 것으로, 이러한 문명화의 경이로움을 증명한다(5절). 그러나 그러한 업적은 야훼의 권위를 빼앗고 인류가 그들의 유한성을 뛰어넘게끔 유혹할 정도로 위험하다. 그렇다면 이것은 혹시 인간의 호기심과 자율성이 제한당하는 창세기 2-3장과 공명하는가, 그러한 불순종을 용납하지 않는 질투 많은 하나님의 행위인가?

주석가들은 탑 건설에 대한 야웨의 반응이 잠재적인 경쟁자를 물리치려는 질투의 일환인지, 아니면 인류 자체를 구하기 위한 보호의 일환인지를 놓고 논쟁을 벌인다. 엘렌 판 볼데$^{Ellen van Wolder}$는 하늘까지 닿는 기념비적인 탑을 세우는 이야기를 반드시 하늘에 '침입'하여 전능자를 보좌에서 끌어내리려고 한 인류의 이야기인 것처럼 읽어야 할 필요는 없다고 지적한다. "이는 인간이 위쪽을 향하여 벌인 투쟁이 아니라 그들의 지평을 넓히는 투쟁이다. 그 사람들은 하늘이나 하나님께 닿기를 바라지 않았고 지상의 한 장소에 머무르기를 바랐다"(van Wolder, 1996: 168). 고대인들은 하나님이 문자 그대로 '저 위에' 거하신다고 생각하지 않았다. 오히려 이는 인류가 그들의 문명을 하나의 거대한 계획에 통합시킨 결과이며, 중력을 거스른 듯 현기증 날 정도로 높이 쌓은 탑은 이런 그들의 무모한 대담함을 상징한다. 사람들이 잃어버린 것은 그들의 뿌리와 그 장소의 특수성을 느끼는 우연한 기회다. 이는 창조물 본연의 본성을 부정하는 것만큼 하나님의 명령을 거스르려는 시도라기보다는, 인간이 '하나님 놀이'를 시도한 이야기다. 탑은 인간의 차이로 인한 혼란을 뛰어넘어, 보편적이며 한 번에 모든 곳을 둘러볼 수 있는 시점, 지금껏 어디에서도 볼 수 없었던 시점에 대한 환상을 가져다준다. 하나님이 바라시는 바는, 인류가 기술 중심의 '초월'을 지향하거나 한 장소만 식민지화하는 데 만족하는 것이 아니라, 창조 세계 전체에 흩어져 거주하며 다양한 거주지와 환경을 경험하고, 지구와 역동적이며 서로 영향을 주고받는 방식으로 관계 맺는 것이다.

흥미롭게도, 상황이 닥쳤을 때 야웨의 개입은 우선 보고 움직이고 나서 말씀하시는 형태로만 일어난다(5절). 야웨는 인간의 공간에 들어오지만, 그 자체를 파괴하기보다 사람들을 간단히 '흩어 버린다.' 하나님의 의도는 인간의 디아스포라와 이주인 것처럼 보인다. 하나의 언어를 통한 인간 통일의 열망은 장소의 통일성이 깨짐으로써 중단된다.

하지만 이 이야기는 인류가 다양성을 위해서가 아니라 분리되어 발전하도록 만들어졌다고 믿는 것인가? 주석가들은 민족들의 족보를 통해 인간 다양성을 확언하는 창세기 10장을 강화하려는 의도가 창세기 11장에 담겨 있다고 주장한다. 이 이야기는 문화 분리주의를 칭송하기보다는 절대자를 구현하려는 인간의 오만함을 폭로하는 데 더 관심을 둔다. 한곳에 정착하고 거주하는 인류가 그들이 유목하던 과거를 기억하고 기리는 것처럼, 문화는 역동적이다. 그러나 동일하게, 인간의 어느 건축물도, 언어도 모든 이야기를 전달하지는 못한다. 물리적이고 공간적인 제약이 없이 보는 일은 인간에게 불가능하다. 오로지 하나님만이 유일하시며, 그러한 불확실함에서 자유롭기 때문에 실제로 이는 일종의 신성모독이다.

많은 현대의 해석은 바벨탑과 세계화를 연결시킨다(Amos, 2004; Sacks, 2003). 조너선 색스Jonathan Sacks는 다문화주의의 도전과 종교의 책임을 성찰한다. 그는 나름대로 '부동의 대상'과 '저항할 수 없는 힘'에 대해 최종적인 해답, 어떤 반대나 아무런 대화도 허용하지 않는 보편적인 진리를 설정하는 것의 위험을 경고하고 있다. 이는 모든 종류의 '근본주의'에 대한 경고다! 커뮤니케이션의 속도와 현대 생활의 비인격성으로 인해, 차이를 마주할 때 배려나 존중이 없다. "서로 다른 견해를 가진 사람들이 광장을 공유해야만 했던 시대, 각축이 벌어지는 장에서 상대를 만나 설득해야만 했던 시대는 지나갔다. 오늘날 우리는 우리와 의견을 같이 하는 사람을 목표로 하고 반대하는 목소리들은 걸러낼 수 있다"(Sacks, 2003: 2).

바벨을 세계화, 시장의 우월성, 또는 글로벌 브랜드, 심지어 상업 및 커뮤니케이션을 지배하는 언어인 영어에 대한 우화로 읽을 수 있을까? 그렇게 지배적인 문화는 경쟁자나 차이를 쉽게 용납하지 않으며, 그 자신의 헤게모니가 위협받을 때 저항할 것이다. 마크 브렛Mark Brett의 '탈식민주의적' 독해는 바벨을 신의 권력에 대한 불손한 주제넘음, 제국에 대한 추구로 본다(Brett, 2000: 46). 클레어 아모스Clare Amos는 바벨과 그 도시는 안전에 대한 욕망에서 잉태되었으며, 이것이 성벽과 방어벽 건설을 부추겼다고 주장한다. 그녀는 창세기 11장을 성벽이나 장벽이 없는 도시에 대해 말하는 요한계시록 21:25과 함께 읽어 볼 것을 권한다. "그 도시의 문들은 낮에 닫힐 리 없으며 밤에도 닫히지 않을 것이다."* 두려움으로, 안전에 대한 열망, 동일함의 순수성에 대한 열망으로 건설된 도시들은 획일적인 규칙을 부과한다. 색스는 이렇게 결론 내린다. 바벨은 "최초의 전체주의…신이 창조한

• 원서의 영어를 그대로 옮겼다.

5장 바벨에서 성령 강림까지

다양성에 인위적인 통일성을 부과하려는 시도다"(2003: 52).

색스는 진리와 확실성은 통일성과 보편성에 있다는 견해, 물질적·우연적 세계의 불완전성에 대한 플라톤의 믿음까지 거슬러 올라가 추적한 견해를 거부하지만, 이는 또한 합의를 달성하기 위해 차이의 징후를 '괄호로 묶는' 중립적이고 평화적인 공론장을 창조하고자 했던 롤스의 시도를 연상시킨다. 색스가 제시하는 주장의 논리에 따르면, 그러한 합의는 아무런 소득이 없으며 심지어 오만한 것일 수도 있다. "우리는 모든 사람에게 항상 적용되는 세상을 이해하고 그에 반응하는 방법인 진리에 도달하기 위해 우리 자신을 언어의 특수성 바깥에 둘 수는 없다. 그것은 인간성의 본질이 아니라 인간성에서 벗어나려는 시도다"(Sacks, 2003: 54).

탑에 오르는 일은 보다 공정한 관점을 갖기 위해 논쟁에서 한 발자국 물러서는 그럴듯한 시도처럼 보일 수 있지만, 안타깝게도 그런 시도를 통해 이룰 수 있는 진전은 전혀 없다. 진리 탐구, 그 과정에서 계시된 하나님에 대한 탐구는 여전히 지상에서 할 일이다. 색스는 문화와 종교 간의 대화로 옮겨 가는 동시에, 다양성이 장애물이 아니라 우리 공통의 인간성에 대한 인식이 이루어지는 바로 그 영역임을 분명히 한다.

우리는 우리와 다른 신앙을 가진 사람들과 함께 살아가고 그들의 진정성을 인정할 방법을 위해, 그 자신의 방식대로 각자 신앙을 찾아야 한다. 우리는 차이를 위한 공간을 만들 수 있을까?

우리의 것이 아닌, 다른 언어, 감성, 문화에서 하나님의 목소리를 들을 수 있을까? 낯선 사람의 얼굴에서 하나님의 현존을 볼 수 있을까? (2003: 5; 저자 강조)

일신교는 '나는 질투 많은 신이다. 내 앞에 다른 신은 없다' 같은 배타적인 신앙에 대한 절대적인 충성을 승인하는 것처럼 보일 수 있겠지만, 색스는 모든 아브라함 전통의 근간이 되는 언약은 차이에 대한 존중을 포함한다고 주장한다. 언약은 인간과 거룩한 분 사이의 신성한 유대를 형성하며, 그 유대는 심지어 차이 가운데서도 용해될 수 없는 존엄성을 인간 본성에 부여한다. 색스는 마르틴 부버Martin Buber를 떠올리며 묻는다. "우리가 인간 '너'thou 안에서 신적인 '당신'Thou의 한 조각을 찾을 수 있을까? 우리는 나의 형상과 다른 이에게서 하나님의 형상을 인식할 수 있을까? 하나님은 낯선 사람의 얼굴로 우리를 만나실 때가 있다"(2003: 17).

하지만 색스는 바벨 이후 언약이 계속되지만 그것이 특히 한 민족, 한 문화와의 특별한 관계 안에 있다고 이야기하는데, 이때 그의 분석에는 암묵적으로 배타주의의 한 형태가 스며들어 있다. "하나님이 인류와 맺은 언약은 중단되지 않았다. 그러나 이제부터 그분은 그분의 증인이자 그분의 언약의 전달자가 되도록, [문자 그대로] 한 가족, 그리고 궁극적으로 한 민족에게 초점을 맞추실 것이다.…그들의 독특한 운명은 본보기가 될 것이다. 그들은 다른 민족이 될 것이다"(2003: 52).

하지만 이러한 배타성은 주후 1세기 예루살렘을 시작으로 전 세계에 퍼져나간 한 유대 종파의 도전을 받았다. 그들은 언약이 한 민족에게만 국한되지 않는다고 믿었다. 이런 이유로 그리스도인들은 성령 강림의 날 이야기(행 2:1-36)를 바벨이 역전된 이야기로 보는 경향이 있다. 언약은 하나님이 창조 세계 전체와 화해하셨다는 표현으로서 예수 그리스도의 복음의 형태로 갱신되고 선포된다. 그러나 승리란, 단일 '공통어lingua franca'의 회복이나 문화 다원주의의 소멸이 아니라, 인간의 소통 그리고 성령의 선물이며, 마찬가지로 다양성 속에서 서로 의존적인 정체성을 발견하는 그리스도의 몸을 형성하는 것이다. 성령이 제자들에게 생기를 불어넣자, 그들은 모든 알려진 민족의 방언으로 말하고 광장으로 나가 모여든 시민과 방문객들에게 이야기를 한다. 이는 복음의 다채롭고, 포용적이며, 공공적인 성격을 확인시켜 준다.

아오테아로아 뉴질랜드의 종교 다양성

일레인은 최근 아오테아로아 뉴질랜드Aotearoa New Zealand를 방문했을 때, 신앙의 질문들을 공공 생활에 통합시키고 많은 지역사회 구성원을 위해 종교 신념과 소속의 중요성을 인정하고자 하는 정부 최고위층의 시도를 보고 충격을 받았다. 하지만 이러한 시도는 종교적인 압력 단체나 특별한 탄원과는 거리가 멀었다. 당시 총리인 헬렌 클라크Helen Clark는 불가지론자임을 자처했음에도, 아오테아로아 뉴질랜드 인권 위원회Aotearoa New Zealand Human Rights Commission에서 작성한 성명서에 개인적인 지지를 보내어 중요한 신뢰를 주었다. 이는 문화적 다양성을 자랑스러워하는 건강한 시민사회라면 구성원들의 종교 다양성의 질문을 '괄호로 묶는' 일을 할 수 없다고 결론 내린 정치적 논쟁에서 비롯된 것으로 보인다. "종교 다양성의 증가는 공공 생활의 중요한 특징이다.…이러한 맥락에서 우리는 종교에 대한 권리와 종교 공동체의 책임을 인식한다.…종교에 대한 권리는 다른 사람들에게 이러한 권리를 부여하는 것과 그들의 인권을 침해하지 않는 것을 수반한다"(NZDAP, 2007: 3).

성명서는 종교 및 신념의 자유에 관한 조항을 포함하여, 종교 및 다른 신념을 근거로 차별받지 않을 권리를 보장한다. 이는 종교 공동체와 그 일원들은 안전 및 안정을 누릴 권리가 있으며, 고용주와 공공 서비스는 다양한 종교 신념 및 관습을 수용하기 위해 '합리적인 조치'를 취해야 한다는 것을 인정한다. 학교는 국가 및 지역사회의 다양성을 반영하는 방식으로 다양한 종교 및 영적 전통에 대해 이해하도록 가르쳐야 한다.

만일 이 성명서가 실행 가능한 공공 정책으로 효과 있게 실현된다면, 고전적 자유주의의 서구 계몽주의 모델에 포함된 종교와 국가 모델에서 상당히 벗어날 수 있는 가능성이 생긴다. 성명서는 시민권, 민족 정체성, 다문화주의와 관련된 문제에서 종교 소속에 대한 모든 언급을 유보하는 중립적이고 세속적인 국가를 상정하지 않고, 대신 정부는 긍정적인 관계를 구축 및 유지

5장 바벨에서 성령 강림까지

하고 서로 존중하며 이해를 증진해야 할 긍정적인 책임이 있다고 이해한다. 논평가 조리스 드 브레스Joris de Bres가 언급하듯, 그러한 성명서는 아오테아로아 뉴질랜드 인권 위원회가 비당파적이어야 한다는 업무 지침과도 모순되지 않는다. "국가는 문화, 민족 또는 지리 공동체를 공유하는 사람들과 교류하듯, 마찬가지로 신념 공동체를 공유하는 시민들과 교류할 책임이 있다"라고 말하기 때문이다(de Bres, 2007: 9).

따라서 그러한 계획을 지지하는 이들은 정부가 공공 정책에 종교 정체성과 소속을 정식으로 명시함으로써, 세계적으로 일어나는 종교 부흥의 징후에 맞서 사회적 응집성의 한도를 보장하는 중요한 조치를 취하고 있다고 주장할지 모른다. '강력한' 세속주의의 이상적 형태로서 고전적 자유주의의 종교와 정치의 분리에서는, 모든 정파적 가치와 원칙, 특히 신학에서 파생된 가치와 원칙은 공공 영역으로부터 격리되어야 한다. 하지만 '탈세속' 세상에서 그러한 구별은, 종교적 동기에서 나온 정책들이 논의될 만한 공통 공간을 허용하지 않음으로써 실제로 소수 종교 단체 측의 공적 투명성이나 책임성을 방해할 수 있다. 세속주의 국가나 세속주의적 공적 수사법이 반드시 종교적 동기에서 나온 정책들에 맞서는 보호책일 수는 없다. 만일 종교 정당의 잔류 또는 그 정당에 소속된 소수가 정치 또는 시민사회의 의제를 적극적으로 형성하는 과업을 맡는다면, 오히려 정반대다. 신학적으로 그리고 정치적으로 종교 다양성에 관한 성명서가 없었다면, 뉴질랜드는 그러한 과정에 취약할 수 있었다. 이는 또한 신앙과 정치의 분리는, 그러한 구분을 인정하지 않는 문화적 배경을 가진 사람들에 대한 차별의 한 형태가 될 수도 있다는 순더 카트왈라의 입장과 공명하기도 한다(Katwala, 2006).

2008년 11월 클라크의 노동당 정부는 총선 이후 퇴진했고, 이 글을 쓰는 현재 이 성명서의 미래는 불투명하다. 실제로 잠재적인 허점들이 존재한다. 차이와 존중에 대한 광범위한 성명서를 넘어 확고한 공공 정책으로 바뀔 수 있다는 암시는 거의 없다. 사실, 이 계획은 광범위한 인권 원칙만큼 국가 안보라는 의제에 휘둘릴 수도 있다. 보고서의 저자들은 종교 간 관계의 중요성을 강조하고 이런 성명서는 종교 공동체와 더 넓은 사회 사이의 '대화의 기술'을 배우기 위한 걸음이라고 말하지만, 헬렌 클라크가 서문에서 한 발언은 두 번째 관심사를 저버린다. 그녀는 "이 성명서가 모든 뉴질랜드인이 어떤 신앙이나 윤리적 신념을 가지고 있든, 평화롭게 그리고 법 안에서 그들의 신념을 자유롭게 실천하는 데 도움이 되기를 희망한다"라고 말했다(NZDAP, 2007: 2). 성명서는 사람들이 괴롭힘 당하지 않고 종교를 실천할 수 있는 권리, 그리고 법률의 제재로라도 종교 간 분쟁을 해결해야 할 필요성을 포함하고 있지만, 클라크의 주안점에는 종교 상호 간 이해를 향한 열망과 국가 안보, 사회적 응집성, 종교 극단주의에 관한 정부의 불안 사이의 긴장도 반영되어 있다.[6] 그럼에도 불구하고, 이는 종교가 시민사회와 민족의 정체성을 형성하는 모든 다른 요소와 분리될 수 없음을 인정한다.

이제 우리는 문화적, 종교적으로 다양한 인구 안에서 연대를 유지하는 것이 오늘날 국가가 직면한 가장 중요한 과제 중 하나라는 사실을 알고 있어야 한다. 내부 이주가 증가하면서, 많은 구에서 증가하는 차별, 민족적인 갈등, 인종 차별, 폭력과 씨름하는 동시에, 사회적 응집성을 촉진하는 보건, 교육, 고용, 이민 정책을 개선하고자 분투하고 있다. 따라서 강력하고 다양한 문화와 신념의 자유는 국가 내부 안보가 얼마나 안정적인지 보여 주는 지표가 될 수 있다. 그러므로 이러한 계획들을 지원하는 공공 정책의 육성이 가장 중요하다. 뉴질랜드가 최근 이민과 문화 및 종교 다양성의 계속되는 증가로부터 야기된 무수한 문제를 관리해야 하듯, 차이에 대한 단순한 관용을 넘어 적극적인 참여의 영역으로 이동하는 것은 오늘날 지구적 사회 분위기에서 시급할뿐더러 점점 중요해지고 있다. 우리가 도전에 응할 수 있기를 바란다. (Nachowitz, 2007)

그 성명서가 국가, 공공 이성, 종교 다양성 간의 힘든 관계를 해결하는 모델을 제시하는지를 놓고 전개되는 논의는 계속 따라갈 가치가 있다. 그러한 계획은 아오테아로아 뉴질랜드 규모(400만 명)의 나라에서 좀 더 달성 가능한 것일 수 있지만, 이는 탈세속적 맥락에서 민족 정체성, 역사의 역할 및 시민권의 본질에 관한 어려운 질문들에 대응하는 성숙한 시도를 보여 준다. 문제는 과연 영국에서 어떤 정치적 성향을 가진 정부가 이러한 쟁점들을 용기 있게 공개할 수 있느냐는 것이다.

무엇이 좋은 도시를 만드는가

비전 새롭게 하기

다음은 요크의 대주교 존 센터무가 2009년 1월 명망 있는 스미스 연구소에서 연설했을 때 제안한 내용이다. 센터무는 1942년 베버리지 보고서^{Beveridge Report}에 윌리엄 템플이 기여한 바를 상기하면서, 1945년 이후 노동당 복지 개혁을 구체화하기 위해 계속된 제안들의 열의와 이상주의가 현대 정치 논쟁의 소심함과 단조로움을 부끄럽게 만든다고 주장했다. 정의, 기회, 사회적 연대라는 '큰 비전'은 비극적이게도 우리 기억에서 사라졌고, 우리는 재정적으로뿐만 아니라 도덕적으로도 파산했다. "기억 상실로 영국은 쉽게 돈을 벌 수 있을 것 같은 나라가 되었지만, 슬프게도 신용경색 및 경기 침체 상황에 약속 어음들만 흩뿌려져 있고, 마음이 편안하지 않은 국가가 되었다"(Sentamu, 2009: 3).

정부의 중앙 집권주의와 하향식 계획은 지역사회의 필요와 역량에 따라 창의적으로 사고하고 일할 수 있는 지역사회의 역량을 고갈시켜 버렸다. 공통된 국가 정체성 의식은 약화되었고 사회는 분열되었으며 사기가 떨어졌다. 2001년 이후 다섯 개의 주요 보고서가 보여 주듯 '사회적 응집성'에 관한 국가의 불안에도 불구하고, 주로 지역사회 공동체가 이를 강화할 수 있는 동력이나 자원이 부족하다는 이유로 어떤 실제적인 계획도 허락되지 않았다.

따라서 센터무는 다시 한번 지역주의를 중시하고 민중의 계획과 지역사회를 신뢰해야 한다는 주제를 분명히 한다. 그는 또한 국가 정체성에 대한 논쟁에 적극 기여할 수 있도록 종교 공동체들이 용기를 되찾아야 한다고 주장한다. 센터무는 교회가 공공 생활에 기여할 수 있는 세 가지 유형을 제안할 때, 그레이엄, 월튼, 워드가 강조하는 제자도의 실천을 되풀이한다. 그것은 신학적인 지혜를 불러일으키는 것으로, 곧 그리스도교의 핵심 윤리로서 섬김 권장(양육), 그리스도교 이상을 실천하는 삶(통합된 정체성), 지역사회 공동체를 위한 신앙 자본 구축 및 억압받는 이들을 대변하는 일(공공 지원)이다. 이러한 것들은 다른 사람들의 종교 자유를 침해하는 방식으로 행해지는 것이 아니라, 오히려 '선포하는 바를 실천'하고 하나님의 비전을 세상에서 교회의 삶과 분리할 수 없는 것으로 간주하는 공공신학의 수행을 추구하는 방식으로 행해진다. 다시 한번, 이는 교회가 지역사회에 기여하는 바가 곧 신학을 구현하고 살아내는 방식이라고 주장함으로써,《신앙의 도시들》의 정신을 강화하고,《방향 없는 도덕》의 원칙을 뒷받침한다. 교회는 믿기 때문에 지역사회를 돌보고, 믿는 내용대로 지역사회를 돌본다.

결론

우리는 이 책 전반에 걸쳐 도시 생활의 동시대 역학을 이해하는 방법이자 도시 교회의 생생한 증인을 찾는 중요한 방법으로서 공간과 장소의 중요성을 강조했다. 그러나 역설적이게도, 세계화

무엇이 좋은 도시를 만드는가

의 가장 두드러진 특징 중 하나는, 개별적이고 외부의 것이 섞이지 않은 공간으로서 지역이 점진적으로 해체된다는 것이다. 인구 이동 면에서, 자본, 노동, 상품의 '흐름' 측면에서, 민족 국가의 역량 약화 및 문화적 정체성의 '혼종화' 측면에서, 점차 지역은 세계와 통합되고 있다. 종교를 가진 사람들은 순수성과 배타적인 진리를 수호하는 신앙을 옹호한다는 명목으로, 이러한 역사적 흐름에서 물러서야 할 것 같은 유혹을 받는다. 그러나 우리는 성서 내러티브로 형성되는 신앙은 다른 감성을 선포하도록 부름 받을 것이라고 주장해 왔다. 에두아르도 멘디에타^{Eduardo Mendieta}가 주장하듯, 인류 문명의 가장 위대한 도덕 규범은 이러한 다원주의 맥락에서 출현했다.

> 이러한 규범은 바로 개인들이 서로 근접해 있음에 몰두함으로써 서로의 취약함과 손상 가능성에 직면했기 때문에 생겨났다. 가난한 자, 궁핍한 자, 고아, 과부, 병약한 자를 돌보라는 명령은, 오직 낯선 사람의 상처 입은 육신에 다가가는 도시의 경험에서만 나올 수 있다. (Mendieta, 2001: 17)

신앙과 이성의 양립 불가능성에 대한 신세속주의자들의 항의가 자기 충족적인 예언이 되지 않으려면, 타자를 환대하고 인정하는 윤리가 지속되어야 한다. 세계화된 다문화 도시들은 새로운 문명이 만들어지는 용광로이며, 도시 생활의 특권은 우리로 이웃에 대한 도덕적인 책임의 부름에 응답할 수 있게 하고, '타자'

5장 바벨에서 성령 강림까지

의 얼굴에서 그리스도의 얼굴을 엿볼 수 있게 하고, 새 예루살렘의 건설에 참여할 수 있게 한다.

6장

문화의 도시

들어가는 말

2008년 리버풀 시는 기념할 만한 한 해를 보냈다. 약 350만 명의 사람이 리버풀을 방문했고, 약 2,900억 원을 벌어들이며 유럽의 문화 수도로서 위상을 과시했다. 폴 매카트니, 링고 스타, 사이먼 래틀, 테렌스 데이비스, 필 레드먼드 등 세계적으로 유명한 예술가들이 자신이 태어난 도시를 다시 방문하여 주목할 만한 행사들에 참석했다. 다른 볼거리들, 이를테면 거대 기계 거미, '수퍼 람바나나Superlambanana'* 조형물, 범선 시합, 많은 전시회 및 지역 사회 활동 역시 문화적 열광에 열기를 더했다. 그러나 2008년은 여러 세대에 걸친 경제 쇠퇴 이후 도시재생을 활성화하는 데 예술의 역할이 무엇인지 다시 논쟁이 불붙은 해이기도 하다. 분명 성공적이긴 했으나, 1990년 글래스고Glasgow가 최초의 문화 도시

---

* 리버풀에 있는, 바나나 모양과 색깔을 한 양 조형물을 말한다.

무엇이 좋은 도시를 만드는가

로 지정된 이후 경제 재생에서 문화 산업의 역할은 논쟁의 대상이 되어 왔다(Schopen, 2009). 이 장에서는 도시재생에서 '문화'의 역할에 대한 논쟁이, 지금까지 살핀 우리의 도시 상태에 대한 분석들과 어떻게 연결되는지 살필 예정이다. 문화 재생은 지속 가능한 경제 성장을 가져올 수 있는가, 그리고 그러한 과정에서 누가 혜택을 받는가? 문화 도시계획에는 어떤 종류의 재생 전략이 내포되어 있는가? 그러한 계획이 제시하는 '좋은 도시'의 비전은 무엇인가? 그리고 그렇게 활성화된 '문화 도시'에서 도시 교회는 어떤 역할을 해야 하는가?

2장에서 다루었듯,《신앙의 도시들》의 주요 관심사 중 하나는 도시재생에 영향을 미치는 가치는 무엇인가, 누구에게 이득인가 하는 질문이었다. 정부 주도의 하향식 '계획'에 대한 비판과 장기적인 지속 가능성이나 다수를 위한 혜택 대신 고급스럽고 이목을 끌 만한 개발을 강조하는 도시재생 계획에 대한 비판이 주로 제기되었다. 공연 예술 및 기타 문화 활동을 통해 쇠퇴하는 지역의 도시 경제를 되살리겠다는 전략 역시 장기적인 효과를 기대할 수 없다고 평가하며, 지역의 부를 창출하고 재생을 촉진하는 보다 포괄적이고 '상향적'인 모델 대신 문화를 상품화하고 도구화하는 데 치중한다고 주장한다. 우리는 이러한 면에서 어떻게《신앙의 도시들》의 핵심 개념 중 하나인 '신앙 자본'이 도시 교회를 위한 긍정적이고 적극적인 역할을 할 수 있는지 살필 것이다. 교회는 문화의 상품화를 경계해야 하지만, 인간의 창의성, 예술적 노력 그리고 하나님이 부여한 활동으로서 놀이를 발전시킬 수 있는 기회로부터 얻는 많은 혜택을 기뻐하기를 주저하지 말아야 한다.

재생 그리고 문화 도시

문화와 도시재생의 관계에 관한 논쟁은 새롭지 않다. 이는 1980년대 유럽연합의 정치인들이 이른바 '문화 산업'은 경제 재생에 도움이 될 것이라고 판단하면서 시작되었다. 1990년대 유럽의 문화 도시로 선정된 최초의 영국 도시는 글래스고였다(Mooney, 2004). 일레인은 산업혁명 및 조선소 건설부터 산업 쇠퇴 및 부활에 이르기까지, 그 도시의 역사를 추적하는 "글래스고의 글래스고"라는 제목이 붙은 전시회를 방문한 기억을 떠올렸다. 그녀는 1960년대 글래스고 출신 사람들이 모여 살던 마을, 곧 래너크셔Lanarkshire의 인구가 밀집된 마을 근처에서 어린 시절을 보냈으며, 1962년경 부모님과 마지막으로 트램을 탔다. 바로 그 트램은 1990년에 '박물관 소장품'이 되었다. 이는 어떻게 한 세대 안에서 생생한 경험이 유산으로 변모하는지를 보여 주는 사례다. 하지만 1990년 당시 그 전시회가 말하는 글래스고의 역사가 과연 누구의 역사인지에 대해 논란이 불거졌다. 비평가들은 그 사건이 글래스고의 노동 계급 역사, 특히 대중문화와 진보 정치의 역사를 기념하기보다는, 기업의 대내 투자를 장려하는 데 중점을 두었다고 주장했다(Mooney, 2004). 이 논쟁은 오늘날도 계속되고 있다.

하지만 1990년은 글래스고의 성공으로 간주되었고, 문화 주도의 재생은 영국의 주요한 탈공업화 도시들을 대상으로 하는 국가 및 지방 정부의 정책으로 자리 잡게 되었다. 2008년 선정 때는 리버풀, 버밍엄, 브리스톨Bristol, 카디프Cardiff, 뉴캐슬-게이츠헤드Newcastle-Gateshead, 옥스퍼드Oxford가 경쟁 후보지로서 서로 치열한 경합을 벌였다.

한편, 2004년 5월 당시 문화부 장관이었던 테사 조웰Tessa Jowell이 《정부와 문화의 가치Government and the Value of Culture》라는 논문을 발표하면서, 사회에서 예술의 역할, 특히 경제 성장을 촉진하는 예술의 잠재력에 대한 논의가 다시 시작되었다. 조웰은 사회가 가지고 있는 문화는 그 사회의 고유성을 보여 준다는 흥미로운 주장을 전개한다.

문화 활동은 단순히 생계와 세금 납부를 위한 노동 이후 행하는 부차적인 활동이 아닌, 개인이 온전한 인간으로 발전하는 데 반드시 필요한 핵심적인 활동이다. 정부는 문화 활동을 영위하는 사람들이 너무 적다는 사실에 관심을 가져야 하며, 문화 활동의 양과 질을 높이기 위해 마땅한 노력을 다해야 한다. (Department of Media, Culture and Sport, 2004: 7)

이러한 의견에도 불구하고, 조웰의 논문은 도시재생 및 지역사회 개발에 미치는 효과와 관련된, 주로 도구적인 측면에서 예술 및 문화를 보는 시각을 불러일으켰다. 널리 알려졌다시피, 예술은 도시재생 과정의 필수 부분이며, 또한 지역사회 개발을 촉진하는 데 중요 요소가 될 수 있다는 것이 주류 관점이다. 이러한 견해는 2008년 리버풀이 유럽의 문화 수도로 지정되었을 때 벌어진 논쟁에 잘 드러난다. 리버풀 시의회는 유럽의 문화 수도라는 위상을 통해 1990년 글래스고 때와 유사한 대중적 이미지의 '변신'이 일어나기를 바랐다(Centre for Cultural Policy Research, 2003). 대중적 이미지는 도시의 인지도를 높이고 새로운 사업, 새로운 거주자, 관광객 및 도시 자체 인구에 대한 매력도를 높이는 데 가장 중요한 요소로 간주된다. 이제 정부는 유럽의 경쟁에 상응하는 국내 경쟁을 시작하여 4년마다 '영국의 문화 수도'를 지정할 것이라고 발표했다. 당시 문화부 장관이었던 앤디 번햄Andy Burnham은 "영국의 어느 도시든 문화 도시로 인정받음으로써, 시민들의 창의적인 기술, 재능, 열정을 이끌어내고, 이를 전국 무대에서 선보이며, 도시에 대한 인식을 바꿀 수 있는 기회를 제공받게 된다"라고 논평했다(Wintour, 2009).

따라서 대체로 지역 및 지방 재생 전략은 경제 부흥 및 성장의 핵심 동력으로 문화 및 창의력 산업에 점점 의존하게 되었다. 제조업이 장기간 붕괴되는 상황에서, 문화는 '도시 기업가 정신'의 중요한 대안이 되었다(Wilks-Heeg and North, 2004:306). 리버풀 원Liverpool One*, 런던의 테이트 모던Tate Modern**, 게이츠헤드의

---

* 영국에서 가장 큰 복합 쇼핑 센터
** 런던 남부에 위치한 현대 미술관

무엇이 좋은 도시를 만드는가

발틱Baltic*, 샐퍼드의 라우리Lowry** 같은 도시의 랜드마크 건설은, 2002년 맨체스터의 코먼웰스 게임***과 2012년 런던 올림픽 같은 스포츠 이벤트와 마찬가지로 의미 있는 주목을 끈다. 문화 행사를 통해 관광객을 유치하고 지역 인지도를 높일 수 있으며, 심지어 북부 도시에 대한 고정관념을 바로잡을 수 있다는 것은 분명한 장점이다. 또한 교통 기반 시설에 새로운 투자를 불러일으킨다. 따라서 문화 산업 자체가 계속해서 지역 경제에 활력을 불어넣으므로, 문화 부문의 성장은 장기적 재생의 일부로 여겨지기도 한다. 그러나 가장 설득력 있는 이유는 '문화'가 장기 거주자를 끌어들이는 데 성공했다는 점이다. 새로운 지구적 환경에서 번영할 역동적이고 다문화적이며 경쟁력 있는 도시를 만들기 위해서는 강력한 문화 경제가 필수라는 주장이 설득을 얻고 있다.

이 중 다수는 워싱턴 DC에 소재한 조지매이슨 대학 공공정책학과 교수인 경제학자 리처드 플로리다Richard Florida의 연구와 관련이 있다. 그는 '창조적 계급'이 성장할 수 있는 도시는 경제적으로도 성장할 수 있다고 보았다(Florida, 2002). 플로리다는 성공적인 도시재생은 예술, IT, 교육 같은 분야에서 지역의 '창조적' 전문가를 얼마나 많이 확보하느냐에 달려 있다고 주장했다. 이러한 '창의적 인재'를 유치하기 위한 투자는 교통 기반 시설 투자 전략들보다 더 큰 성과를 거둔다. 경제적 성공을 위해 도

• 현대 미술관
•• 공연 예술 복합 센터
••• 4년마다 개최되는 영연방 소속 국가들 간 종합 스포츠 대회, 영연방 경기 대회

시는 이러한 우수한 인재들을 모집하고 유지하는 데 관심을 기울여야 한다. 도시가 문화적으로 활기차면 여러 사업과 산업까지 끌어들일 수 있으며, 도시의 경제적인 부도 상승하게 될 것이다. 이는 다양하고 대안적인 라이프스타일, 문화적 혁신을 허용하는 '보헤미안' 하위 문화를 계획적으로 양산하는 데까지 이른다. 영국의 도시재생 업계들은 이런 전략을 열광적으로 채택했다. 2003년 5월 데모스Demos*와 영국 도시재생 협회British Urban Regeneration Association, BURA는 '보호 브리튼Boho Britain'**이라는 제목의 대회를 개최하고 플로리다를 기조 연설자로 초청했다(Demos, 2003; Carter, 2003).

영국의 '보헤미안' 도시 선두를 차지한 맨체스터는 이런 문화 도시의 야망을 보여 준 완벽한 실례라고 할 수 있다. 맨체스터는 산업, 스포츠, 우수한 예술가와 활동 등 상당한 문화적 자산을 활용하여 산업화 이후 20년 가까이 오랜 기간 경제와 사회의 회복을 주도해 왔다. 또한 이런 논리에 따라 과학, 기술, 의학, 예술 등 '지식 자본'을 강화하기 위해 2004년에는 맨체스터 빅토리아 대학과 맨체스터 과학기술대학교의 합병을 추진하기도 했다. 따라서 '문화'는 단순히 창작 및 공연 예술을 넘어, 교육, 연구, 개발은 물론 도시의 유산인 건축물, 스포츠, 관광, 그리고 도시의

- 영국의 대표적인 정당 간 싱크탱크
- 영국의 중소도시들이 공업 도시, 산업 도시 같은 구시대적 이미지를 버리고 쇄신해야 한다는 취지에서 개최된 대회이다. 보다 창조적이고 개방적이며 자유로운 도시를 표방한다는 의미에서 '보헤미안'을 강조했다. 데모스는 '보헤미안'의 수준을 평가하는 지표로 인종 다양성, 성소수자 친화성, 인구 1인당 특허 출원 개수 등을 제시했다.

경제적 생존력에 기여하는 관광객, 학생, 새로운 노동자에게 서비스를 제공하는 부수적인 산업까지 포괄하는 더 폭넓은 의미를 갖는다. 2008년 문화 수도 유치를 위해 최종 후보 도시들이 경쟁을 벌일 때, 일자리 창출에 대한 평가가 심사 기준 중 높은 순위를 차지했다. 노던 아트Northern Arts의 지역 이사는 뉴캐슬-게이츠헤드에 입찰하면서, "문화 수도라는 위상은 북동부가 산업혁명에 상응하는 문화적 성과를 얻도록 해줄 것이다"라고 언급했다 (Wilks-Heeg and North, 2004: 306 인용함).

맨체스터의 문화 전략

보헤미안 문화와 그 '창의성'에 대한 명성을 활용하는 것은 경제 성장의 무기였을 뿐더러 지역 주민에게 혜택을 주는 방법으로서 맨체스터의 재생 전략에서 필수적인 요소였다.

> 맨체스터의 문화 전략은 … 문화를 도시의 지역사회 전략과 지역 갱신을 위한 전략의 중심에 두었다. 이는 위원회가 주도하는 비전이며 공적, 사적, 자원 봉사 부분 동반자들이 공동의 목적을 향해 협력할 수 있는 틀을 제공한다. 이는 예술, 스포츠, 관광, 문화유산, 미디어를 포함한 다양한 범위의 활동을 포괄한다. (Manchester City Council, 2006)

시 의회는 시민 생활에 더 적극적으로 개입해야 한다. 사회복지 서비스, 주택 공급, 교육, 교통, 환경 보건, 도서관이나 수영장 같은 편의 시설을 제공하는 수준에서 만족하던 시대, 그리고 그런 서비스를 지원하기 위해 세금 수입을 늘려서 자금을 조달하던 시대는 이미 지나갔다. 오늘날 시 의회는 그들의 지역 경제를 재생하기 위한 노력의 최전선에 서서, 사업, 공공 부문과 주민 참여 부문과 지역사회 부문의 동반자 관계를 중개하고 있다. 그리고 경제 재생은 단순히 제조업이나 소매업 같은 경공업이 도시로 이전하게끔 하는 것 이상의 의미를 갖는다. 이제 도시 당국은 '새로운 지식 경제', '삶의 질'의 중요성, 창의적이고 문화적인 산업의 역량을 강화하는 잠재력 등에 점점 열정적으로 대응한다.

마찬가지로, 《신앙의 도시들》이 지적하듯 재생 '산업'의 성장은 공공과 민간의 경계가 모호해지는 현상을 수반한다. 시 의회는 문화 도시 경연 대회 같은 공공(또는 EU 자금) 공모전에 우승하기 위해 도시 마케팅에 참여하는 반면, 민간 운영 회사들은 지역 재개발 계획, 또는 공공 부문 사업을 시행하기 위해 지역사회·자원 봉사 부문의 일부를 활용하는 계획을 놓고 지역사회와 협의 계약을 맺는다. 이는 우리가 향후 살펴볼 책임 문제를 야기한다.

그러나 '문화'를 경제 성장의 도구로 사용하고자 하는 시도는 여러 측면에서 비판을 받는다. 주요 질문은 예술, 더 일반적으로 문화가, 도시 붕괴, 빈곤, 범죄로 인해 황폐화된, 반세기 이상 걸쳐 온 쇠퇴의 과정으로 인해 황폐화된 지역 경제에 충분히 지속적으로 영향을 미칠 수 있는지 여부다. 물론 도시의 대중적 이미지는 더 나은 방향으로 변화할 수 있다. 글래스고, 맨체스터, 리버풀 같은 곳이 좋은 예다. 그러나 문화 자체를 실질적인 새로운 경제 활동의 생성자로 이해하고 문화 자체를 양성하기 위해 본질적인 전략을 세우는 대신, 도시를 위해 더 많은 투자를 유치하려는 목적에서 문화를 마케팅 도구, 홍보 수단으로만 삼는 것은 괜찮은 것인가? 그에 따른 부의 창출의 결실은 공평하게 분배되는가? 지역사회와 주민은 새롭게 창조된 문화 수도에서 생활하고 노동함으로써 혜택을 누리고 있는가?

사회 경제 통계의 수치들은 이러한 도시재생 사업이 사회적으로 유기적이고 통합적인 결과를 낳지 못했음을 보여 준다. 한편으로 맨체스터에서는, 문화 부문에서 수천 개의 일자리가 창출되었고, 소비자들의 문화적 선택이 확실하게 급증했으며, 또한 2002 코먼웰스 게임 이후 주민들은 물론 더 넓은 영역의 대중적 인식 면에서 도시의 주가가 상승했다. 그러나 이러한 현상들은 맨체스터가 여전히 병사율 및 사망률이 매우 높고, 영국에서 남성 사망 평균 나이가 가장 어린 지역 중 하나라는 사실을 함께 고려해야 한다.[7] 맨체스터는 영국에서 가장 불평등한 도시로 선정되었다(Centre for Cities, 2009). 2009년 영국 경제가 불황에 접어들자, 《글로벌 도시 전망 2009 *Global Cities Outlook*》[•]는 이렇

• 미국계 세계적인 컨설팅 기업 커니(Kearney)에서 세계 도시들의 경쟁력 및 향후 전망 평가 후 내놓은 평가서. 개인의 안녕, 경제, 혁신, 거버넌스의 지표를 사용한다.

게 비평했다(Local Government Association, 2009: 11). "최근 몇 년 투자자들에게 높은 수익을 제공했던 재생 지역들은 2007년 동안 시장 전체에 비해 현저히 저조한 성과를 거두었다." 전반적으로, 《도시 전망》은 대규모 재생 계획이 그 규모와 달리 불평등이나 빈곤 문제를 해결하는 데 그다지 효과적이지 못했다고 평가한다. 마찬가지로, 문화 산업의 참여 확대와 접근성 향상 측면에서도, 문화 산업의 심사위원단은 여전히 문화 행사의 '엘리트주의'를 이야기한다. 비용과 편익이 동등하게 균형을 이룬다는 증거는 실제로 모호하다.

내부 투자를 유치하기 위해 기업과 동반자 관계를 구축하여 문화 재생을 도모하고, 의도적으로 과거 침체되었던 도시의 문화적 '변신'을 추구하는 지방 자치단체 당국의 전략을 보며, 도시 지리학자인 데이비드 하비David Harvey는 앞서 언급한 시장, 국가, 시민사회 사이의 경계가 모호해지는 것에 대해 성찰한다(Harvey, 2008). 그는 첫째, 상표 및 마케팅 상징으로 도시를 상품화하는 것을 지적하며, 이러한 의제가 시민 의식을 약화시키고 참여도를 떨어뜨리는 결과를 초래할 수 있다고 우려한다.

소비, 관광, 문화 및 지식 기반 산업이 도시 정치 경제의 주요 측면이 된 세상에서 도시 자체가 상품이 되었듯, 도시 생활의 질도 상품이 되었다. 소비 습관은 물론 문화 형태에서도 틈새 시장을 만들라고 장려하는 탈근대주의 성향은, 돈만 있다면 선택은 자유라는 분위기로 현대 도시 경험을 둘러싸고 있다.…이런 세계에서는 소유 중심으로 돌아가는 개인주의적 신자유주의 윤리와 그에 걸맞게 집단 행동으로부터 물러서는 정치적 철수 행태가 인간 사회화의 틀이 된다. (Harvey, 2008: 31-32)

하비는 본질적으로 부동산 가치, 명품 소비를 추구하는 생활양식, 문화 자산을 상승시키려 하는 데 담긴 도시의 비전이 무엇인지, 그리고 그것이 집단 행동, 정치 참여, 사회 정의 추구와 같은 도시 생활의 다른 차원을 덮고 있지는 않은지 묻고 있다. 글래스고와 리버풀의 문화 실험을 비판한 이들이 주장하듯, 시장 중심의 성공에 순응하는 일은, 특히 공공 공간이 저항 문화가 아닌 시장의 요구를 중심으로 조직되는 경우, 대안적인 내러티브나 공공 생활에 참여하는 경로를 주변부로 몰아낸다. '생활양식'이 시민권의 다른 모델들을 대체한다. 하비는 또한 어떻게 세계의 3분의 2에 해당하는 지역에서 수익성 높은 부동산 개발을 위해 빈민가 거주민을 그 땅에서 쫓아내는지를 설명한다. 다른 지역에서, 노숙자나 노점상 등 '바람직하지 않은 사람들'은 스포츠 행사나 문화 축제 기간에 거리에서 쫓겨날 수 있다. 그러한 경제 발전의 이면을 떠올리는 일은 '쇼핑을 통한 구원'이라는 매끄러운 내러티브를 방해한다. 그러나 지방 자치단체의 시민적, 민주적 책임이 부동산 개발업자와 기업 금융의 이익에 묻힐 위험은 없는가?

    '보헤미안 도시'의 성공은 신중한 이미지 관리, 즉 "해당 도시는 관대하고 편리하면서도 흥미진진하고 유쾌한 삶과 일, 유흥이 가능한 주류 문화와 체제에 저항적인 환경이라는 메시지를 전달하기 위하여, 의도적으로 고안한 문화 및 건축 계획을 중심으로 하는… 대규모 브랜드 이미지 개선 운동"에 달려 있다(Baker, 2007: 35). 이는 "건강에 나쁜 성분을 빼 버린…원래 맛에 가까운" 저칼로리 식품 같은 도시, 과거를 지우고 단순화해 버린 후 "유산"의 일부만 제시하는 '가벼운 도시'를 연상시킨다(Baker, 2007: 35). 도시 이야기의 바람직하지 않은 부분은 편집될뿐더러, 기술이 부족하거나 자기 표현이 서툰 인구의 상당 부분도 보헤미안 도시에서 배제될 수 있다. 그들 상당 부분이 배제될 수 있다(Mellor, 2002).

따라서 문화 재생 전략에 대한 비판은 당연히 있다. 유명한 랜드마크 건설 계획은 많은 자원을 끌어들이지만, 지역 주민들의 일상이 변화하는 데 거의 도움이 되지 않는 '겉치레'에 불과한 경우가 많다는 우려가 있다. 랜드마크 건물과 창의적인 활동이 반드시 더 성공적이고 지속 가능한 지역 경제를 만드는지에 대해서는 회의적인 시각이 있다. 유명 '시그니처' 개발과 관련하여 일부 문화 평론가들은 이러한 프로젝트가 실제 지역사회의 삶의 수준을 향상시키거나 지역 경제를 촉진하는 데 목적을 두고 건물을 계획했다기보다 건물의 외관에 더 초점을 맞추고 있다고 주장하면서, 건축물 자체의 의미를 지적하고 비판한다. 대표적인 예가 밀레니엄 돔으로, 이는 도크랜즈Docklands의 재생에 대한 지나친 야망이라고 공격을 받기도 했다.

마찬가지로, 리버풀과 뉴캐슬의 재생 자금 대부분은 유럽

연합EU의 재생 기금 같은 외부 출처에서 온 것이었고, 실제로 새로운 사업이나 예술가들이 유기적으로 새로운 부를 창출하는 형태, 즉 새로운 경제 활동의 결과로서 투자나 소비자 지출이 증가된 형태를 띠는 경우와는 거의 관련이 없었다. 물론 글래스고는 많은 이에게 창의적이고 지속 가능한 도시 르네상스의 본보기로 여겨지지만, 1990년대 문화 도시로 선정되어 주목을 받은 이후 그 지역에 활력을 불어넣기 위해 사용된 자금의 대부분은 문화 도시를 유치하기로 결정하기 훨씬 이전에 확보되어 투자된 것이며, 많은 사업이 주민들의 삶에 장기적인 경제적 영향을 미치기는커녕 오히려 시 의회에 상당한 부채만 남겼다는 증거도 있다(Bianchini and Parkinson, 1993; Lally, 1991; Mooney, 2004).

재생 계획은 또한 '젠트리피케이션' 과정을 촉발하여 오랜 기간 거주해 온 주민들을 지역 바깥으로 내쫓는 경우가 빈번하기 때문에, 지역 내 분열을 야기하고 사회적 응집성에 부정적인 영향을 미치는 것으로 나타났다. 이는 우리가 《신앙의 도시들》에서 특히 공공임대주택과 관련해 이른바 '외부인 출입을 통제하는' 지역사회가 형성될 때 발생할 수 있는 혼란을 설명할 때 분석했다(CULF, 2006: 19, 3.16).

따라서 이러한 관점에서 볼 때, 경제적·정치적 기준에 따라 문화의 가치를 판단하는 일은 진정으로 수준 높은 문화생활 개발에 거의 도움이 되지 않는다. 성장을 도모하는 면에서도, 새로운 미술관이나 나이트클럽을 짓는 일로 도시 개혁과 투자 유치를 위한 진지한 대안을 대체할 수 없다. '문화'는 더 넓은 정치적 게임 판에서 볼모로 잡혀 있을 뿐, 소규모의 부유한 소수를 제외한 다른 이의 삶의 질을 진정으로 향상할 만한 수단으로서는 가치가 거의 없다시피 한가? BBC 웹 사이트에 게시된 리버풀 문화의 해에 대한 의견은 회의주의로부터 낙관주의에 이르기까지 다양했다. 그들이 모두를 대표하지는 않지만, 시민들의 실제 생각이 얼마나 다채로운지를 살펴보는 것은 매우 흥미롭고 의미 있다.

"내게는 다른 때와 같은 또 다른 한 해였다. 오래된 마을 회관의 외관이 개조되었지만, 그 외 리버풀의 더 넓은 지역사회는 무엇을 얻었을까? 아이들과 더 가난한 지역사회를 위해 진행된 일은 아무것도 없다. 그러나 새롭게 개조된 외관은 가난하고 낙후된 지역을 모두 감춰 버릴 것이다."

"현금 한 뭉치를 던진다고 소외된 지역을 도울 수 있는 것은 아니다. 도시의 발전 방향에 대한 비전은 [말 그대로] 지속적인 투자와 헌신을 필요로 한다."

"문화가 낙후된 지역으로 자금이 갈 수 있는데, 문화에 모든 돈을 다 써 버렸으니 무슨 소용이 있겠는가. 리버풀은 확실히 남쪽과 북쪽이 나뉘어 있다. 부끄러운 일이다!! 정말 낭비다!"

"수퍼람바나나 조형물과 초대형 거미 조형물은 가족이 즐기기

무엇이 좋은 도시를 만드는가

좋았다. 문화 도시의 모든 활동이 매우 잘 계획되었고 실행된 것 같다. 주최 측은 올해를 확실하게 최대한 활용했고, 리버풀을 세계적인 관심 대상으로 격상시켰고, 우리 모두가 자랑스러워할 무언가를 주었다!"(BBC Liverpool, 2009)

따라서 영국의 재생 전략의 핵심에는 긴장감이 있다. 문화가 본질적으로 좋은 것이라는 데는 모두가 동의하는 반면, 이것이 경제 성장, 부의 재분배 또는 지역사회 재생에 큰 영향을 미쳤다는 데는 회의적인 시각이 있다. 하지만 문화 사업이 예상했던 도시 르네상스로 이어지지 못한 데는 사업의 대상이 된 문화의 종류 탓일 수 있다고 주장하는 사람들도 있다.

많은 논평가의 주장에 따르면, 문화 사업을 통한 재생은 독립 공공 기관 및 다른 공식 기관들이 함께 조정하는 '하향식' 과정으로 중앙에서 통제하기보다, 아래로부터 시작되어야 한다. 실제로 문화 도시 유치를 결정한 전문가 자문단의 위원장인 제레미 아이작스 경Sir Jeremy Isaacs은, 리버풀이 2008년 문화 도시로 선정된 이유 중 하나가 바로 "도시 전체가 유치에 참여하고 유치의 배후에 있다는 인식이 있었기 때문"이라고 말했다(BBC News, 2003). 이런 경우에만 특정 사업이 장기적이고 광범위하며 지속 가능한 재생 계획으로 전환될 수 있다.

리버풀은 유치 입찰을 위한 원본 개요서에서 그들의 문화 지도가 "전통적으로 소외된 집단과 개인들의 경험에 기반을 두고 있다"고 자랑했다.[8] 여기서 흥미로운 점은 첫째, 문화는 논쟁의 여지가 있는 용어이며 결코 갑자기 생겨나지 않는다는 점, 둘째, 참여와 소유권이라는 쟁점은 중요하게 고려해야 할 사항이라는 점이다. 그 주장은 문화는 단순히 랜드마크 건물이 아니라, 지역 주민의 열망과 연결되기 위한 협의와 참여와 관련 있다는 것이다. '아래로부터' 나온 지역 예술 재생 계획은 언론의 관심을 끄는 대형 문화 사업과 다른 양상을 띨 수 있다.

일레인은 2003년 BBC 텔레비전 프로그램이었던 〈복원 Restroations〉에서 맨 처음 우승한, 남 맨체스터에 있는 빅토리아 목욕탕, 에드워드 7세 시대의 수영장과 튀르키예식 목욕탕 재건 프로젝트의 열렬한 지지자다. 그곳은 항상 '인민의 궁전', 사람들의 기억에 남는 장소로 여겨져 왔으므로 대중의 지지를 얻는 데 아주 성공적이었던 것 같고, 계속 사람들의 애정이 담긴 중요한 위치가 된다(P. Williams, 2004: Lock and Henner, 2006).[9] 1993년 문화도시인 앤트워프Antwerp의 수장 에릭 앤톤스Eric Antones는 리버풀 2008의 책임자들에게 예술가 및 행사 프로그램을 구성할 '고급 문화' 의제를 추구하느라 부담을 느낄 필요없이, 비틀즈 같은 지역의 대중 예술 유산을 잘 활용하고 발전시키는 것이 중요하다고 조언한 것으로 잘 알려져 있다(Teasdale, 2006: 4).

하지만 이는 비틀즈처럼 국제적으로 수익성이 높고 유명해서 도시와 충분히 동일시할 수 있는 특별한 경우에만 성공할 가능성이 높다. 소규모의 지역 문화에 대한 공식적인 홍보가 지방 당국과 사업 관계자가 원하는 대로 반드시 도시재생의 성과로 이어지지는 않는다. 지방 당국은 인상적인 랜드마크 건축물을 짓거나 야망이 가득한 문화 사업을 벌일 수 있을지 모른다. 하지만 구술 역사 프로젝트, 사진 전시, 시 낭독회 등 지역의 작은 문화 활동을 중앙 집권식으로 홍보하려 들면 지역 주민이 자유롭게 참여하는 문화생활을 값으로 매기려 든다는 비판을 피할 수 없을 것이며, 이는 오히려 역효과를 낳을 것이다. 이러한 전략이 반드시 많은 외부 방문객을 유치하거나 상당한 내부 투자를 장려하지도 않는다. '지속 가능성'을 위해 '진정성'을 희생시켜야 할까?

문화 재생과 도시 교회

문화적 의제와의 연관성 측면에서 볼 때, 신앙 기반 단체들은 도시의 '마케팅'에서 종종 눈에 잘 띄지 않는다. 맨체스터의 문화 전략에 대한 자료는 다양성을 이야기하지만, 신앙이나 종교를 다룬 내용은 거의 없다. 신앙 기반 단체의 물리적 자산이 중요한 문화적 자산으로 활용된 유일한 경우는 도시 주택의 '젠트리피케이션'이지만, 그것이 제시하는 재생의 비전은 대다수 회중이 염두에 둔 것과는 다를 수 있다.

예를 들어, 맨체스터 도심 일부 지역의 재생 전략 중 하나는 불필요한 교회 건물을 매입하여 최첨단 '임원용 아파트'로 개조하는 것이었다. 여기에 잠재 구매자들의 마음에 독특하다는 느낌과 호감을 주기 위해 신학적인 표현이 활용된다. 종교적 유산은 독특한 판매 장점이 되어 고객의 흥미를 끌 만한 세일즈 포인트로 사용되고 있다. 예를 들어, 부동산 중개업체인 브릿지포드Bridgfords는 헐메Hulme의 성 메리 교회St Mary's Church를 개조하여 만든 아파트를 다음과 같이 광고했다.

> **깨달음의 감각** – 오늘날 '보통의' 건물 개조와는 달리, 그 교회의 거주자들은 모든 벽돌과 들보에서 뿜어져 나오는 역사 의식에 휩싸이게 될 것입니다.…그 결과는 그 분위기, 우아함, 스타일로 영혼을 감동시키는 생활공간의 탄생입니다.

> **영감적인 삶** – 성 메리 교회는 애정으로 이곳을 재단장한 이들에게 영감을 주었습니다. 당신 삶에도 영감을 채우세요.…도시에서 당신의 안식처를 발견해 보세요.[10]

그렇다면 신앙 자본은 스트레스를 받는 중산층에게 '안식처'에 불과한 것일까? 도시 교회의 위험 중 하나는 '문화'에 기여할 수 있는 바가 특정 형태의 '유산'에 갇혀 버리는 일이다. 이른바 '문화유산 산업'은 관광객들이 역사를 더 쉽게 접할 수 있도록 유적지, 건물 및 기타 명소(종교 유적지 포함)를 계획적으로 마케팅하기 때문에, 경제 발전의 동력이 되는 문화의 또 다른 차원이라고 할 수 있다. 이러한 측면에서, 문화유산 산업은 지리적 관광과 비슷하지만, "이 경우 과거로의 여행이라는 점이 다르다. 과거는 그들이 다르게 살아가는 외국이라고 할 수 있으나, 그럼에도 불구하

무엇이 좋은 도시를 만드는가

고 우리는 그곳에서 휴가를 보내고, 우리가 원할 때, 특히 위협적인 상황일 경우 안전한 집으로 돌아간다"(Lewis, 2004: 31).

하지만 크리스토퍼 루이스Christopher Lewis가 경고하듯, 그 의도는 역사를 입맛에 맞게 포장하는 일일 수 있다. 이를 위해 특별하고 보기 좋게, 역사를 선택적으로 구성해서 전시하게 된다. 따라서 이는 대성당과 기타 역사적인 종교 유적지가 직면한 딜레마지만, 아마도 더 나아가 문화적 계획에 참여하고자 하는 모든 지역 교회가 직면한 딜레마이기도 할 것이다. 이러한 문화 행사를 후원하고 지원하는 사람들이 도시 교회에 기대하는 바는 무엇일까? 그것은 역사적인 건물의 역할에 대한 '진정한' 이해나 그 장소에서 펼쳐진 이야기에 대한 공동체의 충실한 증언보다, 향수나 위로, 또는 이익을 산출하고자 하는 욕구일 수 있다. 더 우려스러운 점은 건물과 회중에게 과거뿐만 아니라 현재와 미래가 있다는 사실까지 모호하게 만들 수 있다.

그래서 우리는 도시재생의 한 면인 문화 의제와 '신앙 자본'의 연관성에 대한 질문을 던지게 된다. 누구의 '의제'가 그러한 사업을 주도하는지, 그리고 명성을 얻은 부동산 중심의 계획이 아무리 지역 경제를 활성화하는 데 성공한다 해도 지역 주민들의 삶의 질을 (어떻게 평가하든) 장기적으로, 실질적으로 개선하는 데 그다지 효과적이지 않은 것은 아닌지 등 많은 동일한 쟁점이 있다. 따라서 재생 과정에서 종교 공동체들의 자원과 동력이 당국에 의해 '이용'되거나 지역 주민의 역량과 기술이 평가 절하될 위험이 분명히 존재한다.

241

이는 정책 입안자들과 재생 사업을 주도하는 사람들이 간혹 신앙을 오해한다는《신앙의 도시들》의 주장과도 일치한다. 하지만 우리는 이미 '신앙 자본'이 재생 산업의 요구 사항을 묵인하는 것이 아니라, 창조, 인간 존엄성, 권리 관계라는 독자적 가치에 기반한 자율성과 독립성을 유지하면서, 비판적 동반자 관계의 형태로 표현되는 사례를 제시했다. 그러한 측면에서, 도시 교회 및 다른 신앙 기반 단체들을 사회학적으로 (지역) 국가와 시장으로부터 독립적인 위치에 두는 일은, 서로 동반자 관계를 구축하고 독립성을 키울 수 있는 중요한 공간을 제공하며, 유산에 대한 요구를 존중하면서도 '그것에 휩쓸리지 않는' 좋은 타협점을 찾기 위해 노력할 수 있게 한다(Lewis, 2004: 36).

대다수의 지역 신앙 기반 단체들은 '신앙 자본'이 다소 다른 방식을 통해 이웃에 영향을 미친다고 간주한다. 예를 들어, 《신앙의 도시들》은 대다수 신앙 기반 단체들이 뿌리 깊은 지역 지향성을 가지고 있으며, 사람들과 지역사회의 점진적인 발전을 위해 인내하고 헌신하는 경향이 있으며, 관계를 구축하고 개인 및 다양한 집단의 특정 요구를 충족하는 데 가치를 둔다는 점을 강조한다. 또 다른 주제는 매우 경제적으로 추진되는 부 창출 모델에 이의를 제기하고 행복과 안녕에 대해 질문하는 것이다. 경제 성장이나 소비주의를 추구하기 위해 우리의 건강, 환경 또는 공공 생활 면에서 우리가 감당해야 할 대가는 무엇인가? 마찬가지로, 신앙 자본은 공평한 사회에 대한 비전을 바탕으로 정부 정책이 가난하고 소외된 사람들에게 어떤 혜택을 주는지 묻고, 사람들에게 권한을 부여하는 방법을 모색한다(CULF, 2006: 30-44). 이는 형평성과 공정한 부의 분배 문제에 주의를 기울이는 부 창출 모델은 물론, 인간의 번영과 좋은 도시가 무엇인지에 대한 균형 잡힌 감각을 중시하는 의사 결정 및 지역사회 참여에 대한 민중 접근 방식의 사례를 강화한다. 문화는 단순히 소비되는 것이 아니며, 좁은 의미의 경제를 뛰어넘는 방식으로 도시에 대한 우리의 경험에 '가치를 더한다.'

이에 비추어, 도시 교회는 어떻게 신학적으로 사고하고 효과적으로 행동할 수 있을까?《신앙의 도시들》은 평범한 사람들의 경험과 열망을 소중히 여기는 견해에 주목하면서, 도시재생의 의제가 종종 그러한 관심사로 추진되지 않는다는 점을 인식한다. 그러나 문화 르네상스를 통해 경제적 안녕은 물론 도시의 자부심을 높이려는 모든 시도에 반대하는 것이 반드시 그리스도교 신학의 임무는 아니다. 따라서 좋은 도시를 만드는 면에서 '문화'의 개념과 그 역할에 대해 생각해 볼 몇 가지가 있다.

용어 자체의 기원으로 돌아가 살펴볼 필요가 있다. 팀 고린지Tim Gorringe가 말했듯, '문화'는 자연 환경에 노동력을 투입하여 비옥하고 생산적인 목초지, 즉 농경지agri-culture를 만든다는 의미에서 어원적으로 '경작'과 관련이 있다(Gorringe, 2004: 6). 인류가 밭을 '경작'하듯, 우리도 우리의 정신을 경작한다. 이는 다른 동물들과 인간을 구별하는 방법 중 하나다. 동물들은 단순한 도구를 조작하거나 은신처는 만들 수 있지만, 언어, 의미, 종교라는 풍부한 상징 세계에 정통하거나 무역, 교환, 통치의 복잡한 관계

243

망으로 정교한 환경을 인공적으로 건설하고 구축하지는 못한다. 따라서 고린지가 말하듯, 문화는 "우리가 물질적, 지적, 영적으로 세상을 만드는 일"이다(2004: 12).

　　이것은 우리를 인간으로 만드는 것 중 하나인 문화의 중요성을 인식하는 법을 배우는 데서 얻는 교훈이다. 신학적인 측면에서 문화는 하나님의 형상을 닮은 우리의 표징 중 하나로 간주될 수 있다. 따라서 도시의 공동생활이 부의 창출만큼 아름다움으로 활기를 띠어야 한다는 점도 중요하다. 찰스 디킨스^{Charles} Dickens는 북부 산업 도시인 코크타운^{Coketown}을 배경으로 한 소설 《어려운 시절<i>Hard Times</i>》(1853, 창작과비평사 역간)에서, 공장주인 조시아 바운더비^{Josiah Bounderby}와 토머스 그래드그린드^{Thomas Gradgrind}의 이성적이고 계산적이며 기술적이고 관리적인 세계와, 동심 및 놀이의 감성과 가치가 잘 드러나는 서커스의 자발적이고 상상력이 풍부하며 다채롭고 즐거운 세계를 병치한다. 하지만 디킨스는 코크타운을 포로 생활의 장소인 현대판 바빌로니아로 묘사하는 한편, 주변의 시골은 에덴동산처럼 순결한 장소로 묘사함으로써 코크타운이 구원받을 수 없는 곳이라고 암시하는 듯하다. 이러한 암시는 도시가 아름다움, 성취감, 축제의 장소가 될 수 없음을 의미하는가? 우리는 도시 공간을 아름다운 동시에 기능적으로 만들려는 문화 도시 운동의 비전을 경멸해서는 안 된다. '문화'는 재생의 한 축으로서 좋은 도시의 한 면이 되어야 한다. 부요함은 물론 의미를 만드는 면에서 인간의 정신적인 열망 및 문화의 역할을 상기시키기 때문이다(Gorringe, 2004). 이는

무엇이 좋은 도시를 만드는가

지역 경제를 되살리는 것만큼이나 "영혼을 새롭게 하는 일"(D. Ward, Miles and Paddison, 2005: 837에서 인용)과 관련이 있으며, 아마도 일과 산업을 추악한 것으로, 여가(특권층의 희소한 재화)를 안녕과 성취를 향한 우월한 길로 여기는 장벽을 무너뜨리는 일과도 관련이 있을 것이다.

따라서 도시 교회는 문화 재생을 공공신학의 방편으로 해석하고, 인간의 자기 초월성 및 모든 아름다움의 신적 기원으로서 문화를 찬양할 수 있을지 모른다. 그러나 사회 정의와 가난한 이를 우선하는 신학적 전통, 그리고 이 세상 안에서 인간이 완성될 수 있다는 인간 중심적인 사고에 대한 경각심은 그런 식의 문화에 대한 찬양을 비판하고 제재해야 한다. 바로 여기가 '그리스도'의 세계와 '문화'의 세계가 긴장 관계에 있어야 하는 지점이다. 이는 문화에 내재된 암묵적인 가치를 감시하는 일, 그리고 포용성, 주체성, 진실성을 "실천적인 구호이자 정치적인 이상"으로 선택하는 일을 포함할 수 있다(D. Harvey, 2008: 40). 문화는 포용성과 존엄성을 갖춘 도시를 지향하는가? 문화는 인간 조건의 양면성, 모호함을 정확하게 바라보고 '외면하지' 않음으로써, 죄와 구원에 대해 정직하게 이야기할 수 있는가? 도시를 '대표하는' 행사와 개발이 장기간 지속 가능할 수 있을 만큼 문화는 현실적인 대안일 수 있는가?

마찬가지로, 문화적 표현을 적극적으로 장려하는 기관으로서 도시 교회는 환대하는 주인의 역할을 할 수 있다. 모든 지역에 물리적으로 존재하는 교회는 박물관에 전시된 유물이나 유적이 아니다. 공간과 장소에 계속해서 뿌리내리고 있는 '산 돌'이며, 지역 문화의 종교적 토대를 사회에 상기시킨다. 교회는 문화를 정체성과 자부심의 원천으로 발전시킬 수 있으며, 기업이나 지자체가 관심을 보이지 않는 청년 또는 소수자 집단의 사업을 자체적으로 후원할 수도 있다. 이는 또한 문화 행사가 역량을 강화하는 매우 효과적인 수단이 될 수 있으므로, 이러한 지역사회의 '사회적 자본' 또는 '신앙 자본'을 활용하고 평가하는 문제와도 연결된다.

그러나 도시 교회는 또한 시민성 갱신이라는 거대한 사업에 담긴 대대적인 비전에 도전해야 한다. 이 문화의 집은 모래 위에 서 있는가, 아니면 단단한 반석 위에 서 있는가? 도시 교회는 문화 산업이 공동선에 기여하는지 지속적으로 질문해야 한다. 랜드마크 건물이든 예술 축제든 물질 문화는 항상 사회의 더 깊은 영적 가치관, 즉 우리가 무엇을 소중히 여기고 드높이지는를 보여 주는 지표이기 때문이다. 무엇이 좋은 도시를, 좋은 문화 도시를 만드는가?

그러므로 도시 교회가 도시의 문화 사업에 참여하는 것은 비판적이면서도 건설적인 작업이어야 한다. 실천적인 공공신학은 문화 도시 논쟁에 관여할 만한 제자도를 구성하고 그 제자도에 따라 사람들을 양성할 수 있다. 개인들은 더 넓은 내러티브 안에서 정체성과 소망을 발견하고, 자신의 이야기와 경험에서 자부심을 느낄 수 있다. 도시나 지역사회 또는 특정 민족이나 종교 집단의 문화적 자산으로부터 사회적 자본을 획득할 수도 있다.

즉 주민들은 지역 음악, 스포츠, 지역의 상징적 건물 같은 사회적 자본을 공유하는 문화 활동을 통해 공통된 유대감을 느끼고 이를 강화할 수 있다. 도시 교회의 프락시스는 사람들을 불러모아 문화 행사를 주최하거나 지역의 집단적 기억을 조성함으로써 문화 르네상스에 기여할 수도 있다. 마찬가지로 강력한 사회적 자본 또는 신앙 자본은 지역사회 전체가 무엇이 좋은 도시를 만드는지에 대한 질문을 던지게 하고, 사람들이 그들 자신의 이야기를 할 수 있는 공간과 기회를 제공하여 해당 지역의 삶의 질을 높일 수 있는 수단이 될 수 있다. 더 많은 사람을 향해 우리를 인간답게 만들어 주는 요소들이 무엇인지 증언할 수도 있다. 특정 이념을 조장하거나 타인을 착취하거나 지속 가능성이 결여된 문화를 경계하면서, 문화의 창조성을 충분히 드러내고 누릴 수 있다.

이러한 종류의 활동은 모두 좋은 도시를 건설하는 과정의 일부이며 항상 진행 중인 작업이다.

도시재생이 일반적으로 '사람들에게 좋은 도시를 제공하는 것'이라면, 종교는 이를 위한 대안적인 관점과 해석을 제시한다.…도시는 어떻게든 그 안에서 하나님의 현존을 예시하고 가리키는 인간의 거주지로서 항상 '건설 중'이며, 지역사회의 모든 부분이 이에 적극적이고 지속적으로 참여해야 할 필요가 있다. (CULF, 2006: 4, 1,26)

7장

좋은 시민

가난한 사람들을 빈곤 정책의 대상으로서 여겨서는 안 된다. 빈곤 정책은 가난한 사람들의 참여 없이 이루어졌으며, 여전히 그렇다.… 일자리 확산의 목적은 사람들이 살고 싶은 사회를 위한 변화의 주체가 될 수 있도록 그들에게 의식과 힘을 부여하는 것이다. 힘없는 사람들이 변화의 주체가 되도록 권한을 부여하는 과정은 그들이 직접 지역의 권력 구조와 대면하고 스스로 조직을 결성하도록 돕는다. 사람들은 미시적인 갈등과 대립에 직면해 나가면서, 더 크고 중대한 문제를 다룰 수 있을 만큼 필요한 역량을 키우고 조직을 형성할 수 있다. (Taylor, 1996: 88)

우리는《신앙의 도시들》을 평가하면서, 권한 부여와 능동적인 시민권이라는 주제가 중심에 있다는 사실을 다루었다. 참여와 거버넌스, 즉 권력 분배와 행사 및 의사 결정은 도시의 안녕에 매우 중요하지만, 정치인들은 민주적 참여의 가치에 대해 입에 발

무엇이 좋은 도시를 만드는가

린 말만 늘어놓을 뿐 재생 과정에 지역사회 구성원을 참여시키기 위한 노력은 거의 하지 않는다. 하지만 교회가 권한 부여의 측면에서 뛰어나다고 주장할 수도 없다. 일반 신자들이 자신의 소명의 신학적인 의미를 이해할 수 있도록 돕는 일은 거의 이루어지지 않는다. 교회 지도자들은 일반 신자들이 일상에서 신앙을 실천하거나 주일에 참여하는 전례의 언행을 주중의 삶과 연결하도록 준비시키는 데 거의 관심을 기울이지 않는다. 도시 교회 생활은 대부분 깁슨 윈터Gibson Winter가 '교외 지역의 포로suburban captivity'*라고 불렀던 것처럼 여전히 내부적이고 사유화된 의제에 갇혀 있다. 하지만 도시 교회는 시장 경제에 의한 공공 공간의 사유화에 저항할 수 있도록, 그리고 '가족의 확대판'**이라는 공적 소명을 저버리고 싶은 유혹에 저항할 수 있도록 끊임없이 지원을 받아야 한다(Briggs, 2004: 16). 이 책에서 우리가 주장하는 것 중 하나는 도시 회중이 그들의 신학을 실천에 옮기도록 격려하는 신학이지만, 신앙 공동체가 일상의 압박을 견디기 위해 신앙 자원을 가져올 수 있도록 그들을 동원하는 데는 더 진지해야 할 필요가 있다. 이 장의 동기가 된 것은 바로 이 명령, 곧 도시 교회와 도시 공동체가 '아래로부터'의 권한 부여에 전념해야 한다는 명령이다. 이는《신앙의 도시들》이 정치화된 교회뿐만 아니라 민

---

* 교외의 부촌에만 머무는 사람들을 일컫는다. 여유롭고 편안하고 아름다운 환경이지만, 교외의 특성상 자유가 제약된 환경에 처한 사람들을 역설적으로 가리킨다.
** 교회는 가족의 확대 모형, 즉 유기적인 공동체여야 한다는 의미. "국가 또는 사회는 가족의 확대판, 가족은 사회의 축소판" 등의 명제에서 파생된 표현이다.

7장 좋은 시민

주화된 신학의 신학적인 중요성을 인식해야 한다고 요청하는 정신에 따른 것이다(CULF, 2006: 14-15).

시카고에서 광역 기반 조직가로 활동했던 버락 오바마[Barak Obama]는 대통령 당선 후 광역 기반 조직화의 정신을 백악관 안까지 그대로 가지고 들어갔다. 오바마가 지역사회 조직가로서 일했던 초기 경험은 그의 정치 비전과 수사법에서 여전히 영향력을 발휘하고 있다(Klein, 2008). 교회가 세계적으로 지역사회 권한 부여에 참여하는 데 중요한 역할을 해 온 시민 조직화는, 영국에서 갑자기 예상치 못한 존경을 받게 되었다. 1940년대 시카고에서 시작된 광역 기반의 조직화는 영국 상황에 맞게끔 바뀌는 데는 더뎠지만, 1996년 1월 스티븐은 배로우와 제럴딘 캐드버리 재단[Barrow and Geraldine Cadbury Trust]의 연구비 지원 덕분에, 도시 교회와 더 넓은 지역사회를 위한 그 잠재력을 발견하는 여정을 시작할 수 있었다. 그는 특히 광역 기반의 조직화 방법이 지닌 신학적인 힘과 실체에 대해 발견하면서, 그가 탐구한 것들이 도시 생활 및 신앙에 대한 진정한 참여적인 접근에 상당히 기여할 것이라고 믿게 되었다.

'공동체 조직화'는 지역사회 스스로 민주적인 이익을 증진하기 위해 공동체를 동원하도록 고안된 민중의 풀뿌리 조직화로, 시민 권한 부여를 위한 '역량 구축하기'로 정의할 수 있다. 공동체 조직화는 1930년대 대공황 시기 시카고에서 등장했으며, 청소년 비행의 원인을 연구했던 시카고학파의 관찰 중심적 민족지학적 접근법의 영향을 받았다. 젊은 운동가였던 솔 앨린스키

Saul Alinsky(1909-1972)는 반사회적 행동의 뿌리에는 빈곤과 소외가 있다고 믿게 되었고, 대기업 및 기업 노동 조직의 대안으로서 새로운 형태의 민중 조직을 개척했다. 앨린스키는 1940년에 노동조합, 소수 민족 단체, 지역 조직 및 교회, 특히 로마 가톨릭 전도구의 연합으로 산업 지역 재단Industrial Areas Foundation, IAF을 설립했다. 공동체 조직화의 또 다른 이름은 '광역 기반의 조직화'로, 이는 공유된 전략적인 목표를 바탕으로 다양한 집단을 하나로 모으는 것을 강조한다.

앨린스키는 유권자에게 권력과 혜택을 양도하는 '자유주의' 정부(지방 또는 국가) 모델이 정치 계급과 다른 모든 사람 사이의 권력 격차를 유지한다고 주장했다. 그는 정부, 기업, 심지어 노동조합과 같은 대규모 기업 조직이 '낙수효과'를 통해 국민에게 효과적인 결정을 내릴 수 있다는 것에 대해서 회의적이었다. "[마키아벨리의] 군주론은 가진 자들을 위해 권력을 유지하는 방법에 대해 쓴 책이었다.《급진주의자들을 위한 규칙Rules for Radicals》은 가지지 못한 자들을 위해 그 권력을 빼앗아 오는 방법에 대해 쓴 책이다"(Alinsky, 1989: 3). 권력은 결코 '하향식'으로 주어져서는 안 된다. 사회 정의를 위해 움직이는 '상향식' 조직을 동원하고, 평범한 사람들 가운데 정치적 소양을 장려하며, 사람들의 타고난 역량을 관계망, 교육 및 캠페인에 활용하는 것이 훨씬 효과적이다.

1960년대 미국에서 지역사회 조직화 방법은 다른 소외 집단에서 광범위하게 사용되었다. 힐러리 클린턴Hillary Clinton과 버락 오바마는 앨린스키의 지역사회 조직화 방법에서 영감을 얻은 사람들 중 일부다.

앨린스키가 사망한 후, IAF의 후임자 에드 챔버스^{Ed Chambers}는 뉴욕과 시카고에서 회중 기반 조직화에 중점을 두기 시작했다(여전히 시카고의 도심 로마 가톨릭 전도구에서 강세를 보인다). IAF는 항상 지도자 훈련을 강조해 왔지만, 챔버스는 '일대일'이라는 방법을 통해 지도자 및 참가자의 가치관과 동기를 함양하는 양식을 개발했다. 미국에서는, 회중 시민의 조직화가 여전히 지역사회 조직화의 주요 흐름으로 남아 있다.

광역 기반의 조직화는 종종 정부 또는 기업과의 협력이나 동반자 관계(예, 지역 재생 사업)를 의심한다는 점에서, 다른 지역사회 개발 방법론보다 대립적이라고 간주되는 경우가 많다. 이는 주주들의 기업 거부 운동이나 시위와 파업 같은 직접 행동을 선호한다(텔코^{TELCO} 즉 런던시민연합^{London Citizens}은 커너리 워프^{Canary Wharf}에서 청소 노동자들의 최저 임금 인상을 위해 앨린스키의 방법론을 채택했다— CULF, 2006: 71을 보라). 본질적으로, 시민 조직화는 '시민사회'의 힘에 대한 믿음에 기반을 두고 있다. 즉, 시장도 국가도 아닌, 협회, 관계망, 사회 운동, 시민 참여의 장이 바로 시민사회다. 이는 변화를 이끌어낼 수 있는 개인과 공동체의 역량 둘 다를 믿으며, 소외된 공동체의 사회적 자본을 육성하고 극대화하여, 그들이 스스로의 운명을 책임질 수 있도록 하는 것을 주요 전략으로 삼고 있다.

많은 사회사상가(와 정치 활동가들)는 시민사회 참여가 사회

무엇이 좋은 도시를 만드는가

적인 유대감을 증진하고 시민 역량을 강화하며 이타적 가치를 고취하기 때문에, 활기찬 시민사회가 건강한 민주주의의 토대라고 믿는다. 오바마의 표어인 '예스 위 캔!Yes we can!'은 이러한 신념, 유능한 시민이 사회('좋은 도시'를 만드는 일)의 원천이라는 믿음을 표현한다. 사람들은 권한을 부여 받은 활동적인 시민이 되기 위해, 자원과 기술('사회적 자본'으로 돌아가)이 필요하며, 지역사회 조직화는 이를 달성하는 한 가지 방법이다.

> 조직화는 (1) 도심 지역사회가 직면한 문제는 효과적인 해결책의 부족이 아니라, 이러한 해결책을 실행할 힘 또는 권한의 부족에서 비롯되며, (2) 지역사회가 장기적인 권한을 구축할 수 있는 유일한 방법은 공동의 비전을 중심으로 사람과 자본을 조직하는 것이며, (3) 실행 가능한 조직화는 카리스마 있는 한 두 명의 지도자가 아닌, 광역 기반의 지역 토착적인 지도력이 지역 기관의 다양한 이해관계를 하나로 묶을 때 달성될 수 있다는 전제로 시작한다. (Obama, 1990: 38)

오바마는 1990년에 쓴 이 글에서, 사회적 혜택을 받지 못하는 도시(주로 아프리카계 미국인) 지역사회의 주요 과제는 권력을 장악하고 효과적으로 사용하기 위해 그 정치적인 전략을, 시위 및 시민권(민주적인 기본권 획득)으로부터 장기적인 전략으로 전환하는 것이라고 보고 있다. 민주적인 권리뿐만 아니라 경제적인 참여 역시 절실하게 필요하다. 하지만 대표가 호선되거나 정부가 전혀 양보를 하지 않는 경우, 그리고 경제 재생이 폭넓은 경제적 개선을 가져오는 대신 중산층이 교외로 이동하는 현상만 부추기고 남은 지역은 '젠트리피케이션'되는 경우, 아프리카계 미국인이나 소수민족, 유색인종을 대표로 뽑아도 전혀 소용없을 수 있다. 소외된 지역사회가 직면한 도전은 뿌리 깊으며, 국민에 의한, 국민을 위한 대규모 동원이 필요하다. 이것이 바로 오바마가 광역 기반의 조직화가 효과적이라고 보는 이유다.

권한 부여를 위한 광역 기반 조직화의 변혁적인 잠재력에 관한 오바마의 논의에서, 우리는 앨린스키의 민중 철학이 울리는 것을 들을 수 있다. 오바마는 지역사회의 역량을 구축하고 '사회적 자본'을 비축할 필요성에 대해 이야기한다.

> 교회, 구역 모임[주민 협회], 학부모 단체 및 기타 기관[의 연합]…회비 지불, 조직가 고용, 연구 수행, 지도력 개발, 집회 및 교육 행사 개최를 위해 … 이러한 조직이 형성되면 정치인, 기관, 기업이 지역사회의 요구에 더 잘 대응할 수 있게 하는 힘을 갖게 된다. 마찬가지로 중요한 점은, 사람들이 서로의 고립을 깨뜨리고, 서로의 가치관을 재구성하며, 협력하여 행동할 수 있는 가능성을 재발견할 수 있다는 것이다. (Obama, 1990: 2)

이는 시카고의 신앙 기반 조직들에 대한 최근의 다른 연구에서도 되풀이된다. 그들은 사회의 개인주의 및 사유화가 심화되는 가운데서 집단적이고 협동적인 문화의 중요한 전달자로 간주된다. "서로 다른 회중과 단체는 서로 다른, 때로는 상충되는 가치관을 발전시키지만, 그들의 사회적 책임 및 그들이 각자의 전통에 부여하는 권위는 세속 문화가 유지하려는 개인의 도덕적인 자율성과 뚜렷하게 대조된다"(Livezey, 2000: 23).

영국에서는, 런던, 브리스톨, 리버풀에서 지역사회/시민 조직이 가장 활발하게 활동하고 있다. 예를 들어, 런던시민연합London Citizens을 보라. 이 단체는 스스로를 IAF, 이스트 런던의 상황 신학 센터Contextual Theology Centre of East London, 이슬람 재단Islamic Foundation, 망명 지원 네트워크Asylum Support networks의 연합체라고 소개한다(http:// www.cof.org.uk/, 09/11/08 접속). 빈곤에 맞서는 교회 행동Church Action on Poverty은 1990년부터 '빈곤 청문회'에서 지역사회 조직화 방법을 사용했다.

1996년 영국의 몇몇 주요 도시 성직자들은 앨린스키가 든 횃불을 계승하려고 하는 산업 지역 재단이 주최한 국립 연수에 참여하고자 영국에서 텍사스의 샌 안토니오로 가게 되었는데, 스티븐은 그때 광역 기반 조직화를 접하게 되었다. 그 후 머지사이드Merseyside, 블랙컨트리Black Country, 브리스톨, 셰필드에서 광역 기반 조직화의 발전을 지원하기 위해 사상 최대 규모의 보조금을 지급하도록 교회 도시 기금을 설득했다. 시민 조직 재단Citizens Organising foundation도 설립되었다. 산업 지역 재단의 지원과 배로우 및 제럴딘 캐드버리 재단의 후원으로 영국에 조직화 사업이 시작되었고, 이제 《도시의 신앙》의 미해결 의제 중 하나였던 권한 부여의 문제가 해결될 것 같았다.

그러나 12년이 지난 지금, 이들 단체 중 어느 곳도 실질적인 존재감을 드러내지 못하고 있다. 시민 조직 재단은 현재 런던 시민연합과 버밍엄의 다소 소박한 조직들처럼 런던에만 주로 남아 있다. 빈곤에 맞서는 교회 행동은 정부의 역량 강화 기금 지원 사업에 입찰해서 성공했으며, IAF의 경쟁 단체인 가말리엘 재단 Gamaliel Foundation과 협력하여 맨체스터, 브래드퍼드, 미들즈버러 Middlesborough에 새로운 조직을 설립했다.

길고 험난한 여정이었다. 이 중 일부 이야기는 영국의 권력 배분 방식에 의해 영향을 받기도 했다. 지역 민주주의는 미국보다 훨씬 약하고 권력은 훨씬 중앙 집권화되어 있다. 종교 공동체들은 그 소속감이 훨씬 떨어지며, 무슬림과 로마 가톨릭 교회 정도나 조직을 유지할 만한 인원수를 보유하고 있다. 잉글랜드 성공회 일부 원로들은 이러한 조직화 활동을 지원하는 것에 대해 모호한 태도를 취한다. 데이비드 셰퍼드David Sheppard와 데렉 월록Derek Worlock은 머지사이드 광역 기반 조직이 설립될 당시 리버풀의 사목자들 및 시 의회 지도자들에게 직접 접근하곤 했다. 선한 영향력을 끼치는 이들이 이러한 유형의 조직에 반드시 참여할 것이라고 생각했던 그들은 예상하지 못한 결과 때문에 어려움을 겪었다. 다른 교회 지도자들은 권력과 갈등에 대한 조직화의 견해로 어려움을 겪었다. 산업 지역 재단의 전국 핵심 조직가인 '빅' 에드 챔버스는 다음과 같이 말한다.

권력은 무거운 단어다. 자칭 현실주의자는 권력을 당연한 것으

무엇이 좋은 도시를 만드는가

로 여기고 자신의 의제를 추구하기 위해 그 힘을 현명하게 사용하려고 노력한다. 이상주의자들은 권력을, 완전히 악하지는 않더라도 부정적인 것으로, 피해야 할 것으로 보는 경향이 있다. 한 추기경 대주교cardinal archbishop가 내게 "나는 '권력'이라는 단어가 불편하다. 나는 이를 진리라고 부른다"라고 말한 적이 있다. 그는 권력이 삼위일체의 성격을 가지고 있으며, 나와 여러분이 '우리 국민'이라는 새로운 실체를 창조한다는 사실을 이해하지 못했다. 일반인들은 투표나 배심원 의무와 같은 최소한의 형태를 제외하고는 공공 생활에서 권력을 직접 행사한 경험이 거의 없다. 권력은 행동하는 능력이다. 사랑할 수 있는 능력과 마찬가지로 권력은 태어날 때부터 우리에게 주어진다. 권력은 우리의 타고난 권리이자 유산이다. 이는 정치를 통해 차이를 해결하는 우리 능력의 기초다. (Chambers, 2004: 27)

일부 그리스도인들은 자기희생의 반대편 끝에 있는 '자기 이익'을 발견하고 행사하는 것에 대해 불편을 느낀다. 조직화는 '일대일' 만남, 즉 사람들에게 진정으로 중요한 것이 무엇인지, 상대방의 정신과 가치관이 무엇인지 발견하기 위해 관계를 맺고 만남을 이어 가는 데 중점을 둔다. 이는 챔버스가 일컫는 '공공 관계'가 발전하는 만남, 즉 경청하는 만남이다(2004: 52이하). 개인들의 자기 이익이 모여 집단적인 잠재력이 발휘되는 곳이 바로 이러한 만남들이다(Livezey, 2000: 14).

자기 이익은 생존과 안녕을 위한 생명체의 자연스러운 관심사다. 이는 우리 선택의 근간이 되는 근본적인 우선순위다. 자기 이익은 삶의 기본적인 필요와 필수품을 확보하라는 자연의 명령에 기반하며, 더 복잡한 욕망과 요구 사항을 포함하는 쪽으로 발전한다. 건강한 자기 이익은 사람의 정직성과 온전함을 드러내는 표식 중 하나다. 이는 살아 있는 인간의 주도권, 창의성 및 추진력의 원천이다. (Chambers, 2004: 52)

'일대일' 만남과 전통적인 사목적 돌봄의 관계는 분명한 구분이 필요하다. 또한 사목적 돌봄은 우정을 쌓는 일도 아니다. 무엇이 중요한지, 사람들에게 문제가 되는 것이 무엇인지 그들의 자기 이익은 무엇인지를 배우는 일은 겉으로 잘 표현하지 않고 유보적으로 표현하는 영국인들이 쉽게 다가갈 만한 주제가 아니다. 외향적인 미국인과 대조적으로, 우리 영국인은 첫 만남에서 우리가 무엇에 관심이 있는지 보통 드러내지 않는다. 카리스마 넘치는 미국인 조직가 어니 코르테스Ernie Cortes가 텍사스 오스틴에서 수석 조직가에게 일대일 훈련을 받은 후 평가를 받는 장면을 바라보는 일은 흥미로운 경험이었다. 이러한 사례는 성직 훈련을 담당하는 사람들에게 많은 가르침을 준다. 어떤 공동체든지 건강한 공동체가 되기 위해서는 관계가 중요하다는 사실을 일깨워 주며, 우리가 사람들을 만나 한 교회를 세워 나갈 때 그 조직에 어떻게 의미를 부여할 수 있는지에 대해서도 가르쳐 준다. 1970년대 페미니스트 구호를 뒤집어 보면, 지역사회 조직화에서

'정치적'인 것은 언제나 '개인적'인 것이기도 하다. 교회 생활의 기초를 사랑, 교제, 상호 돌봄의 관계로 보는 것이 권장되지만, 회중 내부의 대다수 상호 작용은 중요하지 않고 피상적이며, 성직자와 평신도 사이의 역학 관계는 병리적으로 상호 의존적이라는 점을 성찰해 보는 것도 흥미롭다. 이와 대조적으로, 지역사회 조직화는 두 사람이 실제로 만나 서로에 대해 배우고 서로의 이익에 대해 무언가를 발견하는 등 좀 더 목적이 있는 관계로 나아갈 수 있는 가교의 토대를 제공한다. 이어 그 만남은 한쪽을 대표하는 조직이 다른 쪽의 이익에 참여할지 여부를 결정할 수 있는 기회를 제공한다.

교회는 사람들에게 교회에 와서 등록하라고 요청하면서도, 교회라는 기관이 어떤 곳인지 분명하게 설명하지 않는다. 한 시간 십오 분 동안 주일 예배에 앉아 있는 일은 누구의 이익을 위한 것인가? 그럼에도 불구하고 '교회로 돌아가는 일요일' 같은 운동을 둘러싼 동력과 열정의 기반에는 이런 질문이 깔려 있다. 우리는 영적, 경제적, 사회적 차원 등 모든 차원에서 제공할 것이 있어야 한다. 우리는 사람들이 시민사회에 참여하면서 자신의 삶 전체에 의미를 부여하는 데 도움이 될 만한 것들을 제공해야 한다. 시카고의 종교 회중에 대한 라이브지Livezey의 연구는, 인종 차별, 빈곤, 공동체 붕괴 가운데서 '길르앗의 향유' 역할을 하는, 취약한 지역사회 안에서 회복력과 집단적 연대를 촉진하는 신앙 기반 단체의 잠재력을 생생하게 보여 준다. 즉 교회 전통이 가진 '도덕적 감각'이 회중을 통해 어떻게 전달되고, 이어 교회 안팎에서 도덕적 자산이 어떻게 형성되는지, 즉 '신자들을 위한 자산'과 '공적 자산'이 어떻게 만들어지는지 생생하게 보여 준다(Livezey, 2000:20). 이는 어떻게 도시 종교가 '유대감', '연결', '연관'이라는 사회적 자본을 제공하는지 보여 주는 완벽한 사례다.

> 종교 기관은 서로 친해지기 위해 그 일원들을 초대하고, 그들의 (또는 이웃의) 자녀들에게 안전한 쉴 곳을 제공하고, 가족 가치관을 도모하고, 마을에 대한 공동체 의식, 즉 정주 의식을 지니게 하고, 건설적인 방향으로 행동을 유도하고, 유혹에 빠지려는 것을 막고, 그 집단의 기준을 준수해야 하는 타인들을 배려하게끔 장려하고, 다른 이들에게 관심을 쏟고, 부정적인 상황이 다가올 때 긍정적인 정체성을 키우고, 적대적인 사회에 있다고 인식될 때 도덕적인 지원과 심리적 보호막을 제공하고, 직업의 압박으로 영혼이 죽는 경험을 하는 곳에서 영혼의 성장을 도모하는, 온갖 피부색과 신조를 가진 사람들로 구성되어 있다. (Warner, 2000: 298)

'도시의civic', '시민citizen', '문명화civilisation' 같은 단어의 어원적 기원이 도시에 소속되고 거주하는 것뿐만 아니라 시민으로서 마땅히 해야 할 의무를 행하는 것과 연결된다는 점은 흥미롭다. 따라서 시민권과 참여의 본질에 대한 논의의 맥락에서 '비시민성incivility'을 권력의 오용이라고 규정한 스캇 펙M. Scott Peck의 정의를 살펴보는 것 또한 아주 흥미롭다.

조직은 공동체 그 자체를 유지하는 것보다 중요한 과제를 가지고 있어야 한다. 그 과제를 완수하기 위해 지속적인 공동체를 유지해야 할 만큼 중요한 과제를 가지고 있어야 한다. 이러한 이유에서, 협력 단체나 교회 회중처럼 비교적 사소한 임무를 수행하는 조직이 실제 공동체로서 얼마나 지속 가능할지 의문이다. 조직의 과제는 가능한 중요하고 복합적이어야 한다. (Peck, 1994)

공동체가 유지되려면 단순히 기관의 생존을 넘어서는 과제가 있어야 하며, 기관은 그 자신을 넘어서는 타당성을 가질 필요가 있다.

영국에서 조직화가 실패한 이유 중 하나는 조직화를 실행했던 초기 몇 년 간 조직화 신학의 중심에 놓인 유대-그리스도교의 원칙을 인정하지 않았기 때문일 수 있다. 반면 미국에서는 '신앙과 민주주의'라는 구호를 내걸고 버락 오바마 전 대통령을 지역사회 조직가로 고용한 가말리엘 재단처럼, 지역사회의 조직화 작업의 기반에 종교적 원칙이 작동된다는 사실이 거리낌 없이 분명하게 드러날 수 있었다.

가말리엘 재단의 철학은 최고의 신앙과 민주주의 전통에 뿌리를 두고 있다. 모든 인간은 평등하게 창조되었다. 모든 사람은 자신의 잠재력을 최대로 발휘할 수 있는 최고의 기회를 제공받아야 한다. 모든 사람은 자신이 살고 있는 지역사회를 형성하는 데 참여해야 한다. 이러한 이상은 아직 실현되지 않았다.…
이 나라에서 가장 큰 발전은 의사 결정 자리에 참석한 사람들
의 다양성이 확대되었을 때 이루어졌다. (Gamaliel Foundation,
2008)

마찬가지로 에드 챔버스의 책은 충분히 신학적이면서도 정치적
인 연구를 담고 있으며, 조직화에 대한 지적인 반발에 대항해 그
정도로 진지하게 신학적으로 성찰하고 도전을 제기한 경우는 별
로 없었다. 우리는 먼저 인간사에서 권력의 실제 및 복음 메시지
에서 그 중심성을 인정함으로써, 권력에 대해 진지하게 탐구해
야 할 필요가 있다. 1996년 영국에서 시민 조직화가 초기 단계였
을 때, 피터 쉘비Peter Shelby는《구조: 예수와 오늘날 구원Rescue: Jesus
and Salvation Today》을 출간했다. 그는 그 책에서 이렇게 썼다.

하나님의 구원은 언제나 무엇보다 개인과 공동체에 대한 하나
님의 권위를 재확인하는 것이다. 그리고 이는 권력을 행사하는
사람들이 회개와 더불어 구원의 메시지를 이해하고 받아들여
야 한다는 것을 의미해야 한다. … 예수는 자신을 양을 위해 목
숨을 바치는 '선한 목자'라고 말할 때, '자신의 양들을 알고 그
들을 초원으로 인도하는' 참 목자와 달리, 도둑, 강도, 삯꾼, 나
그네로 묘사되는 다른 '이스라엘의 목자들'과 분명하게 대조한
다. (Selby 1996: 49)

무엇이 좋은 도시를 만드는가

> 그러므로 구원의 길은 사회에서 권력을 보유한 자들과의 대결
> 을 수반할 수밖에 없는데, 이는 가장 엄숙한 종교 전통을 포함
> 하여 사회의 전통들은 하나님의 목적을 반대하는 데 사용된 도
> 구가 되었기 때문이다. (Selby, 1996: 62)

메시지는 분명하다. 그리스도인은 권력과의 관계를 피할 수 없지만, 그 관계는 적나라한 권력 행사가 아니라 권력을 부여하는 관계여야 한다. 일부 주교 동료들이 상원에 입성하자마자 자신이 진짜 권력을 행사하고 있다는 착각에 빠지기 시작하는 모습을 목격하는 일은 우울한 일이다. 주교 제도에서 주교가 맡은 봉사diaconal의 영역에는 특권의 세계에 편입해 들어가 정치적인 책임을 수행하는 사람들에게 다가가는 임무가 포함되어 있다. 그러나 책임이 따르는 그 권력을 제대로 수행하지 못할 때 주교들은 자신들이 대표하는 사람들로부터 더욱 멀어지며, 결국 지역(및 민중)과 권력자 사이의 중요한 연결 고리를 끊는 역할을 하고 만다. 따라서 런던에서 조직화에 성공한 쪽은 대규모 회중이 없는 성공회 도시 성직자, 로마 가톨릭(종종 수도회가 주도), 이슬람 사원, 흑인 교회였다는 사실은 놀라운 일이 아니다. 이들은 무력감을 경험하지만 조직이 맡은 과제에 대한 이해도가 넓어 권력과자기 이익에 관여할 필요성을 충분히 인식하고 있는 신앙 공동체다. 이는 주변부에 있는 사람들과 권력을 행사하는 사람들 사이를 '연결하는' 사회적 자본을 구축해 가는 방식을 드러낸다.

조 해슬러Joe Hasler는 광역 기반 조직화를 지지하지는 않지

만, "그리스도 중심적이고 문화적인 초점을 지닌 회중"이 필요하다고 강조한다(Hasler, 2006). 그의 주장은 교회가 지역주의와 상황이라는 선물에 보다 잘 조응하고 문화적으로 더 민감해져야 한다는 것으로, 우리가 주장하는 바이기도 하다.

> 내가 간절히 바라는 바는 우리가 다문화 국가에 살고 있다는 사실을 인정하는 것이다. 문화가 피부색에 따라 정의되지 않을 때도 그 다양성을 인정하면서 행동하는 것이다. 우리가 섬기는 지역사회의 문화를 이해하고 분석하는 작업에 참여하는 것이다. 우리는 이런 접근을 통해 교회 안에 내재된 다양한 문화와 그 문화에서 비롯된 시각을 배울 수 있고, 하나님의 영광을 아름답게 반영하는 교회를 지역사회 안에 세울 수 있을 것이다. 나는 교구와 주교 또는 그와 동등한 권한을 가진 이들이 교구마다 다양한 문화의 경계를 가로지르는 신학을 발전시키고 장려하는 작업을 그들의 주요 과제 중 하나로 고려하길 바란다. 이를 위해서 우리가 다원적 교회가 되어 가고 있으며 어느 한 문화에 의해 지배되지 않는다는 것을 보여 주는 행동이 필요하다. (Hasler, 2006: 106)

헤슬러는 "노동 계급 문화를 이해하고 그 지역의 가족적인 관계망에 기반을 두고 활동하는 지역 지도자들을 찾아내어 사목자로 키워낼 수 있도록, 교회 형성 선교사church-shaping missionaries"를 고용해야 한다고 주장한다(2006: 107). 그러나 대부분의 도시 교회는

무엇이 좋은 도시를 만드는가

이제 사회적으로 훨씬 다원화된 맥락에서 사목하고 있다. 여전히 '백인 노동 계급'으로 정의되는 지역이 존재하지만, 뿌리 깊은 인종주의에 물든 공동체의 가치관과 규범은 점점 더 의문시되고 있다. 지역사회의 삶에 영향을 미치는 쟁점을 중심으로 다양한 문화 집단을 하나로 모으는 접근법이 필요하다. 필리핀에서 페루, 남아프리카공화국에서 텍사스에 이르기까지 전 세계에서 인상적인 점은, 광역 기반 조직화가 인종적, 사회적으로 분열된 공동체를 공동의 이익을 위한 동맹으로서 하나로 묶는 방식이다. 크리스 베이커Chris Baker는 "영원한 동맹도 영원한 친구도 없다"는 정책을 가진 조직화 방식을 설명하기 위해 텍사스의 벨리 인터페이스Valley Interfaith를 예(퍼트넘과 펠드슈타인에게서 빌려온)로 든다. '책임성 모임'은 가장 가난한 지역의 관계망과 그들의 목소리가, 주로 배제된 사람들을 위해서 변화를 일으킬 수 있는 정치적인 힘을 가진 사람들을 만나는 장소가 되었다(Baker, 2007: 134).

샌 안토니오에서 열린 책임성 모임에서 권한 부여의 한 사례를 목격했던 기억이 떠오른다. 마리아는 히스패닉계 출신으로, 로마 가톨릭 신자였고 가난한 사람이었다. 샌 안토니오에는 끔찍한 환경에서 사는 많은 히스패닉계 사람들이 있다. 마리아는 벨리 인터페이스의 지도자가 되었고 처음으로 '영어로 개최되는 신입 교육'에 초대받아 훈련에 참석했다. 마리아는 또한 대학교의 대강당에서 열린 '집회'(혹은 책임성 모임) 중 한 곳의 의장을 맡기도 했다. 600여 명의 사람이 모였고, '책임을 져야 할' 연사로 전 샌 안토니오 시장과 클린턴 행정부의 차기 주택 및 도시 개발부 장관인 헨리 시스네로스Henry Cisneros와 샌 안토니오의 대주교가 참석했다. 마리아는 시장에게 그에게 할당된 시간을 지켜 달라고 했고 시장은 요구대로 발언 시간을 지켰다. 그러나 대주교가 시간 제약을 준수하지 않고 자신의 발언을 이어 갔다. 마리아는 그에게 시간이 다 되었다고 한 번 경고했다. 이어 "대주교님, 시간이 다 되었으니 말씀을 마치고 앉아주십시오"라고 말했다. 그는 힘없는 일반 신자의 권위를 인정하고 받아들였고, 마리아의 말대로 말을 마무리한 후 자리에 앉았다. 나중에 그녀는 두려웠다고도 인정했지만 엄청난 성취감도 느꼈다고 말하며 자랑스러워했다.

《도시의 신앙》이 소홀히 했던 지역사회 권한 부여는 적어도 앨린스키의 조직화 모델을 통해 세계적으로 어느 정도 힘을 얻은 것 같다. 그러나 지난 20년 간 전 세계에서 지역사회 개발에 수백만 파운드가 투입되었으며 교회는 중요한 역할을 담당했다. 교회 도시 기금에서 부분적으로 자금을 지원한 3년 계약의 지역사회 개발 노동자들은 도시에서 흔히 볼 수 있는 모습이었다. 이러한 투자가 실질적인 변화를 가져왔는지에 대해서는 의문을 제기할 수 있다. 마거릿 레드위드Margaret Ledwith는 전통적인 지역사회 개발 모델에 근본적인 불만을 표출한다.

지역사회 개발은 인권을 침해하고 민주주의를 훼손하는 가부장적, 인종 차별적, 동성애 차별적 전통에 도전하며 불의에 맞서 수십 년을 활동해 왔다. 여기에는 여성과 아동에 대한 폭력,

빈곤, 기업의 환경 파괴, 동성애 혐오와 인종 차별과 성 차별, 망명 신청자 추방을 반대하는 등의 캠페인도 포함되었다. 동시에 협동조합, 지역 경제, 건강하고 유쾌한 공동체, 교육 형평성 및 고용 기회 개발에도 중점을 두었다.

그런데 이것만으로는 충분하지 않았다. 우리는 이론과 실천이 서로 분리되도록 방치했고, 우리 자신의 시선은 분산되고 초점은 흐려졌다. 동시에 국가 내부 및 국가 간 사회적인 분열은 심화되어 사회와 세계는 불안정해졌다. 급진적인 지역사회 개발은 사회적이고 환경적인 정의에 전념한다. 그 비전은 평화롭고 정의로우며 지속 가능한 세상이다. 그 실천은 '세상과 사람에 대한 깊은 사랑'에 기초를 둔 비판적인 교육학이다(Freire, 1996: 70). 해방의 과정은 사람들이 자신의 말을 하고 자신의 세계에 이름을 붙일 수 있게 하는 비판적 만남인 대화에서 시작된다. 프레이리Freire는 옳은 말을 하는 것이 세상을 변화시키는 것임을 분명히 했다(Freire, 1996: 68).…변혁적 변화는 행동과 성찰에 대한 끊임없는 참여 없이는 달성할 수 없다. (Ledwith, 2005: 171)

레드위드는 조직화를 이러한 이상들을 표현하는 한 모델로 이해한다. 가장 눈에 띄는 점은 그리스도교적 이상을 가진 이들의 생각과, 레드위드, 레오니 샌더콕 같은 작가들의 생각이 하나로 수렴된다는 점이다. 그 나라에 대한 비전은 예수의 가르침과 그 나라를 위해 일하고자 하는 그리스도인의 동기의 중심을 차지한다. 래오니 샌더콕의 책에는 불가지론을 주장했던 그가 희망, 비전, 인간의 잠재력에 대해 언급한 내용이 가득하며, 이는 도시 신학자나 영향력 있는 정치인이라면 누구가 공감할 만한 내용이다. 우리는 이미 좋은 도시에 대한 비전의 핵심에 어떤 특별한 덕목이 자리하는지 확인했다. 그것은 곧, "존중, 배려, 이웃 사랑, 사람들 사이의 관계 구축에 대한 관심, 미약한 시작이더라도 배려하는 인간 공동체를 구축하는 일, 타인에 대한 봉사 개념"(Sandercock, 2006: 66)이다. 그러나 이 장의 맥락에서 흥미로운 것은 고대의 철학자들처럼 그러한 덕목의 함양을 최종 목적으로 하는 도덕적인 담론의 한 형태에 대한 샌더콕의 입장이다. 샌더콕은 도시계획에서 인간 번영을 추구하는 일과 그 정신을 함양하는 일이 우선되어야 한다는 것을 잘 알고 있다. 이는 고난 속에서 길러진 강력한 가치, 즉 믿음에 의해서만 유지될 수 있다는 것도 잘 알고 있다.

> 도시, 사회, 지역사회, 환경, 심지어 토지 이용을 위한 계획 작업은 근본적으로 희망의 작업이며 희망을 조직하는 작업이다. … 그리고 이러한 작업은 종종 절망에 직면할 때 이루어진다. … 그러나 이러한 소망은 만일 일종의 믿음에서 오는 것이 아니라면, 어디에서 오는 것일까? (Sandercock, 2006: 65)

공동체 조직화와 그것이 나타내는 권한 부여의 비전 역시, 희망의 조직화와 희망의 동원을 위한 전략으로 볼 수 있다. 샌더콕은

무엇이 좋은 도시를 만드는가

광역 기반 조직화에 대한 일상적인 캠페인이 표면적으로는 지역 정치의 핵심에 관한 것으로 보일 수 있지만, 가장 일상적인 문제조차도 지속적으로 중요하며, 구체적인 사건들은 인간의 열망 및 연대라는 더 큰 그림과 연결되어야 한다고 지적한다.

> 도시계획은 그들 도시의 미래에 대한 사람들의 비전을 다룬다. 현재를 넘어선 삶에 의미를 부여한다는 측면에서 이보다 소중한 것이 있을까? 계획은 땅을, 현재 사람들에게 그것이 어떤 의미인지, 그리고 그것이 미래에 어떤 의미가 있기를 바라는지를 다룬다. 집과 장소에 대한 우리의 애착을 생각하면 이보다 소중한 것이 있을까? 계획은 사람들이 집단과 공동체 내에서, 그리고 그 집단과 공동체 사이에서 서로 어떻게 관계를 맺는지 다룬다. 다른 사람과의 관계에 대한 우리의 깊은 욕구를 볼 때 이보다 소중한 것이 있을까? 계획은 공동체로서 우리가 서로를 돌보는 방법을 다룬다. … 질병, 노년, 빈곤 및 죽음에 대한 인간의 보편적인 두려움 측면에서 이보다 더 소중한 것이 있을까? (Sandercock, 2006: 66)

분명한 것은 '좋은 도시'를 건설하기 위해서는 도시 내 권력의 본질을 바꿔야 하며, 마음의 변화부터 전체 구조 및 조직 문화의 변화까지 모든 것을 고려하는 과정이 필요하다는 점이다. 지속 가능한 세상에서 인류가 필요한 것이 무엇인지에 대한 총체적이고 포괄적인 비전도 필요하다. 그 과정에서 우리는 예언자적 비전을 꿈꾸게 될 수도 있다. 또한 부자와 가난한 자, 힘 있는 자와 빼앗긴 자, 낯선 사람과 장기 거주자 사이의 새로운 관계 조건을 협상하는 데도 개입하게 될 것이다. 좋은 도시 건설은 우리를 급진주의에 참여하게 할 것인데, 그것은 성서적이지만 평범한 교회 생활에 사로잡혀 있거나 '평소와 다를 바 없는 일'에 몰두한 이들에게는 여전히 어려운 것이다.

도시 교회:
목적에 맞는가?

들어가는 말

이전 장들에 제시된 도전에 비추어, 우리는 이제 몇 가지 잠정적인 결론을 향해 나아가기 시작한다. 특히 우리는 도시 교회가 그러한 도전들에 대처하기에 적합한지 검토하는 데 관심이 있다. 우리가 강조해 왔듯, 그 도전들은 또한 기회이기도 하다. 도시인의 일상과 지역 안에서 '장소를 취하시는' 하나님에 대한 교회의 헌신을 새롭게 하고, 그 결과 새로운 사역과 선교의 유형을 제시할 기회일 수 있다.

　매체들이 보여 주는 주류 교단들의 모습, 특히 성공회 공동체의 모습을 보면, 그들은 퇴행적이고, 파당적이고, 신경증적인 태도를 보이는 조직들 중 하나이기에, 공적인 삶에 영향력을 행사하겠다는 그들의 주장은 점점 더 합리성과 정당성을 잃어 가고 있는 것처럼 보인다. 그러나 교회가 완벽에서는 거리가 멀지만, 비판자들이 주장하는 것처럼 교회가 정상과 동떨어져 있지는 않으며, 기초나 바닥에 더욱 가까이 다가가면 갈수록 지역 교회는 더욱 인상적이고 효과적인 모습으로 드러난다.

5장에서 우리는 잉글랜드 성공회의 DNA 안에 담겨 있는 지역성과 특수성을 향한 헌신의 정신이 이제 '새로운 지역주의' 형태로 다시 혁신되어야 할 때가 되었다고 주장하였다. 여기서 말하는 새로운 지역주의는 공간과 장소를 건설적인 동반자 관계와 강력한 정체성 의식을 형성하는 자리로 보는 지역주의다. 좋은 도시를 위해 일하는 것은 지역에서 시작되고 지역에서 끝난다. 이러한 새로운 지역주의를 실현하기 위해 도시 교회의 삶에서 무엇이 바뀌어야 하는가? 어떤 원칙들이나 전략들이 도시 교회를 그와 같은 헌신으로 안내할 수 있을까? 이 장에서 우리는, 지역 차원에서든 국가 차원에서든, 잉글랜드 성공회가 이러한 과제를 계속 수행할 수 있도록 적절한 자원을 제공하고 또 준비를 해야 한다고 주장할 것이다. 그리고 복지 개혁에 참여하는 기회가 어떻게 명확한 판단력과 신학적 기초를 가진 참여를 향해 우리를 되돌려 세우게 되는지 검토하게 될 것이다.

언뜻 보기에는 도시 교회에 대한 우리의 연구가 잉글랜드 성공회에 집중되어 있고 도시의 많은 오순절 계통의 교회와 흑인 다수의 독립 교회의 실질적인 존재는 무시하는 듯 보인다는 점을 우리는 크게 의식하고 있다. 그러나 여러 도심 지역의 공동체 생활에 그들이 한 기여는 상당하며, 특히 거리 목회자 운동은 두 그룹의 교회 모두에게서 많은 지지를 받았다. 흑인 다수 교회들은 사회 복지 프로그램을 개발했으며, 지역사회 응집성을 높이고 범죄를 퇴치하기 위한 계획에 점점 많이 참여하고 있다.[11] 칭찬받아 마땅하게도, 전국 각지의 경찰은 이러한 교회와의 관계를 발전시키기 위해 열심히 노력해 왔으며, 카리브인 지역사회 장로들의 신뢰를 회복하는 데 중요한 진전을 이루었다.

성공회의 경우에도, 최근 몇 년 간 아프리카 국가들에서 많은 이민자들이 찾아오면서 아프리카 민족 회중이 꽤 생겨났으며, 이들 중 상당수는 성공회 건물에서 예배를 드리며 기존 교회와의 관계를 발전시키고 있다. 이와 유사하게, 인도 대륙에서 온 그리스도인 회중들 역시 도시 교회 생활의 한 특징이 되고 있다. 마라티Marathi와 타밀Tamil 회중은 분명 그들 자신을 성공회라고 여기지만 모국어로 예배한다. 교구 당국이 이들 회중들을 다루기 위해서 분투하는 모습은 흥미롭다! 람베스 회의Lambeth Conference는 영국 주교들에게 세계적이고 민족적으로 다양한 성공회 공동체의 본질을 뼈저리게 느끼게 했지만, 그 다양성이 잉글랜드의 문지방을 넘어서려고 하면, 그것은 관리하기 어려운 문제가 된다.

람베스 회의 이후

전 세계 성공회에서 논의되는 내용들은 도시 교회가 우선순위를 부여하는 문제들과 얼마나 잘 연결될 수 있을까? 2008년 람베스 회의는 분열을 피하는 데 성공했을지 모르지만, 안타깝게도 마이크 데이비스Mike Davis가 도시 위기론이라고 부르는 문제를 다루지 못했다.

> 1950년에는 인구 백만 명이 넘는 도시가 전 세계에 86개 있었지만, 현재는 400개이며 2015년에는 최소 550개가 될 것이다. 도시는 1950년 이후 전 세계 인구 폭발의 거의 3분의 2를 흡수했으며 현재 매주 백만 명의 아기와 이민자로 더 커지고 있다. … 한편 전 세계 시골은 최대 인구에 도달했으며 2020년 이후에는 줄어들기 시작할 것이다. 그 결과 도시는 미래 세계 인구 성장의 거의 모든 부분을 차지할 것이며, 2050년에 정점에 달할 것으로 예상된다. (David, 2006: 1-2)

이는 도시화를 진정한 지구적 현상으로 간주해야 한다는 2008년 유엔 해비타트 보고서의 결론을 상기시킨다(2008: x). 가장 빠르게 성장하는 도시들은 현재 2/3세계에 있고, 이는 흥미롭게도 그리스도교의 중심지가 선진국에서 남반구로 이동하는 현상을 반영하고 있다. 그러나 이러한 수렴의 추세는 2008년 람베스에 참석한 많은 사람에게 영향을 미치지 않은 것 같다. 성공회 도시 네트워크Anglican Urban Network가 회의를 위해 작성한 준비 문서에서 "우리는 도시 선교 문제에 대해 각 지방의 일관된 이해가 없다는 것을 알고 있다"(AUN, 2008: 4)고 인정했기 때문이다. 하지만 이 문서는 경제적 또는 인구 통계학적 영향을 넘어 인류의 자기 이해에 중요한 장소가 된 도시의 중요성을 강조했다.

도시는 공동체, 안락함, 일을 하는 새로운 방식, 변화, 곧 "하늘에서와 같이 땅에도" 있는 그 나라를 엿볼 수 있는, 분투와 기회의 장소가 될 수 있다. 인간의 번영이라는 것이 경제, 문화, 종교, 정체성 등 다양한 층위들을 통해서 교섭되고 조정되는 것이기에, 하나님은 살아 있는 도시의 다양한 층위로 데려와야 하는 분이 아니라, 다양한 층위의 교섭과 조정 과정에서 만나야 하는 분이다. (AUN, 2008: 1-2)

사실, 세계적으로 남반구에서 활기찬 도시 신학이 점점 많이 등장하고 있지만,[12] 이상하게도 람베스에서 진행된 회의에서는 도시에 대한 관심이 주변적이었다. 아프리카 주교들 대다수는 교회, 촌장, 질서를 갖춘 삶이 있는 마을을 현재 교회 성장을 경험하는 곳으로 보며, 교회 생활의 시골 모델에 집착하는 것처럼 보였다. 나이로비, 요하네스버그, 빈트후크, 다르에스살람의 증가하는 빈민가에 대한 선교는 우선순위가 아니었고, 남반구에서 도시 선교에 관여하는 많은 사람들은 그리스도인이 소수인 환경에서 소박하게 모이는 회중과 함께 일하는 것에 만족했다.

따라서 도시 교회는 다른 사람들에게 그 은사와 필요를 설득해야 한다는 면에서 여전히 시류에 역행하고 있다. 국가적 차원에서 볼 때, 주교원House of Bishops에서도 람베스 대주교들 사이에서 나타난 비슷한 무관심이 너무 자주 발견된다. 스티븐은 영국의 모든 교구를 방문하면서, "우리는 시골 교구다"라는 말을 여러 차례 들었다. 그러나 이 나라 인구의 80퍼센트가 10,000명이상의 정착촌에 살고 있는 상황에서 이는 믿기 어려운 말이다. 실제로 교구라 불리는 곳은, 넓은 농경지 그리고 교구의 자기 인식 및 선교 전략을 좌우하는 상당수의 소규모 농촌 전도구들로 구성되어 있다. 모든 영국 교구 인구 대대수가 도시 지역사회에 살고 있다는 사실은 별로 눈에 띄지 않는 것 같다. 헤리퍼드에서 피터버러Peterbourough까지, 칼라일Carlisle에서 트루로Truro에 이르기까지, 우리 도시 지역사회의 번영과 실패는 매우 중요하다. 변화하는 세계 속에서 하나님이 어떻게 일하고 계신지를 이해하는, 중요한 가르침과 배움의 기회이기 때문이다.

하지만 도시 선교의 사례는 세대마다 새롭게 만들어져야 한다는 점은 분명하다. 다른 지역 성공회에서 온 스티븐의 동료 주교들은 왜 영국 교단들이 단순히 회중 성장을 따라가지 않는지 궁금해 한다. 그들이 보기에 도시에 대한 헌신은 모든 논리를 무시하는 것처럼 보이기 때문이다. 실제로, 잉글랜드 성공회가 특히 국교회를 통해 교구 제도를 강화하지 않았다면, 도심, 외곽 단지, 시골 지역 대부분은 오래 전에 버려지고, 교회들은 편안한 복음으로 편안한 이들을 섬기기 위해 도시 외곽의 부촌으로 모여들었을 것이다. 이는 로마 가톨릭과 자유교회 둘 다의 지배적인 유형이 되었다. 주목할 만한 예외도 있다. 연합 개혁 교회United Reformed Church는 지역사회 기반 사목 프로그램으로 엄청난 용기를 보여 주었다. 감리교는 일부 중앙 회관에서 흥미로운 도심 사목을 시도했다. 사실 잉글랜드 성공회는 도심과 외곽 모든 지역사회에서 존재감을 유지하는 유일한 주류 교단이 되었다. 그들의 견해는, 신앙의 유무에 관계없이 주민들은 전도구 교회에 관련된 권리를 가진 전도구민이며, 전도구 관할 사제는 교구 주교와 함께 자신의 전도구에서 "하나님의 모든 백성을 돌보는 영혼의 치유"를 행할 책임이 있다는 것이다. 하지만 일레인이 과거에 주장했듯, 이러한 정상적이지 않은 자원 배분은 국교회의 유산일 수 있으나(Graham, 1996), 이제 더 이상 우연에 맡길 수는 없다. 도시 교회는 복음과 도시의 선교적인 중요성을 주장할 준비를 갖춰야 한다. 적절한 자원을 마련하고 훈련을 받아야 한다. 그리고 어떻게(그리고 왜) 도시 드라마에서 다른 참여자들과 협력할지에 대한 분명한 비전을 가지고 있어야 한다. 이 장의 나머지 부분에서는 이러한 문제들을 중점적으로 다룰 것이다.

도시 교회를 위한 자원 조달

도시에서 잉글랜드 성공회를 유지하는 체계는 현재 두 가지 중요한 요소에 의해 지속되고 있다. 교회의 국교회 지위는 회중 중심주의로 나아가는 것을 방지하는 영국 법률의 틀을 제공한다. 또한 교회연기금위원회Church Commissioners가 보유한 약 8조 8,000억 원이 넘는 기금 지원을 받는다. 위원회의 신탁 증서는 그러한 지원을 필요로 하는 전도구의 영혼 치료 사업을 위해서 추가적인 지원을 제공하는 일에 특별한 관심을 기울일 것을 요청한다. 사실 이 기금의 주요 출처는 두 군데다. 바로 가난한 성직자들의 빈곤을 완화하기 위해 교회에 지급된 앤 여왕의 보조금 그리고 교회자산관리위원회Ecclesiastical Commissioners•다. 후자는 주교와 대성당 주임 사제 및 상주하는 두 명의 성당 참사회 회원을 재정적으로 지원하는 대가로 주교들과 대성당들의 토지 상당 부분을 취득했다. 또한 43개의 영국 본토 안에 있는 교구들은 전도구의 토지와 재산을 인수하여 많은 교구가 상당한 재정적 여유를 갖게 되었다. 교구마다 그 액수는 다양하다. 링컨, 런던, 옥스퍼드 같은 교구는 상당한 재정적인 여유가 있는 반면, 더럼, 뉴캐슬, 셰필드 교구는 생존을 위해 분투하고 있다. 링컨 교구의 1인당 헌금 수준이 전국에서 가장 낮은 반면, 셰필드 교구의 헌금 수준이 가장 높은 것은 우연이 아니다.

매년 교회연기금위원회는 대주교위원회로 자금을 배분한다. 약 400억 원이 가장 도움이 필요한 교구에 할당되기 때문에 이 돈을 달리 지출해 볼 여지가 거의 없다. 복잡한 공식에 따라 때로는 치열한 경쟁이 벌어지기도 하지만, 대부분 역사적인 자원이 적고 인구가 많으며 사회적인 박탈과 빈곤이 심각한 교구에 배정된다. 이 자금이 없으면 북부 교구 중 상당수는 가난한 도시 전도구들에서 완전히 철수해야 하며, 첼름스퍼드Chelmsford 같은 교구도 런던의 이스트 엔드East End에서 많은 활동을 지속하기 어려울 것이다.

• 잉글랜드와 웨일즈를 포함하는 기구이며, 자산 관리를 통해서 얻은 수익을 영국 교회에 분배하는 역할을 한다.

8장 도시 교회: 목적에 맞는가?

투자 관리에 최종 책임을 지는 두 명의 최고위원이 최근 몇 년간 교회연기금위원회를 매우 훌륭하게 이끌었다. 마이클 콜먼 경Sir Michael Colman과 안드레아스 휘텀 스미스는 심각한 손실을 입은 기관을 나라에서 가장 성공적으로 운영되는 투자 펀드로 탈바꿈시켰다. 윤리적 투자 정책에 대한 책임이 있었음에도 위원회는 교회가 연금에 관련한 큰 위기를 극복하도록 도왔고, 전도구 선교와 교회 도시 기금을 위해 그리고 주택 공급이 늘어나거나 주요한 재생이 진행되는 지역의 선교 계획을 위해 추가 자금을 제공했다. 지난 몇 년간 교구들의 재정 중에 교회연기금위원회에서 지원하는 비율은 급격히 떨어졌지만, 전도구의 부담금은 크게 증가하였다. 그런데도 일부 교구는 자급자족할 수 있다고 믿는다.

그렇기는 하지만 교회 내 많은 이들에게 재정적인 현실을 알리고 경쟁하는 요구들 사이에서 공평한 균형을 이루기 위한 노력은 계속되고 있다. 이전 최고위원이었던 한 사람은 전국 의회에서 잉글랜드 성공회 안에는 '오로지 한 항아리의 돈'만 있다는 사실을 상기시키곤 했다. 대주교위원회와 교회연기금위원회가 지급하는 돈은 교구들과 가난한 전도구들에 가야 할 몫을 가져오는 것이지, 바닥이 없는 중앙은행에서 뽑아내는 돈이 아니다. 그러므로 결정을 내려야 한다. 만일 교회가 주교와 사택에 과도하게 돈을 지출하면 교구에 대한 교차 보조금 및 선별적인 배분은 줄어들고, 따라서 가난한 전도구에 요구하는 돈은 더 커질 것이다. 더럼 주교를 위해 오클랜드 성을 유지하고, 칼라일 주교를 위해 로즈 성을 유지하는 데 비용을 지불하는 이들은 바로 그들 교구들과 가난한 전도구들이다. 따라서 결국 람베스 회의의 적자를 메우는 이들은 가난한 교구와 전도구라는 결론을 내리는 일은 어렵지 않다.

　교회연기금위원회 이사회 회원들은 수년 동안 이러한 현실 때문에 어려움을 겪었지만, 전도구 제도 및 그 전국적인 범위는 잉글랜드 성공회의 가장 큰 영광 중 하나이며, 선교 전략에도 필수적인 요소라고 주장한다.《도시의 신앙》과《신앙의 도시들》둘 다 건전한 신학적인 이유로, 교회가 도시 안에 머물면서 그 과정에 자원을 지원할 것을 권고했다. 그러나 위원회의 재정적인 지원에도 불구하고 급여를 받는 성직자의 수가 감소하면서 이미 많은 도심 및 교외의 교회가 문을 닫았고, 남은 성직자들은 인구가 12,000명이 훨씬 넘는 전도구를 두 개 이상 맡아야 하는 상황에 처해 있다. 인구가 그 절반이고 무보수 평신도 및 서품 받은 사목자가 여러 명 있는 이웃하고 있는 시외곽의 부촌 전도구는 약 5천만 원 이상의 전도구 분담금을 지불하는 경우에는 비슷한 희생을 요구받지 않을 것이다. 교무구 총사제나 주교와 함께하는 의사 결정권자들의 눈에는, 이것은 '실행 가능한' 일로 보인다. 여기에서 부자와 가난한 사람 간 어떤 상호 책임 정신을 볼 수 있는가?

　잉글랜드 성공회는 우리 국가에서 볼 수 있는 불평등의 증가를 답습하기 시작했다고 볼 수 있는 매우 심각한 위험에 처해 있다.《도시의 신앙》은 도시 우선(관심) 지역에서 1인당 헌금이 비례적으로 더 높다는 점에 주목했으며, 이는 오늘날까지 많은 교구에서 계속되는 특징이다. 맨체스터 교구에서는 모스 사이드Moss Side의 1인당 헌금이 나무들이 울창한 볼턴Bolton 지역들보다 훨씬 높다. 재정적인 헌금이 그리스도의 몸에 속하는 다른 지체들 사이의 상호 책임성 혹은 재분배의 의미로 이해되거나 뒷받침되지 않기 때문에, 도시 외곽에 위치한 성공한 부자 교회의 똑똑한 신자들은 이 재정적인 헌금이 곧 자신들의 교회에게 자급자족할 수 있는 권한을 주는 것이라고 생각하며, 그래서 그들의 전도구가 교구를 위해서 부담해야 할 몫을 가능한 피해야 할 일종의 세금으로 이해한다. 반면 도시 교무구들은 거의 보편적으로 해마다 할당량의 100퍼센트를 채우고 있지만, 재생 사업이 영향을 크게 미치기 시작하면서 많은 교무구에서 심각한 인구 감소를 경험하고 있다. 이 기간 교회가 재생 과정의 중심에 서서 미래 공동체를 형성하는 데 도움을 줄 수 있도록 더 많은 자원을 배치해야 한다는 주장이 제기되고 있다. 다행히도 전국적으로 유능한 사제들이 이 일을 감당해 왔지만, 거의 보편적으로 교구와 주교 구조로부터의 이해와 지원이 부족하다는 불만이 제기되고 있다.

재정 지원에는 도덕적인 지원도 수반되어야 한다. 안타깝게도 소수의 교회 지도자들이 도시 지역에서 사역하고 있다. 하지만 그 소수의 교회 지도자들은 최전방에서 일하는 도시 성직자들의 이야기에 귀 기울이면서, 매우 실질적인 변화를 만들어내고 있다. 그들은 그 성직자들과 함께 듣고, 보고, 기도하는 데

무엇이 좋은 도시를 만드는가

시간을 할애하고 있다. 그리고 그렇게 의미 있는 친절과 감사를 베푸는 행동이 그들이 지원하는 한 방식이라는 사실을 그들의 성직자들이 확신하게끔 한다. 모든 주교는 자신의 사목팀 안에, 도시 사목의 요구 사항과 스트레스를 잘 이해하고 있으면서 주교 자신이 경청하고 조언을 구할 수 있는 사제를 반드시 포함해야 한다. 스티븐이 도시 생활과 신앙을 위한 주교로 재임하는 동안 수행한 가장 중요한 일 중 하나는 도시 성직자 협의회였다. 가장 힘든 도시 환경에서 일하고 있다고 주교들이 추천한 150여 명의 성직자가 사흘 동안 편안한 환경에서 함께 모여 스스로 가치 있는 존재임을 느끼고, 이야기를 듣고, 격려를 받았다. 반응은 대체로 감동적이었다. 사목자들은 비밀이 보장되고 서로를 지지하는 환경에서 자신의 이야기를 나눌 수 있었고, 이야기하는 과정 자체가 신학적·영적으로 고양되는 시간이었다. 도시 교회가 생존하고 지역 전도구 제도가 효과적으로 운영되려면 교구 정치 체제에, 가난하고 힘없는 이들의 목소리에 귀 기울이고 인력 배치 및 재정 지원에 대한 결정에 영향을 미칠 수 있는 옹호자가 있어야 한다. 또한 '변방의' 지역사회에서 일하는 성직자들을 지원할 수 있는 적절한 자원이 있어야 한다.

장소로 존재하기: 교회 건물의 역할

세속 도시에 대한 하비 콕스의 성상 파괴적 비전, 즉 도시 교회가 인류의 시대적 소명을 완수하기 위해 자신의 구조 및 성스러운 장소를 해체하라고 부름 받았다는 비전은 이제 다소 시대착오적으로 보인다. 그럼에도 불구하고 그리스도인들이 "교회는 건물이 아니라 사람이다"와 같은 말을 할 때 매우 탈제도적이고 비제도적인 정서가 여전히 남아 있다. 물론 이는 중요한 진리다. 그러나 다른 측면에서 도시 교회의 미래에 대한 우리의 연구는, 건물이 아니라 사람이라는 주장이 도시 교회가 건물과 물리적 시설의 형태로 더 넓은 지역사회에 제공할 수 있는 자원을 평가절하하게 만들 수 있다고도 본다. 성스러움의 상징, 환대의 장소, 역량 강화의 중심지라는 이러한 자원들은, 선교와 사목을 위해 교회를 준비시키는 데 중요하지 않은 것이 아니다. 이를 잘 보여 주는 여러 사례 연구가 있다.

2008년 12월 버밍엄 대주교는 성 필립 교회와 성 제임스 교회가 안전하지 않으므로 폐쇄하고 철거할 것이라고 발표했다. 40년 전, 같은 교회는 전후 교회 건축에서 가장 중요한 발전으로 칭송받았다. 이 교회는 버밍엄 대학교의 예배 및 종교 건축 연구소의 도움을 받아 설계되었는데, 이 연구소에서 주요한 역할을 한 이들은 데이비스J. G. Davies 교수, 길버트 코프Gilbert Cope 박사, 피터 브릿지스(Peter Bridges) 부주교(자격증이 있는 건축가), 마틴 퍼디Martin Purdy 박사 등이었다. 고든 데이비스는 그의 저서《교회 건축의 세속적 사용The Secular Use of Church Buildings》(1968)과《일상의 하나님: 세상과 예배에서 거룩을 만남Every Day God: Encountering the Holy in the World and Worship》(1973)에서, 교회 건물 사용에 관한 논의에 기여한 다소 급진적인 글을 쓰기도 했다. 이 책들은 리처드 자일스 Richard Giles와 그가 허더즈필드Huddersfield의 성 토머스 교회에서 했던 작업의 전신이었고, 그의 저서인 《장막 다시 치기Re-Pitching the Tent》에도 반영되어 있었다.

이는 새로운 신학적인 접근을 의미했다. 하나님은 지성소라는 성스러운 곳 중에서도 가장 성스러운 곳에 갇혀 계시지 않으셨다. 이는 건축에 대한 성육신적인 접근법이었다. 하나님은 하나님의 백성 가운데 계시며 예배는 일상 활동과 같은 공간에서 이루어져야 한다. 그래서 호지 힐Hodge Hill에서 점심 모임, 노인 활동, 유치원 놀이 그룹, 공공 서비스 담당자들이, 제단과 성소 주위를 구분 없이 설계한 교회에 모였다. '교회'가 주중에 장막 뒤에 숨어 있다가 일요일에 나타나는 것이 아니라, 예배를 포함한 모든 활동이 동일한 물리적 공간에서 이루어졌다. 너무 세속적이어서 배제되는 활동은 없었고, 임기 중인 (후에 스토크Stoke의 부주교) 데니스 에데Dennis Ede는 그러한 모델에 열광했다. 사람들의 보수주의는 금세 극복되었고, 40년이 지난 지금도 그 부주교는 버밍엄에서 더 가난한 지구를 섬기는 전도구의 다양한 주중 활동과 회중의 멋진 삶에 대해 언급하고 있다. 하지만 2008년까지 교회 건물을 수리하는 데 약 4억 원이 필요했다. 약속된 새 교회 건물은 아마도 약 16억 원이 넘는 비용이 들 것이다. 이 나라의 도시 교회 생활 역사에서, 호지 힐은 40년 동안 교회 건축에 대한 접근법에 획기적인 의미를 부여했다는 점에서 단순히 철거되기보다 더 나은 대우를 받아야 마땅했다.

8장 도시 교회: 목적에 맞는가?

버밍엄의 가스펠 레인Gospel Lane에 있는 성 마이클 교회는 1971년 또 다른 대규모 임대주택 부지에서 문을 열었다. 이 교회는 최초의 성공회-감리교 연합 교회 중 하나였고, 또 다른 대담한 건축물이었다. 이동식 가리개로 예배 공간을 건물의 나머지 부분과 분리할 수 있었지만, 교회는 춤과 저녁식사를 위해 개방되었다. 데이비스의 성육신 건축은 계획 단계에서는 교회가 수용하기 어려운 수준이었기 때문에, '이동식 벽movawall'이 일종의 타협점을 제공했다. 회중들은 모든 공동체의 주요 모임 장소로서 고대 전도구 교회의 역할과, 아마도 '전통적인' 장의자는 광역 도시권을 위해 새로 건축된 교회에서 회중을 앉히는 빅토리아 시대의 수단이었다는 점을 기억하고 있었다. 교회 건물은 '고정된' 성스러운 장소가 되었고, 성스러운 것과 세속적인 것의 구분이 교회 생활에 내재되어 있었다. 하지만 일반적으로 새로운 교회 건물에 장의자를 배치하지 않았다. 코번트리 대성당은 이런 것들 없이 재건되었는데 가스펠 레인의 성 마이클 교회도 그곳에서 사용한 연결 의자를 배치하여, 필요할 때는 '앞 공간을 정리'하고 춤을 출 수 있는 자리를 마련했다.

고든 데이비스는 또한 1970년대 중반 이스트햄East Ham의 성 바르톨로뮤 교회의 재개발에 초기 영감을 제공했고, 이때 마틴 퍼디는 건축가가 되었다. 이스트햄은 엄청난 사회적, 경제적 변화를 겪고 있었고 빅토리아 시대 후반에는 교회에 천 명이 넘는 사람이 앉을 수 있었지만(불편하지만 더 많은 이를 위한 충분한 공간을 갖고 있었다!), 당시 일요일 평균 회중은 약 60명이었다. 건물 난방에(37도까지 올리기 위해) 평균 주일 헌금보다 더 많은 비용이 들었지만, 지리적인 위치 때문에 포기할 수 없는 건물이었다. 이 건물은 시청, 경찰서, 기술대학, 쇼핑센터에서 불과 90미터 정도 떨어진 뉴햄 자치구의 중심부에 있었다.

퍼디가 시작한 타당성 조사는 초기 단계에 불과했다. 지역사회 접근성과 사회에 미치는 영향에 대한 평가를 강조한 《도시의 신앙》은 아직 출간되기 전이었다. 퍼디는 그러한 회계 감사를 고집했다. 건축 설계도에 선을 그리기 전에 지역사회의 필요와 자원을 파악하고 이스트햄 교회의 미래에 대한 비전을 발전시켜야 했다. 그러한 타당성 조사가 수행되었고, 퍼디는 그의 학문적, 교육적 배경을 사용하여 꿈을 꾸고 비전을 키우기 위해 성바트 교회의 회중과 함께 작업했다. 에식스Essex와 이스트 엔드에서 활동하는 스프링보드Springboard라는 확장되던 그리스도교 주택 협회와의 동반자 관계도 발전하고 있었다. 지역 당국의 사회 공공사업 부서는 보건 당국과 '협조 융자'라는 새로운 계획을 개발할 방법을 모색 중이었다. 노인들을 위한 주간 보호 시설과 매일 점심을 제공하는 모임도 필요했다. 한 의료 기관은 새로운 수술법을 모색하고 있었고 지역사회는 새로운 모임 장소가 필요했다. 교회 뒤편의 오래된 사제관에서는 미취학 아동을 위한 활동과 더불어 아시아 여성을 위한 언어 및 사회사업 프로젝트가 이미 활발하게 진행 중이었다.

설계에는 결국, 노인 보호 시설이 있는 27개 아파트, 상당한 규모의 취사 주방을 갖춘 주간 보육 시설, 여러 회의실, 매일

하루 종일 개방되는 매력적인 라운지/로비의 커피숍, 교구에서 교구 자금으로 투자하여 지은 동네 병원이 포함되었다. 오래된 사제관은 결국 추가된 아파트 및 새로운 탁아소, 아시아 여성 훈련 시설을 제공했다. 1983년 여왕이 이 단지를 개장했고, 25년이 지난 지금도 이스트햄의 중심부에서 여전히 번창하고 있다. 당시 이는 약 29억 원의 비용이 들었지만, 애스턴 자선 단체Aston Charities, 스프링보드, 뉴햄 커뮤니티 리뉴얼 프로그램Newham Community Renewal Programme, 맨스필드 하우스Mansfield House, 웨스트햄 중앙 침례교 선교회West Ham Central Baptist Mission 및 잉글랜드 성공회가 수십 억 원을 사용해 그 자치구에서 교회의 물리적인 모습을 변화시키고 있던, 뉴햄의 주요 교회 재개발 프로그램의 일부가 되었다.

1년 후 앤드류 모슨Andrew Mawson은 브롬리 바이 보우Bromley-by-Bow의 새로운 영국 연합 개혁교회United Reformed Church, URC의 사목자로 커머셜 로에 도착했다. 25년 후, 활기찬 사회적 기업 센터를 설립한 모슨 경의 업적은 정부와 언론으로부터 널리 인정받고 있다. 다시 한번, 그의 접근법의 핵심은 교회 건물을 전체 지역사회를 위한 자원으로 보는 성육신 신학이었다. 그의 책《사회적 기업가: 지역사회가 일하게 하기The Social Entrepreneur: Making Communities Work》(2008)는 교회가 사회적 기업에 참여할 가능성에 대한 관심을 불러일으켰으며, 이는 2008년에 발표된 잉글랜드 성공회의《방향 없는 도덕》보고서의 토대를 마련했다. 1990년 리처드 자일스는 허더즈필드의 성 토머스 교회에 대한 대대적인 재정비 작업을 완료했다. 그는 그의 저서인 《장막 다시 치기》에서, 데이비스가 호지 힐에서 실제적으로 결실을 거두었던 것과 비슷한 신학을 전개하고, 이를 기존 건물의 재정비 계획 전체에 적용했다.

> 그리스도인들은 고딕 양식의 긴 터널 안에서 예배를 드리고, 울창한 소나무 숲 아래 숨고, 발코니 아래 웅크리고, 기둥 뒤에 숨어 있다. 이들은 매일은 아니더라도 매주 수돗물이 나오지 않고 겨울에는 거의 난방이 되지 않는 건물을 사용한다. 이들은 어제의 교회가 남긴 잔해 그리고 그리스도인의 소명을 이해하지 못하는 사람들이 부과하는 보존주의의 제약 가운데서 오늘의 언어로 하나님을 대면하려고 노력한다. 그들은 이전 그리스도교 세대가 그들에게 도움이 되도록 세웠으나 지금은 그들을 제압하는 건물 때문에, 이전 세대는 받지 않았던 방해를 받는다. 교회가 '포로 된 자에게 해방'을 선포하려는 열망을 유지하고자 한다면, 장막을 다시 칠 때가 되었다. (Giles, 1996: 5-6)

자일스는 기존 교회 건물에 대한 새로운 접근법을 장려하여 건조 환경 내에서 성스러운 공간을 경험하는 방식을 완전히 새롭게 바꿔야 한다고 주장한다. 강조점은 교회가 예배를 위해 사용되는 방식에 있지만, 어떻게 그 건물이 일주일 내내 사용될 수 있는지를 고민함으로써 교회를 해방시키는 결과를 낳았다. 이는 모슨과 심지어 성 바트 교회까지 일종의 사회적 섬김의 기회가 가능한 것을 밝혀낸 덕분이다.

> 분명한 사실은, 주님을 기다리며 기도하고 토론하고 탐구하
> 고 꿈을 꾸는 신실한 공동체는, 그들의 낡고 오래된 건물을 그
> 아름다움, 단순함, 의미로 하나님의 눈부신 사랑을 더 깊이 의
> 식할 수 있는 예배 장소로 변화시키고, 그들이 거처 삼는 살아
> 있는 교회를 만들어 가는 일을 도울 수 있다는 것이다. (Giles,
> 1996: 211)

교구들과 교회 도시 기금이 그들의 교회 건물을 새로이 보는 데
사용하고자 조성한 자금 덕분에, 많은 도시 교회들이 상당한 재
정비를 수행할 수 있었다는 것은 의심할 여지가 없다. 일반 방문
객은 화장실, 주방 시설, 따뜻한 온도, 적당히 편안한 좌석을 기
대할 수 있다. 하지만 여전히 심각한 문제가 남아 있다. 도시 교
회 회중의 연령대가 높아지면서 내장된 보수주의가 나타났다.
'있던 그대로'라는 환상 같은 개념으로 돌아가고 싶은 욕망까지
는 아니더라도, 적어도 있는 그대로를 붙잡는 것이 가장 중요한
과제다. 상당수 도시 교회에서 절실히 필요한 급진주의적 접근
법은, 회중의 보수주의와 교회의 입구에 있는 배랑Narthex을 개조
하는 것, 즉 영국 교회에서 거의 정형화된 부분을 개조하는 것을
해결책으로 삼은 건축가들에 의해 타협점을 찾게 되었다.
　　많은 우리의 대성당에 대한 접근법에서 배울 수 있는 점은
상당하다. 대성당의 삶은 호황을 누리고 있는데, 이는 단순히 역

사적인 유산 면에서만이 아니다. 도시에서 전도구 교회 역할을 하는 대성당들 많은 곳이 르네상스를 맞이하여 도시의 영적 삶 및 공동체 생활의 주요 중심지로서 그 역할을 새롭게 맡고 있다. 약 74억 원이 투입된 셰필드 대성당의 노숙자 센터가 대표적인 사례다. 유럽의 국가 및 지방 정부의 지원과 상당한 지역 기금 모금을 통해 자금을 조달한 이 새로운 복합 건물은 물리적으로는 대성당의 일부이며, 오히려 예배 공간 내부 자체를 근본적으로 다시 배치해야 할 필요성을 강조했다. 현재 더럼 대성당 주임 사제인 마이클 새드그로브^{Michael Sadgrove}는 재개발 초기 단계에 셰필드 대성당의 주임 사제였다. 그 사업의 성공은 의심할 여지없이 그와 셰필드의 주교였던 잭 니콜스^{Jack Nicholls}가 시민 지도자들과 맺은 동반자 관계 덕분이다. 대성당과 그 도시는 서로를 재발견하는 과정에 참여했고, 둘 다 도시와 대성당의 번영은 효과적인 동반자 관계를 통해서만 달성할 수 있음을 배웠다. 새드그로브는 이러한 건물이 단순히 기능적인 용도만이 아니라 초월의 상징으로서 시민 정체성의 중심이라고 말한다.

반드시 많은 인파를 수용할 수 있어야 하는 것은 아니다(중세 대성당도 이러한 목적으로 지어지지 않았다). 오히려 공간적, 미적인 측면에서, 그 자체로 성스러운 공간이자 공공 공간으로서 상징적으로 기능할 수 있는 신비감을 갖게 해야 한다. … 리버풀과 코벤트리에서, 학원, 시청, 체육관, 시장 같은 도시의 동료 기관과 동일한 존재감과 품위를 '성전'에 부여할 수 있는 방식으로 그러한 공간들을 새롭게 창조할 수 있는 기회가 생겼다.

(Sadgrove, 2006: 96)

책을 시작하면서 다루었던 핼리팩스 전도구 교회의 이야기를 통해 알 수 있듯, 대성당과 도심부 교회는 간혹 시민 기념 행사 또는 토론의 중심지로서 지역사회의 중요한 초점이 된다. 공공 공간의 사유화 또는 상업화가 증가하면서, 그 건물들은 아마도 사람들의 '광장' 역할을 할 수 있을 것이다. 따라서 그러한 역사적인 교회 건물은 단순히 박물관 소장품이 아니라, 지역사회 내에서 사회적 섬김, 환대 및 변화의 주체로서 수도원의 뿌리를 회복할 수 있는 기회를 갖는다. 그들은 예언자와 집사 혹은 종의 역할을 수행하며 지역사회의 그리스도교 양심으로서 도시의 다른 권력자들과 만난다. 이들이 도움이 필요한 이들에게 제공하는 섬김의 질은 예언자적 권리에 비례할 것이다. 도시 중심부에서 그러한 예언자적 역할이 없다면 각 지역사회는 더 가난해질 것이다.

효과적인 지도력 구축하기

우리는 도시 교회가 목적에 적합할 수 있도록 재정 자원을 지원해야 한다는 것, 그리고 이런 교회의 정치적 행정 절차가 상황이 요구하는 것들을, 그리고 상호 의존과 협력을 강조하는 바울 신학이 요구하는 것들을, 즉 교회의 교차 지원이라는 것을 제대로 이끌어내고 있는지에 대해 이야기했다. 하지만 도시 교회는 공인된 사역을 준비하는 면에서만이 아니라, 다른 면에서도 목적에 부합해야 한다.

도시 성직자가 특정한 신학적인 신념에 갇혀 있다는 생각은 불식되어야 한다. 도시 사목에서 오랫동안 중요한 역할을 해온 '신앙의 전진' 운동에 참여하는 많은 전도구 교회들이 있다. 앵글로-가톨릭의 사회적 전통은 살아 숨 쉬고 있으며, '지역 방문 주교들'은 모두 그들이 지속적인 지원을 약속했음을 인정했다. 복음주의에도 지각 변동이 일어났다. 짐 월리스Jim Wallis와 소저너Sojourner 운동은 지난 25년 간 복음주의 사상에 신학적으로 지대한 영향을 미쳤다. 최근 영국에서는 페이스웍스와 오아시스 재단Oasis Trust이 복음주의의 사회적 행동과 교육 참여에 대한 헌신을 되살리는 데 중요한 역할을 했다. 스티브 초크Steve Chalke와 말콤 던건Malcolm Duncan은 교회 공동체와의 접촉을 위한 원스톱 상점으로서 정치적으로 애정을 받는 자리에 올랐다. 하지만 이러한 비교회, 비교단 단체는 카리스마 넘치는 지도자가 떠나면 종종 취약한 상황에 처하게 된다.

맨체스터 와이텐쇼 외곽의 산업 단지에 기반을 둔 메시지 재단Message Trust은 북서부 지역 청년들을 대상으로 하는 선교에 지대한 영향을 미쳤다. 설립자 앤디 호손Andy Howthrne은 현대의 가장 중요한 그리스도교 지도자 중 한 사람으로 꼽힌다. 맨체스터에 기반을 둔 에덴 프로젝트는, 일단의 청년들이 일정 기간 가장 도움이 필요한 지역사회에서 살기로 헌신한 사업으로, 반감이 가득한 청년들에게 접근하는 데 분명한 성공을 거두었다. 초창기에는 '아무 일도 일어나지 않은' 지역사회에 그 청년들이 들어온다는 이유로 지역 교회들이 크게 반발했다. 하지만 이제 에덴은 일반적으로 교파를 불문하고 복음주의 신념을 가진 지역 교회와 협력하여 일하고 있다. 희망08 Hope 08은 불의와 빈곤에 대한 깊은 성서적 이해를 바탕으로 사회와 공동체적 차원에 분명한 관심을 두고 있다. 이러한 종류의 계획들은 많은 복음주의자에게 그리스도교 복음에는 사회적 차원이 있다는 사실을 매우 생생하게 일깨워 주었고, 미국의 '종교적 우파'에 상응하는 방향으로의 표류를 막았다. 성서 교육 사업과 복음 전도 활동을 매우 강조하는 큰 복음주의 성공회 전도구 교회들이 힘을 잃었다거나 더 이상 없다는 말이 아니다. 교구마다 영향력 있고 성공적인 복음주의 교회의 사례들이 있기는 하지만, 그들의 '성공'을 본받아야 한다고 최선을 다해 제안하고 있음에도 불구하고, 그 사례들은 잉글랜드 성공회 전도구 제도의 다양한 스펙트럼의 한 면에 불과하다. 그들의 정신이, 분투하는 도시 공동체의 필요를 항상 충족시키지는 못할 것이다. 왜냐하면, 복음은 회심하라는 부름보다 지원하고 섬기는 자리에서 더 강력하게 표현되기 때문이다.

그럼에도 불구하고 도시 맥락에서 일하는 성직자와 평신도에 대한 훈련 및 개발이 부족하다는 점에 대해 크게 우려해야 한다. 한두 개 주목할 만한 사례를 제외하면, 우리의 신학대학들은 서품을 앞둔 후보생들에게 도시의 상황 신학 개발을 여름 현장 실습으로 해결할 수 있는 추가 선택 항목 정도로 제시하는 것 같다. 케임브리지의 웨스콧 하우스Westcott House는 맨체스터 교구와 동반자 관계를 맺고 맨체스터의 롱사이트에 숙소를 마련하여 결혼하지 않은 모든 학생에게 의무 거주 기간의 현장 실습을 제공하고 있다. 맨체스터에는 이 프로젝트를 지원하고 감독하는 시간제 강사(경험이 많은 도시 사제)가 있으며, 현재 10년 이상 학생들과 함께 일해 온 경험이 풍부한 감독자 집단이 지원하고 있다. 많은 학생에게 맨체스터에서의 학기는 그들의 신학 훈련에서 가장 중요한 시기였다. 이 사업은 다민족, 다종교 전도구의 작은 공동체(사용하지 않는 사제관)에 살면서 보통 완전히 다른 신학과 예배 전통을 가진 남성 및 여성들과 도시 사목을 공유할 수 있는 기회를 제공한다. 이 제도는 잉글랜드 성공회를 위해 일하는 가장 유능한 도시 성직자들을 배출했다.

뉴캐슬 교구는 1999년 당시 바이커 단지에서 일했던 피터 로빈슨Peter Robins(현 부주교)의 주도로 유사한 프로젝트를 시작했다. 그 비전은 이렇다. "뉴캐슬 이스트 앤드에서 벌어지는 변화가 곧 하나님 나라의 구현이다. 현재의 상황을 존중하는 교회 현존의 새로운 형태들이 출현하고 있다. 우리는 우리가 배운 것을 우리 상황 밖에 있는 사람들과 나누고 싶고 또 그들로부터 배우고 싶다."[13] 여기 이 모델에서 교회들은 이스트 뉴캐슬의 재생에 적극적으로 참여하였고, 이는 도시에서 성직자 또는 평신도로 일하고자 하는 사람들에게 배우고 성찰할 기회를 제공했다. 더럼의 크랜머 홀은 서품 훈련 프로그램의 일부로 UMTPUrban Ministry Training Program를 사용하여 어느 정도 성공을 거두었다.

다른 대학들은 더 여러 종류의 실적을 내고 있다. 리폰 커데스톤 칼리지Ripon College Cuddesdon는 최근 쉐필드 영지Manor Estate에 있던 센터를 폐쇄했다. 현재는 이 센터 대신 시골인 옥스퍼드셔에 있는 대학에서 도시 사목 '맛보기 날'을 갖는다. 이는 학생들이 도시 사목 실습을 수강하도록 권하기 위해서다. 버밍엄의 퀸즈 신학교도 최근 부활하고 있는 핸즈워스Handsworth에서 비슷한 사업을 진행했다. 앤서니 콜린스Anthony Collins의 그리스도교 법무법인과 동반자 관계를 맺고, 그들의 도시 사목 훈련을 재구조화하는 작업에 착수했다. 앤서니 콜린스가 시작한 느헤미야 프로젝트는, 18개월 동안 지역 단체들과 협력하여 이웃과 지역사회를 지속적으로 변화시킬 수 있는 계획을 개발할 재생 일꾼들을 지원하고 훈련하는 프로그램이다. 평신도와 서품 받은 일꾼들은 이 기회를 활용하고 있으며, 다른 지역에서도 이러한 기회를 제공할 수 있기를 바라고 있다.

대다수 잉글랜드 성공회 신학대학들에도 현장 실습 기회가 있지만, 웨스트콧은 상황 성찰의 진전을 위해 고안한 도시와 시골 프로그램 둘 다를 제공하는 반면에, 다른 대학교는 그렇게 급진적일 준비가 되어 있지 않은 것 같다. 일부 복음주의 대학에 특히 문제가 있는데, 남동부의 '성공적인 교외' 전도구들에서 배출된 많은 학생은 그러한 전도구들에서 사제직으로 섬기기 위해 돌아갈 준비만 한다는 것이다. 그런 학교들은 맨체스터의 나사렛 대학College of Nazarene의 선구적인 작업들에서 배울 것이 많다. 전통적인 성서 대학이었던 이 대학은 이제 도시 상황에서 일하는 사목자들에게 적절한 훈련을 제공하고자 하는 의욕적인 기관으로 탈바꿈했다. 마찬가지로, 새로 설립된 서던 노스-웨스트 트레이닝 파트너십Southern North-West Training Partnership 프로그램은 감리교, 연합 개혁 교회 및 침례교가 사목 훈련을 위한 상황별 학습 모델을 개발하기 위해 맨체스터의 루터 킹 하우스Luther King House 에서 수행된 작업으로부터 도움을 받았다. 여기에는 교회와 연관된 지역사회 일꾼들을 훈련하기 위한 오래되고 선구적인 프로그램이 포함되어 있다(Ballard and Husselbee, 2008). 하지만, 비국교도 교단들이 평신도 및 상황 사목을 위한 훈련 유형들에서 새로운 길을 열기는 했지만, 새로운 지역 훈련 파트너십Regional Training Partnership의 설립 때문에 평신도 성인 교육 자원들이 유실되게 해서는 안 된다.

카리스마 넘치는 도시 예언자 존 빈센트John Vincent가 설립한 셰필드의 오래된 도시신학훈련원Urban Theology Unit은, 여전히 학부생과 대학원생 둘 다에게 인상적인 도시 훈련 프로그램을 제공한다. 이 대학교 도서관은 영국에서 가장 훌륭한 도시 신학 자료들을 보유하고 있으며, 도시신학훈련원 경험을 통해 유익을 얻은 저명한 도시 실무자들도 많다. 이제 이곳은 요크 성 존 대학교York St John University와 연계되어, 다음과 같은 약속을 선언한다.

그 나라의 급진적인 복음, 도시에서 그리스도인의 제자도와 소명 탐구, 가난하고 힘없는 이들에게 권한 부여, 각 그리스도인의 신학적이고 사목적인 잠재력, 신학과 사목과 행동이 일어나는 구체적인 맥락, 교육과 해방을 통한 사람들의 참여. 도시신학훈련원은 그 구조와 작업을 통해 현대 영국의 도시 상황에서 교회의 실재에 대한 신학적, 성서적 성찰을 촉진하고, 도시 환경에서 선교에 효과적인 양식, 전략 및 영성을 장려하며, 현대 영국의 소외된 사람들에게 더 적합한 새롭거나 대안적인 형태의 교회 생활이 출현하도록 도모할 것이고, 특정 상황에 적합한 복음 프로젝트를 생성하고, 도심 사역과 제자도에 대한 소명을 키우고, 가난한 사람들을 무시하는 안일하고 편안한 형태의 현대 그리스도교에 도전하고, 힘없는 사회 일원들의 역할과 중요성을 확인하고, 그 나라에 비추어 세상, 교회 및 그 구조에 불만을 품고 그것들을 변화시키기 위해 애쓰는 사람들을 지원한다. (사명 선언문 http://www.utusheffield.org.uk)

이는 교회와 도시의 그리스도인(서품 받은 이와 평신도)을 위한 흥분되는 도시 정치 선언문처럼 들리며, 의심할 여지없이 이들이 영향을 미치고 변화시키려는 많은 보수 기관을 저지한다. 어떻게든 도시 교회는 사목자 및 평신도 훈련을 위해 도시신학훈련원이라는 엄청난 자원을 더 효과적으로 공략해야 한다. 이는 '그러한 것을 좋아하는 사람들'을 위한 전문 훈련이 아니라, 특정 상황에 관계없이 누구에게나 소중한 배움의 기회로 간주되어야 한다.

하지만 우리는 다시 한번 말한다. 그러한 상황에 기반한 훈련은 법으로 명시된 여름 현장 실습이나 형식적인 도시 세미나를 넘어서서, 사목자뿐만 아니라 정책 입안자, 공무원, 지역사회

일꾼으로서 세속적인 직업을 가진 사람들에게도 효과적인 훈련을 제공할 수 있는 방법을 고려하도록, 그 지평을 넓혀야 한다. 우리는 2004년 8월 시카고를 방문했을 때, 도시 사목 교육을 위한 신학교 컨소시엄Seminary Consortium for Urban Pastoral Education, SCUPE의 활동에 깊은 감명을 받았다. 1974년에 설립된 SCUPE는 중서부의 개혁주의 복음주의 신학교에 뿌리를 두고 있지만, 현재는 지역 공립 대학교인 노스파크 대학교North Park University와 협력하여 지역에서 신앙을 기반으로 활동하는 사람들을 위한 지역사회 개발 석사 프로그램을 후원하고 있다. 또한 SCUPE는 '시카고 학기'라는 프로그램을 운영하여, 전공 분야와 관계없이 다양한 학부생과 함께 일하고 있다. 시카고 학기는 일회성 '도시 현장 실습' 이상의 의미를 지니며, 다양한 유형의 그리스도인 청년들에게 명시적으로는 신학적이지만 반드시 서품만을 지향하는 것은 아닌 소명 의식을 키워 주기 위해 노력한다. 시카고 학기의 책임자들은 참석자들의 공공 봉사 의식, 즉 개인의 소명을 넘어 '공동선'에 대한 좀 더 포괄적인 이해를 함양하고자 하는 이 프로그램의 가치를 강조한다. 나아가, 경험에서 오는 배움과 실천에 대한 신학적인 성찰을 강조하는 이 계획은 매우 혁신적이고 흥미로운 구성 유형을 보여 준다.

잉글랜드 성공회는 모든 도시 지역사회에 있을 수 있는 도시 선교 관계망을 어떻게 지원하는가? 교구 차원의 지원은 고르지 못하다. 일부 교구에는 도시 담당자가 있는데, 보통 시간제로 일하며, 교구에서 교회 도시 기금 진행을 지원하는 구체적인 업무와 함께 다양한 역할을 함께 한다. 전국적으로는 '도시 생활과 신앙' 담당 주교와 도시 생활 관련 업무를 맡고 있는 '선교와 공공 업무' 담당 총무가 일 년에 두 번씩 교구 주교들이 보내는 대표들을 소집한다. 처음에는 《신앙의 도시들》의 진척 상황을 확인하기 위한 것이었지만, 정부와 토론하고 모범 사례 및 경험을 교환할 수 있는 장을 제공하기도 했다. 성직자와 평신도 일꾼들이 비슷한 도전들에 직면한 다른 이들과 고립되어 있다고 느끼지 않으려면, 국가와 교구 차원에서 이런 종류의 관계망이 유지되고 장려되어야 한다.

주교원의 도시 주교 자문단은 《도시의 신앙》 이전부터 존재해 왔으며 25년 이상 지속되어 왔다. 처음에 이는 대처의 도시 정책으로부터 오는 도전에 직면한 교구 주교들을 지원하기 위한 모임이었다. 이후에는 주교원의 공식 모임 또는 소위원회가 되었고, 농촌 주교들을 위한 비슷한 조직들도 만들어졌다. 이는 교회 안팎에서 정치적으로 상당한 전략적 중요성이 있지만, 저조한 참석률로 인해 약화되었다. 이는 도시 주교, 교회, 국가 간 교류의 창구 역할을 할 수도 있었다. 그러나 잉글랜드 성공회 내부에서 언제나 그렇듯이, 교구가 선교의 기본 단위라는 인식은 교회의 일관된 정책적인 생각이 전국적으로 전달되는 것을 어렵게 만들었고, 주교들이 공공 영역에서 교회의 역할 및 인식을 강화하는 작업에 우선순위를 두기 어렵게 한다. 도시 주교 위원회가 다시 주도적으로 배움, 훈련, 연구를 앞장서서 장려해야 한다. 현재는 도시 주교 위원회가 전국 의회의 승인과 지원을 받고 있기 때문에 쉽지는 않겠지만, 과거 《방향 없는 도덕》을 추진했던 위원회처럼 조금은 독립적이고 자발적인 구조로 활동할 필요가 있다. 그래서 도시 교회가 직면한 도전적인 쟁점에 대해 중요한 연구를 진행하고 신학적인 성찰을 수행할 수 있어야 한다.

교회 도시 기금

교회 도시 기금Church Urban Fund은 지난 20년 간 잉글랜드 성공회의 가장 큰 성공 사례 중 하나다. 《도시의 신앙》 출간 이후 시작된이 기금은 교회의 상상력과 양심을 담아냈으며, 대부분의 자원은교구를 설득해 마련했다. 목표액이 제시되면 교구들은 상당한 금액을 모금하겠다는 의무감을 진정으로 느꼈고, 초기 20년 간 사용할 수 있는 충분한 자본을 모금할 수 있었다. 이 기금은 교회에대한 시청 및 정부 부처의 인식을 변화시켰다. 그들이 교회를 재생 계획 및 새로운 사업의 진지한 참여자이자 존중 받아야 할 동반자로 보게 된 것이다. 다른 자선 단체들이 CUF의 활동의 성격을 인정하기 시작하면서, 다른 기금을 움직이는 지렛대 효과도기대를 뛰어넘었다. 이는 현지에서 잘 관리되고 감시되었으며(몇가지 예외가 있긴 했지만!) 도움이 필요한 지역사회에 실질적인 변화를 가져왔다. 처음부터 가장 가난한 전도구를 우선순위로 삼았으며, '표준점수계산'은 나라에서 가장 도움이 필요한 10퍼센트의 전도구를 발견하는 데 사용된 첫 번째 척도였다(ACUPA, 1985:

21, 1.42). 이후 교회연기금위원회의 도움을 받아 모든 영국 전도구에 대한 인구 조사 정보를 지도에 표시하기 위해 '복합결핍지수'를 사용했다. 이는 현재 모든 전도구의 독특한 정보를 제공하며, 이제 모든 교구에 개방된 지리 정보를 통해 접할 수 있다.

교회와 CUF는 전국 의회에서도, 또 이사들 사이에서도 그 미래를 놓고 씨름했다. 이렇게 중요한 조직을 포기하는 것은 국가적으로나 지역적으로 교회의 신뢰도에 큰 타격이 될 수 있었다. CUF가 20년 간 수천 개의 사업을 진행하며 쌓아온 풍부한 경험과 지식은 엄청나다. 결국 교회연기금위원회에서 과도기 동안 자금을 지원하기로 결정했고, CUF는 한동안 약 250만 파운드(한화로 약 41억 원)의 지속적인 보조금을 지급받을 만한 충분한 지지자 기반과 수입을 구축했다. 수탁 기관들은 전국적으로 모범 사례를 공유하기 위해 고안된 CUF Xchange라는 프로그램의 자금을 확보할 수 있었고, 이 운동이 성공하리라는 징후가 나타나고 있다. 그 동안 CUF는 보조금 지급 전략과 신탁의 향후 방향을 재고해야 할 필요성을 느꼈다.

이제 많은 지원금에 대한 의사 결정이 대도시 교구들에 위임되었으며, 각 교구의 자체 전략에 따라 연간 지원금이 할당된다. 최악의 농촌 빈곤(현재 지역 단위의 복합결핍지수를 통해 파악할 수 있음)을 구제하기 위한 자금이 지원되었고, 해안 지역도 혜택을 받았으며, 기금 수탁자들은 잉글랜드 성공회에 대한 '소속감'도 새롭게 갖게 되었다. 거의 모든 교단과 종교에 보조금이 지급되었지만, CUF가 현재 웨스트민스터에 있는 잉글랜드 성공회 본부 소속으로 일하고 있고 향후 자금의 대부분을 그 교회에 의존해야 한다는 사실은, 교회의 폭넓은 선교를 위한 자원으로서의 역할을 두고 중요한 논란을 일으키고 있다.

도시 교회는 어디로 향하는가? 복지의 미래

이러한 맥락에서 교회가 법에 명시된 복지 제공에 개입하는 것에 대한 논의가 시작되었다. CUF의 활동은 주로 기획 사업 주도로 진행되었다. 일반적으로 보조금은 처음 3년 동안 주어지며 5년까지 연장할 수 있고, 드물게는 7년까지 연장할 수 있다. 사업은 혁신적이고, 현지에서 관리되며, 지역사회의 필요에 도움이 되어야 했다. 장기적인 자금은 다른 출처에서 조달해야 했다. 후원한 작업 대부분은 현재 지역 차원에서 여전히 실질적인 변화를 일으키고 있는 탄탄한 지역사회 단체에서 진행했다. 원래의 요구 사항이 충족되었거나 단기 목적이 달성된 기타 작업은 종료되었다. 그러나 동시에 정부와 야당은 '제3 섹터'에 대해 진지하게 논의하기 시작했다. 이전에는 지역 또는 보건 당국이 제공했던 복지에서 '제3 섹터'가 훨씬 더 큰 역할을 하는 것에 대해 진지하게 논의하기 시작했다.

잉글랜드 성공회는 이미 70여 개의 새로운 중등학교를 설

• 국가에 속하지 않은 비영리 기관을 말한다.

8장 도시 교회: 목적에 맞는가?

립한 학원 사업을 통해 중등 교육에 대한 참여를 크게 늘리는 도전을 시작한 바 있다. 따라서 정부가 던진 질문은 '치매를 앓고 있는 노인들을 돌보고, 실직자들의 재취업을 돕고, 의료 시설을 제공하고, 아동과 가족에 대한 서비스를 개선하는 데 교회가 어떤 책임을 맡아서는 안 되는 이유는 무엇인가?'였다.

잉글랜드 성공회가 이러한 질문을 진지하게 고려할 수 있는 유일한 방법은, 진지한 연구를 진행하는 것이었다. 에스미 페어번 재단Esmee Fairburn Trust, 사우스워크 교구, 교회와 지역사회 Church and Community Fund 기금 덕분에, 2008년 5월 케임브리지 대학교의 폰 휘겔 연구소Von Hügel Institute에 연구를 의뢰했다. 그 보고서는 다음과 같은 날카로운 분석을 내놓았다.

> 교회의 엄청난 도덕적, 시민적 기여에 대한 증거 자료가 부재하고 이를 진지하게 고려하는 것조차 관심이 없어 보이는 것은, 국가가 비전이나 뿌리 없이 계획을 세우고 있으며 '무엇이 효과가 있는가'에 대한 신념조차 인식하지 못하고 있음을 의미한다. … 우리는 정부가 교회를 잘 이해하고 있다는 (잘못된) 인상을 가지고 있던 교회와, 교회에 대한 이해가 매우 제한적인 정부를 만났다. (Davis, Paulhus and Bradstock, 2008: 95)

이 보고서는 잉글랜드 성공회가 전국을 아우르며 막대한 전문성과 경험을 갖추고 봉사하는 영국 최대의 자원 봉사 부문 조직임을 분명히 한다. 이미 지역 차원에서 일부 계약에 따르는 서비스 전달 업무에 종사하고 있지만, 새로운 전략의 일환으로 실제로 계약 서비스 전달 영역으로 이동할 가능성이 있다.

> [그 전략은] 보건 및 사회 복지, 지역사회 개발, 의무 교육 이후 교육, 형사법적 정의, 망명 및 난민 상담과 서비스, 복지-일자리, 일자리 창출, 농촌 경제, 예술 및 문화 경제에 대한 기존의 잉글랜드 성공회의 기여가 지속적으로 발전할 수 있도록 지원하는 것이다. 또한 대성당과 교구가 도시 중심에서 하는 활동들의 활용도와 협력을 장려할 것이다. (Davis, Paulhus and Bradstock, 2008: 96)

이 보고서는 지속적인 신학적 성찰에 참여하기를 꺼려하지만, 교회에 대한 몇 가지 중요한 질문을 명확히 한다. 그러한 참여가 교회의 자기 이해와 일치하는가? 교회는 그러한 계획을 제공할 수 있는 충분한 역량을 갖추고 있는가? 이것이 교회의 핵심 활동인 선교에 방해가 되는가, 아니면 선교의 일부인가? 정부와의 관계에서 교회의 독립성이나 예언자적 사역을 수행할 능력을 손상시키는가?

〈타임스*The Times*〉 신문에 사전에 유출된 불운에도 불구하고, 이 보고서를 접한 반응은 흥미로웠다. 정부는 보고서의 비난에 대해 방어적인 반응을 보였다. 그 보고서는 이렇게 말했다. "일반적으로 신앙 공동체들과 관계할 때, 그리고 특히 자선법charity law이나 사회 정책 문제와 관련 있을 때, 정부는 시민 단체들에 대해 그냥 눈을 감고 있거나 그들을 전혀 인식하지 못하는 꼴을 보이곤 한다.… 정부는 좋은 의도를 가지고 있지만 방향이 없는 도덕이다"(Davis, Paulhus 및 Bradstock, 2008:13). 장관들은 공개적으로 보고서의 비판을 거부했지만, 일부는 만연한 세속주의에 직면하여 잉글랜드 성공회의 역할이 심각하게 평가 절하되었다는 것을 사적으로 인정했다. 그리스도교 교회를 대표하는 '원스톱' 상점 페이스웍스의 활동도 면밀한 조사가 필요했다. 반면 잉글랜드 성공회의 초기 반응은, 지역 차원에서 실제로 전달된 바를 인정받은 것과 향후 사역 개발의 잠재력을 환영하는 분위기였다. 호주와 홍콩의 성공회와 북유럽의 루터교가 수행한 사목의 사례는 무엇이 가능한지 보여 주었다. 이들 국가 정부 중 어느 곳도 그리스도인이 제공하는 봉사에서 그들의 분명한 정체성을 문제 삼지 않는 것으로 보인다. 그럼에도 불구하고, 교회의 정치적 참여의 본질에 대한 의문은 여전히 남아 있다. 정부는 교회를 서비스 제공자이자 사회적 자본의 좋은 원천이며 자선 활동과 자원 봉사의 전통이 강한 사람들로 구성된 집단으로 간주할 수 있지만, 그리스도교 신앙의 핵심에 있는 변혁적인 비전을 이해하고 있을까? 그들은 신앙에 기반한 복지 제공의 독특한 가치를 허용하고 장려할 준비가 되어 있는가?

이 보고서는 교회의 사고도 변화하는 복지 맥락을 따라잡아야 한다는 타당한 지적을 하고 있다. 주류 성공회의 사회사상은 시대가 어떻게 변했는지 고려하지 않은 채, 1945년 이후 수립된 복지 국가가 자금을 지원하는 중앙 집권적 모델을 열렬히 지

무엇이 좋은 도시를 만드는가

지한 윌리엄 템플의 그늘에 여전히 갇혀 있는지도 모른다. 템플은 1942년의 베버리지 보고서를 "그리스도교 윤리의 정신 전체를 의회법에 구현하려는 최초의 시도"로 환영했는데, 이는 '세속적 이성'과 정부 기관이 그 나라의 가장 깊은 가치관을 구현하고 성취할 수 있다고 간주하는 특정한 신학적 입장을 반영하고 있다. 그러나 그러한 기관이 그리스도교 가치관에 미치지 못하거나 정부 이외의 기관이 그 가치관을 더 효과적으로 제공할 수 있다는 증거가 있다면 어떻게 될까? 세속적인 제도나 법률이 '그리스도교 윤리의 정신 전체를 구현'할 수 있을까, 아니면 이는 교회의 사명일까? 이러한 고찰은 1장의 신학적 쟁점으로 돌아가서, 인간의 정치와 경제로는 하늘나라를 지상에 구현할 수 없다는 비판적 인식에서 국가와 적극적인 동반자 관계는 절제되어야 한다는 '급진적 그리스도교 현실주의' 신학을 제안한다(Baker, 2007: 95-109). 그러므로 이러한 공공신학은 예언자이자 종으로서 교회의 역할을 육성해야 한다.

> 예언자적 성명은 현재 상황에 도전할 수 있을 뿐만 아니라 사회에 대한 대안적인 비전을 제시할 수도 있다. 그러나 그러한 비전은 다루고 있는 상황의 사회적, 경제적, 정치적 역학 관계에 대한 건전한 분석에 근거할 때만 영향을 미칠 수 있다. 정부 관료, 전문직 종사자, 노동조합, 자원 봉사 단체, '가난한 사람들'은 '항상 고결한' 반면, 사업가, 기업가, 공공 관리자는 결코 그럴 수 없다는, 우리가 교회의 부문들에서 만나는 일부 수사

는, 그러한 현실적 근거를 결여하고 있는 것이 분명하다. 또한 '죄'에 대한 미묘한 신학은 말할 것도 없고, 인간의 동기, 선택, 행동에 대한 깊은 이해도 반영하지 않고 있다. (Davis, Paulhus and Bradstock, 2008: 47)

2009년 2월 전국 의회는, 도시 생활과 신앙을 위한 주교로부터 《방향 없는 도덕》(GS Misc. 912)에 대한 반응에 관해 보고를 받았다.

보고서가 발표된 이후, 영국(과 세계 경제)이 경기 침체에 진입하는 속도에 따라 더 넓은 사회적 맥락이 급격하게 변화했다. 복지 전달에 대한 정부의 접근 방식은 이제 실업률 증가 및 세금 수입 감소와 함께 이미 경제적으로 취약한 지역사회의 사회적 스트레스 증가에 맞게 조정되어야 한다. (Lowe, 2009: 9)

그 보고서는 정부의 도움을 받아 복지 제공에 참여하고자 하는 지역 교회를 지원하기 위해, 앤서니 콜린스 법무법인과 협력하여 교회 도시 기금을 마련하고, 지역사회·지방 자치부 공무원들과 함께 진행했던 작업과 관련이 있다. 이것은 새로운 CUF Xchange 부서의 발전으로 이어질 것이며, 향후 2년은 복지 제공에 대한 종교의 참여를 지원하려는 정부의 약속과 교회의 전달 능력을 모두 확인하는 시험 기간이 될 것이다.

한편, 보수당은 이안 던컨-스미스Ian Duncan-Smith가 이끄는 싱크탱크를 통해 영국의 현황과 잠재적인 정책 아이디어에 대한 종합적인 연구 보고서인 《영국 극복책*Breakthrough Britain*》을 작성했다(Centre for Social Justice, 2007). 지역 교회와 그리스도교 단체에 대해 언급을 많이 하지만, 제3 섹터 실무진 가운데 주류 교회를 대표하는 사람은 없었다. 정부 내에도 같은 혼란이 존재하고 있다. 내각부 산하 제3 섹터 사무소는 정부와 자원 봉사 부문의 관계를 관리하는데, 교회는 '종교 단체 부문'의 일부로 간주되어 지역사회·지방 자치부 차관의 지원을 받는다. 그 결과 장관과 공무원들은 이슬람 극단주의에 대처하며 상대적인 규모 차이에도 불구하고 모든 종교 공동체를 공평하게 대하는 데 우선순위를 두고 있다. 이는 교회 전국 기관이나 관계망과 관계 없이, 언제든지 수상 관저를 출입할 수 있을 정도의 지위를 가지고 있는 교회에 혼란을 야기한다. 이로 인해 정부는 그리스도인을 위한 원스톱 상점이 간절히 필요해 페이스웍스와 협력하거나 개별 주교와의 일회성 대화에 의존하는 등 혼란을 초래하고 있다. 정부와의 관계에서 잉글랜드 성공회의 위치에 대한, 그리고 정부가 그리스도교 비전, 가르침 및 가치로 동기를 부여받은 조직과 공개적으로 협력할 준비가 되어 있는지에 대한 새로운 정치적 대화가 필요하고, 예전에 교회와의 '연립 정부'라고 했던 것과 같은 관계가 필요하다.

도시 교회는 이러한 계획에 자발적이고 전문적인 인력과 실질적인 도움을 제공할 수 있으나, 근본적인 원칙에 대해 신학적으로나 전략적으로 계속 성찰해야 한다. 센터무 대주교의 의

견(5장 참조)을 믿는다면, 이는 공동체 전체가 국가적 토론의 일환으로 '도덕적 나침반'을 회복하고, 정책 제안이 어떻게 인간됨의 의미에 대한 특별한 비전에 뿌리를 두고 있는지 발견하도록 돕는 귀중한 기능을 수행할 것이다.

> 그리스도인들은 성서, 설교, 전통('무엇이 중요한가')에서 행동 원칙을 도출하고자 하는 반면, 현대 정부는 '증거 기반 정책', 즉 '무엇이 효과가 있는가'에 초점을 맞춰야 한다고 주장하는 접근법에 의존한다. 그러나 많은 정책 선택과 입장에 영향을 미치는 윤리, 가치, 원칙을 면밀히 살펴보면, 그러한 것들은…인간의 번영을 구성하는 요소에 대한 심오한 이해에 뿌리를 두고 있음을 알 수 있다. (Davis, Paulhus and Bradstock, 2008: 49)

이는 모든 정책 계획과 실제 도시 교회의 생존을 지원하기 위해 제기된 모든 주장에 적용된다. 목적에 부합하기 위해서는, 자원을 적절히 지원받아야 하며, 효과적으로 준비되어야 하고, 신학적으로 영감을 받아야 한다.

도시의 전망

사우스 맨체스터의 올드 모트Old Moat 단지에 있는 주교의 집에서 신문사까지, 걸어서 200미터도 채 되지 않는다. 첫 번째 집에는 그 주택과 (지금은 철거된) 교회가 건축된 이래 계속 그곳에서 살아온 할머니 한 분이 계시다. 할머니는 매우 충실하고 묵묵하게 지역 교회에서 봉사해 왔다. 옆집에는 힌두교 가족이 살고 있다. 매일 아침 아버지는 아이들을 학교에 데려다주고 출근할 때 현관문 옆에 있는 신전에 촛불을 켜고 조용히 기도를 드린다고 한다. 신문 가게 문을 열면 주인이 코란에 머리를 파묻고 있는데, 그는 넓은 마음을 가진 무슬림으로 잘 갖춰진 '최고급 신문 가판대'를 유지하는 데 아무런 어려움이 없어 보인다.

여기는 맨체스터에서 가장 불우한 단지가 아니다. 잉글랜드 성공회의 존재는 비록 미약하지만, 단지가 조성된 이래 존재해 왔으며, 거대하고 인상적이었던 첫 건물에서 지금은 개조된 교회 홀을 보유하고 있다. 시가 소유하는 공공임대주택 매매로 인해 사회적으로나 인종적으로 더 혼합된 지역사회가 형성되었지만, 여전히 현관과 납으로 된 창문으로 장식되지 않은 임대주택을 쉽게 식별할 수 있다. 반대 주장에도 불구하고 신앙은 여전히 이 지역사회의 많은 주민들 삶의 중심에 있다. 사우스 맨체스터에서 가장 인기 있고 유명한 학교는 모스 사이드에 있는 잉글랜드 성공회 종합 학교인 트리니티다. 이 학교의 목표는 "젊은이들이 안전하고, 안심하고, 보살핌을 받고, 행복하며, 똑똑하고 자신감 있고 자격을 갖춘 세계 시민으로 성장할 수 있는 그리스도교적 환경"을 제공하는 것이다. 이 학교는 다민족, 다종교 학교로 다양한 사회 경제적 배경을 가진 학생들로 구성되어 있으며, 지역사회를 반영하고 있다. 성취도도 높은 학교다. 신앙을 무시하거나 제쳐두지 않고 소중히 여기고 육성한다. 이는 우리가 '좋은 도시'를 위해 전달하고자 하는 비전, '똑똑하고 자신감 있으며 자격을 갖춘 세계 시민'에 대한 필요성을 반영하고 있다.

이 모든 사례는 21세기 초, '도시의 신앙'을 갖고 산다는 것이 무엇을 의미하는지를 보여 준다. 1985년 도시 우선(관심) 지역 위원회의 위원들은 《도시의 신앙》 보고서를 결론내리면서, 도시 우선(관심) 지역에서 거주하며 일하는 사람들에게 헌사를 남기는 것으로 마무리했다. 그들의 이야기가 깊은 감동을 주었기 때문이다.

우리 각자는 우리 삶과 생활 방식에서 개인적인 도전에 직면해 있다. 이는 가난하고 힘없는 사람들과 함께 부활하신 그리스도 곁에 더 가까이 설 수 있도록, 우리의 생각과 행동을 바꾸라는 부름이다. 우리는 도시에서 믿음을 발견했다. (ACUPA, 1985: 360, 15.10; 위의 95쪽 참조)

물론 이 맺음말은 교회가 정의의 이름으로 이 나라의 가장 소외된 공동체 편에 서서, "혜택과 부담을 좀 더 공평하게 나누는 사회를 만들어야 한다"(15.9)는 위원회의 깊은 신념의 표현이자, 신앙인들이 이미 그들의 이웃을 변화시키고 있다는 증언이기도 했다. 이 책의 본질 역시 우리의 도시와 마을의 삶에서 '신앙'이 지속되는, 화려하지는 않으나 결정적인 기여에 관한 것이었다. 이는 종종 종교의 쇠퇴 가능성, 정부의 침묵, 언론의 적대감 그리고 교회의 보수주의에 맞서 일어나지만, 종교의 존재는 부인할 수 없다. 그러나 우리는 우리 시대에 '도시의 신앙'을 갖는다는 것이 무엇을 의미하는지 살펴본 결과, 우리 시대 도시 교회와 사람들이 일하고 사목하는 상황은 아마도 1985년보다 훨씬 복잡한 것 같다는 결론을 내렸다.

우선, 우리가 '신앙'으로 의미하는 바가 상당히 달라졌거나, 그 변화하는 윤곽이 훨씬 더 분명해졌을 수 있다. 'ACUPA'에게 '신앙'은 주로 국교회, 백인 성공회를 의미했으며, 우리가 이미 논의했듯, 그 세계관 그리고 특히 정부와의 대화를 통해 달성할 수 있는 대부분은 그러한 현실을 기반으로 형성되었다. 우리는 세속적 이성과 지역 공동체의 모든 일원의 필요를 인정하는 성육신적 그리스도교를 소중히 여기면서 폭 넓은 성공회 사회사상의 전통 안에 머물기를 바랐지만, 고백된 신념과 상관없이 그

316

러한 상황에 대한 도시 공공신학을 분명히 하는 일에는 새로운 사고가 요구된다. 이 장의 시작 부분에서 묘사한 바와 같이 '신앙'은 여전히 우리 도시에서 현재적이고 일상적인 현실이지만, 훨씬 다양한 얼굴을 하고 있다. 가장 눈에 띄는 종교 표현들은 아프리카나 남아시아, 동유럽에서 기원했고, 지난 2-3세기에 걸쳐 우리 도시에 막 도착한 것일 수 있다. '신앙'은 이제 많은 표현과 많은 이야기를 가지고 있지만, 우리는 그것들이 많은 기본 가치들을 공유한다고 주장할 것이다. 곧, 공동체의 가치, 인간 생명의 환원할 수 없는 가치, 자비롭고 정의로운 창조주의 비전을 향한 사회적 열망의 피상적이고 물질주의적인 차원을 넘어서는 일이 중요하다는 가치다.

이것은 종교적 승리주의에 몰두하거나, 다양한 종교 전통 간 실제 차이 또는 존재하는 심각한 긴장을 부정하는 것이 아니다. 많은 도시 공동체에서 '신앙'은 연약하고 불안정한 현상이며, 오래 지속된 조직들, 특히 주류 그리스도교 교파들은 실제로 다음 세대에 사라질 가능성에 직면해 있다. 그러나 이 책 안에 담긴 증거는, 만일 신앙이 우리 도시들에서 사라진다면 이는 큰 손실이 될 것임을 시사한다. 정부는 신앙 기반 조직들을 시설, 자원 봉사, 유급 노동력, 관계망 등 귀중한 물적 자원의 보고로 여긴다. 우리가 8장에서 설명한 바와 같이, 교육, 노인 돌봄, 아동 복지, 건강 증진 등의 분야의 공공사업을 제공하는 측면에서, 종교 단체들에 대한 의존도가 높아지고 있다. 이러한 동기 중 일부는 지역 공공사업이 시민들에게 끝까지 '다다르는 데' 종교가 특

317

히 효과적이라고 여겨지기 때문이기도 하지만, '사회적 응집성'이라는 모호한 범주의 의제도 크게 작용한다. 이는 신앙 기반 조직들이 지역사회들 사이에 다리를 놓거나, 전통적으로 주류 공공사업에서 배제된 사람들에게 다가가거나, 동기 부여를 잘하는 대표자들이 지역 거버넌스에 참여하는 등 다양한 방식으로 나타날 수 있다. 하지만 이렇게 끌어들이는 방식은 실제로 위험을 낳을 수 있기 때문에, 우리는 그러한 과정에 참여할 때 전략적이지만 무엇보다 신학적인 현실주의에 대해 충분히 이해하며 철저히 그것에 기반해야 한다.

우리는 신앙 기반 조직들이 지역사회에 참여할 때, 인적 자원 및 물리적 시설이라는 풍부한(간혹 얇게 펴면) 자원뿐더러 신앙 전통에서 파생된 도덕적 가치 및 원칙이라는 풍성한 토대를 줄 수 있다고 주장했다. 그리스도교적 맥락에서 볼 때, 진정한 제자도를 안내할 수 있는 '실천적 지혜'를 표현하기 위해, 실천적 소명의 요구들과 신앙의 자원들을 연결하는 일은 전통적으로 신학의 과제였다. '신앙 자본'이라는 주제는, 신앙과 행동 간의 이러한 본질적인 상호 관계를 구성하는 한 가지 방법이다. 종교적 참여는 그 지지자들이 '그들이 설교하는 바를 실천'할 것을 요구하는 공적, 역사적, 체계적 세계관에 의해 유지된다.

우리는 신앙 기반 단체들과 정부가 서로 협력할 기회가 증가하는 모습을 추적함으로써, 공공 정책에서 종교의 인지도가 높아지는 것을 고려하고자 노력했다. 하지만 그러한 기회에 대응할 수 있는 종교적인 역량은 단체마다 서로 격차가 있으며,

무엇이 좋은 도시를 만드는가

"소수 종교가 공공 대화에 참여하는 방식"을 파악하기 위해서는 더 많은 작업이 필요하다(Dinham and Lowndes, 2009: 9). 그러나 필연적으로 가장 오랜 역사를 가진 교회가 가장 대규모의 구조와 자원을 보유하고 있다. 특히 전국 방방곡곡에 지역적으로 주둔하고 있어 교구 및 전국 관계망을 포괄적으로 결합하는 능력을 가진 잉글랜드 성공회의 조직적인 무게에서 벗어나기 어렵다. 우리는 다른 전통은 다른 은사를 가지고 있으며, 이러한 구조를 그대로 따라하고 싶어 하지 않으리라는 것도 인정한다. 하지만 잉글랜드 성공회는 분명 그러한 유산을 물려 받았다. 그러므로 오히려 그러한 유산을 '도시의 선'을 위해 구조적, 신학적으로 선하게 작동시킬 수 있는 방법을 고민하기로 결정하면 된다. 따라서 이는 단순히 국교회의 특권을 보수적으로 합리화하는 것이 아니라, 공동선을 지속적으로 옹호할 수 있는 방식으로 지역주의의 강점 및 포괄적이고 수행적인 신학을 재작업하려는 시도다.

따라서 1, 2, 3장에서 우리는 그러한 지역적 공공신학의 신학적, 지적 토대를 설명했다. 도시 교회가 '하나님이 장소를 취하시는' 곳에 자리 잡아야 한다는 부름은, 배타적인 성소에서 향수에 젖은 휴식을 취하라는 것이 아니라, 오히려 자연 환경과 건조 환경에, 인간사에, 세대를 이어 가며 하나님의 말씀을 전하고자 하는 영으로 충만한 공동체 안에 언제나 현존하시는 삼위일체 하나님을 이해하라는 것이다. 이는 40년 전 하비 콕스의 제안처럼, 도시 교회는 인간적이고, 인도적이고, 지속 가능한 도시를 위해 분투하는 모든 사람 속에서 그리스도의 얼굴을 엿볼 수 있도록 제도의 구조 및 경직된 교리적 명제를 넘어서야 한다고 촉구한다. 제도로서의 교회는 보수주의, 동성애 혐오, 성 차별, 인종 차별, 급진적 복음에 대한 소심한 반응 등의 결점에도 불구하고, 탈세속화 도시에서 희망의 등대가 될 수 있다. 기억의 전달자로서, 영감을 주는 공공 공간의 수호자로서, 지역사회 진실성의 옹호자로서 교회의 자질들은 종종 지역사회 중심부에 있는 교회 건물의 탁월함으로 표현되었다(8장을 보라).

하지만 교회, 특히 도시 교회는 궁극적으로 사람들이며, 평신도, 사제, 주교는 모두 그들 고유의 역할이 있다. 그러나 전도구 기반 참여에서 직장 기반 참여로 지역적 개입의 조직적 기초를 근본적으로 재고했던, 테드 위컴의 직장 기반 산업 선교의 비전—이는 흥미롭게도 라틴 아메리카의 급진적인 로마 가톨릭 교회의 거점 공동체와 유사하다—이 나온 이래 50년이 지났지만, 평신도들이 그들의 세속적인 소명 안에서 이해한 사목을 수행하도록 도울 자원은 여전히 부족하다. 도시 교회는 그 일원이 각자 자신의 삶에서 '일상 생활'을 실천하도록 준비시켜야 한다. 이들은 점점 종교에 무관심하거나 문맹인 공론장과, 내성적이고 개인화된 전도구 교회의(최악의 의미에서) 개입 방식 사이에 갇혀 있다. 우리는 도시 교회 내부의 그리스도인 양성은, '시민권'과 '제자도'의 명령 사이의 균형으로 특징지을 수 있다고 주장했다. 그것은 이 세상에 살고 있지만 세상에 속하지 않은 삶, 공통 이성을 포용하면서 예수 그리스도라는 구체적이고 종종 반문화적인 계시와 균형을 맞추는 삶이다. 이 역시 말과 행동으로 도시 교회가 장려하는 공공신학을 형성해야 한다. 이는 '성년이 된 세상'에 대한 개방성과 함께 영으로 충만한 그리스도의 몸으로서 산다는 것이 의미하는 바에 대한 그리스도교의 설명에 근거해야 한다. CULF와 같은 교회의 성명서든, 도시 생활과 신앙을 위한 주교의 공적 위상이든, 기금 신청을 위한 논리든, 단순히 이웃의 미래에 대한 지역 교회의 야망이든, 그러한 실천들은 그들의 철학 안에서 일관적이고, 전통에 충실하고, 상황에 민감하며, 결과에서도 변혁적이어야 한다.

만일 종교와 문화의 다원화가 우리 도시 공동체의 현실이라면, 세계화의 도전은 그들의 안녕을 풍요롭게 할 수도 있고 약화시킬 수도 있다. 이주는 유연하고 역동적인 경제에 필수적이며, 많은 문화적 혜택을 가져오고, 도시 생활의 매력에 기여한다. 그러나 4장과 5장에서 살펴보았듯, 도시 공동체의 가장 소외된 구성원 중 다수는 이민자들에 의해 위협을 받고 쫓겨난다고 느끼며, 정부는 이러한 현실에 대해 서서히 각성만 하고 있다. 그러한 소외는 극우 정치의 부상, 잠재력을 발휘할 기회를 거부당한 사람들의 재능과 동력과 야망이 낭비될 위험과 함께, 백인 노동자 계급의 배제가 위험한 수준에 이르렀음을 이야기한다. 4장에서 주장했듯, 주택 정책은 사회적이고 교육적인 배제를 악화시키는데, 이는 기회의 불평등 및 민주주의의 결핍으로 더욱 악화된다. 어떤 건강한 민주주의도 일부 최빈곤 선거구에서 유권자의 3분의 1 미만이 투표하기를 귀찮게 여기는 정치적 무관심을 용납할 수 없다. 세계적으로 경쟁력 있는 경제도 학교를 졸업한 사람의 약 50퍼센트가 기본적인 자격을 갖추지 못한다면 살아남을 수 없다.

하지만 전반적으로 이 책은 '하나님이 장소를 취하시는' 맥락으로서, 지역의 중요성에 관한 것이다. 도시의 선을 위한 일은 지역에서 시작되고 마무리되지만, '지역'은 점차 경제 변화, 경기 침체, 문화 다원주의, 이동성 및 이주와 같은 세계적인 흐름이라는 특징을 보인다. 신앙을 가진 사람들은 이러한 흐름을 탈지 여부를 선택할 수 있으나, 도시 교회는 맡은 모든 일의 중심에 '좋은 도시'에 대한 고민을 두지 않을 수 없다는 것이 우리의 주장이다. 이는 좁은 의미의 '종교'에 관한 것이 아니라, 정의, 신뢰, 헌신의 미덕을 실천하는 것, 즉 사도 바울이 믿음, 소망, 사랑의 열매를 거두는 것이라고 부를 만한 신앙이다. 이는 하나님을 믿는 신앙에서 시작하지만, 더 나은 미래를 위한 재생과 쇄신의 긍정적인 힘, 그리고 지역사회의 안녕에 자원 및 자부심을 투자함으로써 얻는 장기적인 '배당금'에 희망을 걸고 있다. 그러나 궁극적으로 그것은 바로 이웃을 내 몸과 같이 사랑하라는, '좋은 도시', 즉 새 예루살렘이 이루어지는 통로가 되라는 부름이라고 할 수 있다.

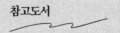

참고도서

ACAGUPA (Archbishop of Canterbury's Advisory Group on Urban Priority Areas)(1990), *Living Faith in the City*, London: Church House Publishing.

ACUPA (Archbishop's Commission on Urban Priority Areas) (1985), *Faith in the City: A Call for Action by Church and Nation*, London: Church House Publishing.

Alibhai-Brown, Yasmin (2008), 'No-go areas are all in the bishop's mind', *Independent* 7 January.

Alinsky, Saul (1989), *Rules for Radicals*, London: Vintage (first published in 1971 by Random House).

Amos, Clare (2004), *The Book of Genesis*, London: Epworth.

Apuzzo, Jason Alexander (2001), 'Metropolis: The Foundation of the Avant-garde' *Neurosurgery* 49 (4), 992-5.

Atherton, John R. (2000), *Public Theology for Changing Times*, London: SPCK.

Atherton, John R. (2003), *Marginalization*, London: SCM Press.

Atherton, John R. (2009) 'Are we happier, Mr. Brown?' in Peter M. Scott, Elaine L. Graham and Christopher R. Baker (eds),

Remoralising Britain? Political, Ethical and Theological Perspectives on New Labour, London and New York: Continuum, 83–96.

Audi, Robert (1997), 'Liberal Democracy and the Place of Religion in Politics' in Robert Audi and Nicholas Wolterstorff (eds), *Religion in the Public Square: Debating Church and State*, Lanham: Rowman and Littlefield, 1–66.

AUN (Anglican Urban Network) (2008) *Transforming Urban Mission*, London: Mission and Public Affairs, Church of England.

Baker, Christopher R. (2007), *The Hybrid Church in the City*, London: Ashgate.

Baker, Christopher R. and Graham, Elaine L. (2004), *Religious Capital in Regenerating Communities*, Manchester: William Temple Foundation/Northwest Development Agency.

Ballard, Paul H. and Husselbee, Lesley (2008), *Community and Ministry: An Introduction to Community Work in a Christian Context*, London: SPCK.

BBC *News* (2003), 'Liverpool named capital of culture' (online), 4 June, available at: http://news.bbc.co.uk/1/hi/entertainment/arts/2959944.stm [accessed 01/05/09].

BBC Liverpool (2009), 'Year of Culture. How was it for you?' (online), available at: http://www.bbc.co.uk/liverpool/content/articles/2008/12/23/culture_end_of_year_feature.shtml [accessed 24/01/09].

Bedford-Strohm, Heinrich (2007), 'Nurturing Reason: The Public Role of Religion in the Liberal State', *Ned Geref Teologiese Tydskrif* 48 (1 and 2), March–June, 25–41.

'Beentheredunit' (2007), 'Re: South Oxhey' (online), 24 February,

무엇이 좋은 도시를 만드는가

available at: http://www.chavtowns.co.uk/modules.php?name=Ne
ws&file=article&sid=395 [accessed 24/01/09].

Bentley,Timothy (1996),'Green Urbanism and the Lessons of
European Cities' in Richard T. Gates and Frederic Stout (eds), *The
City Reader*, London: Routledge, 399-408.

Bergmann, Sigurd (2007), 'Theology in its Spatial Turn: Space, Place
and Built Environments Challenging and Changing the Images of
God', *Religion Compass* 1, 1-27.

Bergmann, Sigurd (2008), 'Making Oneself at Home in Environments
of Urban Amnesia: Religion and Theology in City Space',
International Journal of Public Theology 2 (1), 70-97.

Bianchini, F. and Parkinson, M. (1993), *Cultural Policy and Urban
Regeneration:The West European Experience*, Manchester,
Manchester University Press.

Billings, Alan (2009), *God and Community Cohesion: Help or
Hindrance?* London: SPCK.

Bonhoeffer, Dietrich (1995), *Ethics*, London: SCM Press.

Breitenberg, E. Harold (2003), 'To Tell the Truth: Will the Real Public
Theology Please Stand Up?' *Journal of the Society of Christian
Ethics* 23 (2), 55-96.

Brett, Mark G. (2000), *Genesis: Procreation and the Politics of
Identity*, London: Routledge.

Briggs, Sheila (2004), 'Taking the Train' in Kathryn Tanner (ed.),
Spirit in the Cities: Searching for Soul in the Urban Landscape,
Minneapolis: Augsberg Fortress Press, 1-19.

Carson, Rachel (1987 [1962]), *Silent Spring*, 25th Anniversary Edition,
Houghton Mifflin.《침묵의 봄》(에코리브르)

Carter, Helen (2003), 'Gritty city wins the boho crown', *Guardian*,

26 May (online), available at: http://arts.guardian.co.uk/ print/0,,4676828110427,00.html [accessed 26/05/03].

Casanova, José (1994), *Public Religions in the Modern World*, Chicago: University of Chicago Press.

Casanova, José (2006), 'Rethinking Secularization: A Global Comparative Perspective', *The Hedgehog Review*, Spring/Summer, 7–22.

Cavanaugh, William T. (1998), *Torture and Eucharist: Theology, Politics and the Body of Christ*, Oxford: Blackwell.

Cavanaugh, William T. (2003), 'Church' in Peter M. Scott and William T. Cavanaugh (eds), *The Blackwell Companion to PoliticalTheology*, Oxford: Blackwell, 393–406.

Cavanaugh, William T. (2006), 'From One City to Two: Christian Reimagining of Political Space', *Political Theology* 7 (3), 299–321.

Centre for Cities (2009), *Cities Outlook 2009*, London: Centre for Cities.

Centre for Cultural Policy Research, University of Glasgow (2003), *The Cities Project: The Long-term Legacies of Glasgow 1990 European City of Culture* (online), available at: http://www. culturalpolicy.arts.gla.ac.uk/research/press_content_analysis_ may03.pdf [accessed 27/11/06].

Chambers, Ed (2004), *Roots for Radicals*, New York: Continuum.

Chaplin, Jonathan (2008), 'Legal Monism and Religious Pluralism: Rowan Williams on Religion, Loyalty and Law', *International Journal of Public Theology* 2 (4), 418–41.

Chapman, Mark (2005), *Blair's Britain*, London: Darton, Longman and Todd.

Chapman, Mark (2008), *Doing God: Religion and Public Policy in*

무엇이 좋은 도시를 만드는가

Brown's Britain, London: Darton, Longman and Todd.

Clark, David (2007), *Breaking the Mould of Regeneration: The Legacy, Role and Future of the Human City Institute*, Birmingham: HCI.

Clark, Helen (2007), Address at Opening Ceremony of the Third Asia-Pacific Regional Interfaith Dialogue, 29 May, available at http://www.scoop.co.nz/stories/print.html?path=PA0705/S00741. htm [accessed 14 June 2008].

Clark, Henry (1993), *The Church Under Thatcher*, London: SPCK.

Conservative Party Social Justice Working Group (2007), *Breakthrough Britain: Ending the Costs of Social Breakdown*, London: Centre for Social Justice.

Cooper, N. (1992), *All Mapped Out? A Critical Evaluation of the Methodist Mission Alongside the Poor Programme*, Manchester: William Temple Foundation.

Cox, Harvey (1965), *The Secular City*, London: SCM Press.

Cox, Stephen (2006), 'Review of Faithful Cities', *Fulcrums* (online), available at: http://www.fulcrum-anglican.org.uk/ news/2006/20061015cox.cfm?doc=146 [accessed October 24th 2006].

Cresswell, Tim (1996), *In Place/Out of Place*, University of Minnesota Press.

CULF (Archbishops' Commission on Urban Life and Faith) (2006), *Faithful Cities:A Call for Celebration, Vision and Justice*, Peterborough: Methodist Publishing House.

Davey, Andrew (2000), *Urban Christianity and Global Order*, London: SPCK.

Davey, Andrew (2004), 'Editorial: On the Faultlines of the Global City', *Crucible*, July -September, 3 - 12.

참고도서

Davey, Andrew (2007), 'Faithful Cities: Locating Everyday Faithfulness', Contact: Practical Theology and Pastoral Care 152, 9-20.

Davey, Andrew (2008), 'Better Place: Performing the Urbanisms of Hope', International Journal of Public Theology 2 (1), 27 -46.

Davies, John Gordon (1968), The Secular Use of Church Buildings, London: SCM Press.

Davies, John Gordon (1973), Everyday God: Encountering the Holy in World and Worship, London: SCM Press.

Davis, Francis, Paulhus, Elizabeth and Bradstock, Andrew (2008), Moral But No Compass: Government, Church and the Future of Welfare, Chelmsford: Matthew James.

Davis, Mike (2006), Planet of Slums, London: Verso.

de Bres, Joris (2007), 'Human Rights and Religious Diversity', Aotearoa Ethnic Network Journal 2 (2), 9 -14.

de Gruchy, John (2007), 'Public Theology as Christian Witness: Exploring the Genre', International Journal of Public Theology 1 (1), 26 -41.

Demos, 'Manchester is favourite with "new bohemians" ' (online), available at: http://www.demos.co.uk/media/pressreleases/bohobritain [accessed 26/05/03].

Department of Media, Culture and Sport, Government and the Value of Culture (2004), (online), available at: http://www.culture.gov.uk/NR/rdonlyres/DE2ECA497F3D-46BF-9D11-A3AD80BF54D6/0/valueofculture.pdf [accessed 10/09/06].

Dinham, Adam and Lowndes, Vivien (2009), 'Faith and the Public Realm' in Adam Dinham, Robert Furbey and Vivien Lowndes (eds), Faith in the Public Realm: Controversies, Policies and

무엇이 좋은 도시를 만드는가

Practices, Bristol: Policy Press, 1 – 19.

EACCC (External Advisory Committee on Cities and Communities) (2006), *From Restless Communities to Resilient Places: Building a Stronger Future for all Canadians*, Ottowa: Infrastructure Canada.

Farnell, Richard, Furbey, Rob, Shams Al-Haqq Hills, Stephen, Macey, Marie and Smith, Greg (2003), *'Faith' in Urban Regeneration? Engaging Faith Communities in Urban Regeneration*, Bristol: The Policy Press.

Field, John (2003), *Social Capital,* London: Routledge.

Florida, Richard (2002), *The Rise of the Creative Class: And How it's Transforming Work, Leisure, Community and Everyday Life*, New York: Basic Books.

Forrester, Duncan (2001), *On Human Worth: A Christian Vindication of Equality*, London: SCM Press.

Forrester, Duncan (2004), 'The Scope of Public Theology', *Studies in Christian Ethics* 17(2), 5 – 19.

Freire, Paulo (1996 [1972]), *Pedagogy of the Oppressed*, New York: Continuum.

Furbey, Robert (1999),'Urban "Regeneration": Reflections on a Metaphor', *Critical Social Policy* 19 (4), 419 – 45.

Furbey, Robert and Macey, Marie (2005), 'Religion and Urban Regeneration: A Place for Faith?' *Policy and Politics* 33 (1), 95 – 116.

Furbey Robert et al. (2006), *Faith as Social Capital:Connecting or Dividing?* Joseph Rowntree Foundation, Bristol: The Policy Press.

Furbey, Robert (2009), 'Controversies of "Public Faith"' in Dinham, Furbey and Lowndes (2009), 21 – 40.

Gamaliel Foundation (2008), 'The Gamaliel Philosophy' (online), available at: http://www.gamaliel.org/Foundation/philosophy.htm [accessed 09/11/08].

Garner, Rod (2004), *Facing the City: Urban Mission in the Twenty-first Century*, London: Epworth.

Garner, Steve, Cowles, James, Lung, Barbara and Stott, Marina (2009), *Sources of Resentment and Perceptions of Ethnic Minorities among Poor White People in England*, London: Department for Communities and Local Government.

Garnett, J., Grimley, M., Harris, A., Whyte, W. and Williams, S. (eds), (2006), *Redefining Christian Britain: Post 1945 Perspectives*, London: SCM Press.

Gay, Doug (2007), 'Faith in, with and under Gordon Brown: A Scottish Presbyterian/Calvinist Reflection', *International Journal of PublicTheology* 1 (3–4), 306–20.

Giles, Richard (1996), *Re-Pitching the Tent: Reordering the Church Building for Worship and Mission in the New Millennium*, Norwich: Canterbury Press.

Gillett, Richard W. (2005), *The New Globalization: Reclaiming the Lost Ground of our Christian Social Tradition*, Cleveland, OH: Pilgrim Press.

Glasson, Barbara and Bradbury, John (2007), 'Liverpool: The Lived Experience of Culture' in Core Cities Theology Network (ed.), *Cities of Culture: Whose Vision, Which Agenda?* Newcastle, 27–36.

Gorringe,Tim (2004), *A Theology of Culture*, London: Ashgate.

Gorringe, Tim (2008), 'Salvation by Bricks: Theological Reflections on the Planning Process', *International Journal of Public Theology* 2 (1), 98–118.

무엇이 좋은 도시를 만드는가

Graham, Elaine (1996), 'Theology in the City: Ten Years after *Faith in the City*', *Bulletin of the John Rylands Research Institute* 78 (1), 179 – 97.

Graham, Elaine (2002), *Representations of the Post/Human: Monsters, Aliens and Others in Popular Culture*, Manchester: Manchester University Press.

Graham, Elaine (2004), 'Public Theology in an Age of "Voter Apathy"' in W. Storrar and A. Morton (eds), *Public Theology in the 21st Century*, Edinburgh: T &T Clark, 385 – 403.

Graham, Elaine (2007), 'Power, Knowledge and Authority in Public Theology', *International Journal of Public Theology* 1 (1), 42 – 62.

Graham, *Elaine* (2008a), 'What Makes a Good City? Reflections on Urban Life and Faith', *International Journal of Public Theology* 2 (1), 7 – 26.

Graham, Elaine (2008b), 'Rethinking the Common Good: Theology and the Future of Welfare', *Colloquium* 40 (2), 133 – 56.

Graham, Elaine (2009a), 'Doing God? Public Theology under Blair' in Peter M. Scott, Elaine L. Graham and Christopher R. Baker (eds), *Remoralising Britain? Political, Ethical andTheological Perspectives on New Labour,* London and New York: Continuum, 1 – 18.

Graham, Elaine L. (2009b), 'Health, Wealth or Wisdom? Religion and the Paradox of Prosperity', *International Journal of Public Theology* 3 (1), 5 – 23.

Graham, Elaine (2009c), 'A Window on the Soul: Four Politicians on Religion and Public Life', *International Journal of Public Theology* 3 (2), forthcoming.

Graham, Elaine and Lowe, Stephen (2004), *What Makes a Good City?*

참고도서

The Chicago Experience, Manchester: Manchester Centre for Public Theology.

Graham, Elaine, Walton, Heather and Ward, Frances (2005), *Theological Reflection: Methods*, London: SCM Press.

Graham, Elaine, Walton, Heather and Ward, Frances (2007), *Theological Reflection: Sources*, London: SCM Press.

Guardian (2003), 'Liverpool named European capital of culture', 4 June.

Hanley, Lynsey (2007), *Estates: An Intimate History*, London: Granta.

Harris, Harriet (2006), 'Ambivalence over Virtue' in J. Garnett, M. Grimley, A. Harris, W. Whyte and S. Williams (eds), *Redefining Christian Britain: Post 1945 Perspectives*, London: SCM Press, 210 – 21.

Harvey, Anthony (1989), *Theology in the City*, London: SPCK.

Harvey, David (2008), 'The Right to the City', *New Left Review* 53, 23 – 40.

Hasler, Joe (2006), *Crying out for a Polycentric Church: Christ Centred and Cultural Focused*, Church in Society.

Hauerwas, Stanley (1981), *Vision and Virtue: Essays in Christian Theological Reflection*, Notre Dame, IN: University of Notre Dame Press.

Hauerwas, Stanley (1984), *The Peaceable Kingdom: A Primer in Christian Ethics*, London: SCM Press.

Hauerwas, Stanley (1991), *After Christendom? How the Church is to Behave if Freedom, Justice and a Christian Nation are Bad Ideas*, Nashville: Abingdon Press.

Hauerwas, Stanley and Wells, Sam (eds) (2004), *The Blackwell Companion to Christian Ethics*, Oxford: Blackwell.

무엇이 좋은 도시를 만드는가

Hefner, Philip (2003), *Technology and Human Becoming*, Minneapolis: Fortress Press.

Heyer, Kristin E. (2004), 'How does Theology Go Public? Rethinking the Debate between David Tracy and George Lindbeck', *Political Theology* 5 (3), 307 – 27.

Higton, Mike (2008), 'Rowan Williams and Sharia: Defending the Secular', *International Journal of Public Theology* 2 (4), 400 – 17.

Inge, John (2003), *A Christian Theology of Place*, London: Ashgate.

Institute for Fiscal Studies (2008), *Poverty and Inequality in the UK*, London: Institute for Fiscal Studies.

James, O. (2007), *Affluenza: How to be Successful and Stay Sane*, London: Vermilion.

Katwala, Sunder (2006), 'Faith in Democracy: The Legitimate Role of Religion', *Public Policy Research*, December – February, 246 – 51.

Klein, Joe (2008), 'Passing the Torch', *Time* magazine, 17 November, 24 – 5.

Lally, Pat (1991), 'Glasgow's Glasgow', *New York Review of Books*, 26 September (online), available at: http://www.nybooks.com/articles/3165 [accessed 27/11/06].

Lammy, David (2007), *Faith and Politics: The Tawney Lecture 2007*, London: Christian Socialist Movement.

Layard, R. (2005), *Happiness: Lessons from a New Science*, London: Allen Lane.

Layard, Richard and Dunn, Judy (2009), *A Good Childhood: Searching for Values in a Competitive Age*, Harmondsworth: Penguin.

Ledwith, Margaret (2005) *Community Development*, Bristol: BASW/Policy Press.

Leech, Kenneth (2006), 'The Soul and the City: Urban Ministry and

Theology 1956 – 2006', Samuel Ferguson Lecture 2006, University of Manchester (19 October 2006).

Lewis, Christopher (2004), 'Christianity as Heritage', *Theology*, vol. CVII, no. 835, 30 – 6.

Lindbeck, George (1984), *The Nature of Doctrine: Religion andTheology in a Post-Liberal Age*, Philadelphia: Westminster Press.

Lindbeck, George (1989), 'The Church's Mission to a Postmodern Culture' in Frederich Burnham, (ed.), *Postmodern Theology: Christian Faith in a Pluralist World*, San Francisco: Harper and Row, 37 – 55.

Livezey, LowellW. (2000), 'The New Context of Urban Religion' in L. W. Livezey (ed.), *Public Religion and Urban Transformation: Faith in the City*, New York: New York University Press, 3 – 25.

Lock, Liz and Henner, Mishka (2006), *One Hundred Years: One Hundred Faces* Manchester: Common Eye Books.

Lowe, Stephen (2009), '*Moral But No Compass*: A Report to the Church of England from theVon Hügel Institute', London: Church House, GS Misc. 912.

Lowe, Stephen (2002), 'Is the Church Vital to the Process of Urban Regeneration?' *Modern Believing* 43 (4), 24 – 32.

Lowles, Nick (2008), 'Where Now?' *Searchlight*, June (online), available at: http://www.searchlightmagazine.com/index.php?link=template&story=233 [accessed 01/05/09].

Manchester City Council (2006), *Manchester's Cultural Strategy: Introduction* (online), available at: http://www.manchester.gov.uk/regen/culture/strategy [accessed 07/09/06].

Marty, Martin E. (1974), 'Reinhold Niebuhr: Public Theology and the

무엇이 좋은 도시를 만드는가

American Experience', *The Journal of Religion* 54 (4), 332 – 59.

Massey, Doreen (2001), 'Living in Wythenshawe' in I. Borden, J. Kerr, J. Rendell and A. Piraro (eds), *The Unknown City: Contesting Architecture and Social Space*, Cambridge: MIT Press, ch. 28.

Mathewes, CharlesT. (2008), *A Theology of Public Life*, Cambridge: Cambridge University Press.

Mawson, Andrew (2008), *The Social Entrepreneur: Making Communities Work*, London: Atlantic Books.

McCurry, Ruth (2007), 'Faithful Cities: Child of Faith in the City', *Contact: Practical Theology and Pastoral Care* 152, 40 – 9.

McIntosh, Esther (2008), 'Philosophers, Politicians and Archbishops: Religious Reasons in the Public Sphere', *International Journal of Public Theology* 2 (4), 465 – 83.

Meadows, Donella (ed.) (2005 [1972]), *Limits to Growth: The 30 Year Update*, London: Earthscan.

Mellor, Rosemary (2002), 'Hypocritical City: Cycles of Urban Exclusion' in J. Peck and K. Ward (eds), *City of Revolution: Restructuring Manchester,* Manchester: Manchester University Press, 214 – 35.

Mendieta, Eduardo (2001), 'Invisible Cities: A Phenomenology of Globalization from Below', *City* 5 (1), 7 – 26.

Methodist Church (1997), *The Cities*, London: NCHAction for Children.

Michaelson, J., Abdallah, S., Steuer, N., Thompson, S. and Marks, N. (2009), *National Accounts of Well-being: Bringing Real Wealth onto the Balance Sheet*, London: New Economics Foundation.

Milbank, John (1990), *Theology and Social Theory*, Oxford: Blackwell.

Milbank, John, Ward, Graham and Pickstock, Catherine (1999),

Radical Orthodoxy: A New Theology, London: Routledge.

Miles, Steven and Paddison, Ronan (2005), 'The Rise and Rise of Culture-led Urban Regeneration', *Urban Studies* 42 (5-6), 83-39.

Mooney, Gerry (2004), 'Cultural Policy as UrbanTransformation? Critical Reflections on Glasgow, European City of Culture 1990', *Local Economy* 19 (4), 327-40.

Morisy, Ann (2004), *Journeying Out: A New Approach to Christian Mission*, London: Continuum.

Nachowitz, Todd (2007), 'New Zealand as a Multireligious Society: Recent Census Figures and Some Relevant Implications', *Aotearoa Ethnic Network Journal* 2 (2).

Nazir-Ali, Michael (2008), 'Extremism flourished as UK lost Christianity', *Sunday Telegraph*, 6 January (online), available at: http://www.telegraph.co.uk/news/uknews/1574695/Extremism-flourished-as-UK-lost-Christianity.html [accessed 24/01/09].

Niebuhr, H. Richard (1951), *Christ and Culture*, San Francisco: Harper & Row. 《그리스도와 문화》(IVP)

Niebuhr, Reinhold (1932), *Moral Man and Immoral Society: A Study in Ethics and Politics*, London: Scribner. 《도덕적 인간과 비도덕적 사회》(대한기독교서회)

Northcott, Michael (ed.), (1997) *Urban Theology: A Reader*, London: Cassell.

NZDAP (New Zealand Diversity Action Programme) (2007), *Religious Diversity in New Zealand: Statement on Religious Diversity*, available at: http://www.hrc.co.nz/hrc_new/hrc/cms/files/documents/25-May-2007_08-24-50_NSRD_booklet.pdf [accessed 21/06/08].

Obama, Barack (1990), 'Why Organize? Problems and Promise in the Inner City' in Peg Knoepfle (ed.), *After Alinsky: Community Organizing in Illinois*, Washington: Institute for Public Affairs, 35–40.

Peck, Jamie and Ward, Kevin (eds) (2002), *City of Revolution: Restructuring Manchester*, Manchester: Manchester University Press.

Peck, M. Scott (1994), *A World Waiting to be Born: The Search for Civility*, London: Arrow Books.

Putnam, R. (2000), *Bowling Alone*, New York: Simon and Schuster.

Reader, John (1997), *Beyond all Reason: The Limits of Post-Modern Theology*, Cardiff: Aureus.

Richards, Alex (2006), 'Culture as Circus' (online), available at: http://www.spunk.org/texts/pubs/hn/sp000025.txt [accessed 10/09/06].

Rogers, Richard (1997), *Cities for a Small Planet*, London: Faber.

Russell, Hilary (1995), *Poverty Close to Home*, London: Continuum.

Sacks, Jonathan (2003), *The Dignity of Difference: How to Avoid the Clash of Civilizations*, London: Continuum.

Sadgrove, Michael (2006) in Stephen Platten and Christopher Lewis (eds), *Dreaming Spires? Cathedrals in a New Age*, London: SPCK.

Sandercock, Leonie (2003), *Cosmopolis II: Mongrel Cities in the 21st Century*, London: Continuum.

Sandercock, Leonie (2006), 'Spirituality and the Urban Professions: The Paradox at the Heart of Planning', *Planning Theory & Practice* 7 (1), 65–7.

Sanks, T. H. (1993), 'David Tracy's Theological Project: An Overview and Some Implications', *Theological Studies* 54, 698–727.

Sassen, Saskia (2006), *Cities in a World Economy*, London: Sage, 3rd edn.

Schopen, Fay (2009), 'City of culture prize aims to bring regeneration to the regions', *The Times* (online), 23 January, available at: http://business.timesonline.co.uk/tol/business/industry_sectors/ leisure/article5569465.ece [accessed 24/01/09].

Schreiter, Robert J. (1985), *Constructing Local Theologies*, New York: Orbis Books.

Scott, Peter Manley (2008),'The City's Grace? Recycling the Urban Ecology', *International Journal of Public Theology* 2 (1), 119–35.

Sedgwick, Peter (1998), 'Theology and Society' in David F. Ford (ed.), *The Modern Theologians*, vol. 2, Oxford: Blackwell, 286–305.

Selby, Peter (1996), *Rescue: Jesus and Salvation Today*, London: SPCK.

Sentamu, John (2009), 'Regaining a Big Vision for Britain', Smith Institute Lecture, 13 January (online), available at: http://www.archbishopofyork.org/2127 [accessed 19/01/09].

Sheldrake, Philip (2000), *Spaces for the Sacred: Place, Memory, Identity*, London: SCM Press.

Sheldrake, Philip (2005), 'Space and the Sacred: Cathedrals and Cities', *Contact: Practical Theology and Pastoral Care* 147, 8–17.

Shortt, Rupert (2008), *Rowan's Rule: The Biography of the Archbishop*, London: Hodder & Stoughton.

Smith, Greg (2004), 'Faith in Community and Communities of Faith? Government Rhetoric and Religious Identity in Urban Britain', *Journal of Contemporary Religion* 19 (2), 185–204.

Smith, James K. A. (2004), *Introducing Radical Orthodoxy: Mapping a Post-Secular Theology*, Grand Rapids, MI: Baker Academic.

Soja, Edward (2003), 'Writing the City Spatially', *City* 7 (3), 269–81.

무엇이 좋은 도시를 만드는가

Steele, Jess (2009), 'Social Justice, Social Control or the Pursuit of Happiness? The Goals and Values of the Regeneration Industry' in Peter M. Scott, Elaine L. Graham and Christopher R. Baker (eds), *Remoralising Britain? Political, Ethical and Theological Perspectives on New Labour*, London and New York: Continuum, 97–119.

'supacreep' (2005), 'Re: South Oxhey' (online) 10 December, available at http://www.chavtowns.co.uk/modules.php?name=News&file=article&sid=395 [accessed 24/01/09].

Tanner, Kathryn (ed.) (2004), *Spirit in the Cities: Searching for Soul in the Urban Landscape*, Minneapolis: Fortress Press.

Taylor, Michael (1996), *Not Angels but Agencies*, London: SPCK.

Teasdale, Jason (2006), 'Former Culture Director Warns Liverpool Not to Forget its Roots', *The Enquirer*, 7–13 September, 4.

Toulmin, Stephen (1990), *Cosmopolis: The Hidden Agenda of Modernity*, Chicago: University of Chicago Press.

Toynbee, Polly (2005), 'In the Name of God', *Guardian*, 22 July.

Toynbee, Polly and Walker, David (2008), *Unjust Rewards: Exposing Greed and Inequality in Britain Today*, London: Granta.

Tunstall, Rebecca and Coulter, Alice (2006), *Twenty-five Years on Twenty Estates*, Bristol: The Policy Press.

Tyndale, Wendy (ed.) (2006), *Visions of Development: Faith-based Development*, London: Ashgate.

UN-HABITAT (2008), *The State of the World's Cities 2008/09: Harmonious Cities*, London: Earthscan.

Urban Bishops' Panel (2002), *The Urban Renaissance and the Church of England: A Discussion Paper*, GS Misc. 1446, London: General Synod of the Church of England.

van Wolde, Ellen (1996), *Stories of the Beginning: Genesis 1—11 and Other Creation Stories*, trans. John Bowden, London: SCM Press.

Vincent, John (ed.) (2003), *Faithfulness in the City*, Hawarden: Monad Press.

Walker, Andrew (ed.) (2005), *Spirituality in the City*, London: SPCK.

Ward, Graham (2000), *Cities of God*, London: Routledge.

Warner, R. Stephen (2000), 'Building Religious Communities at theTurn of the Century' in L.W. Livezey (ed.), *Public Religion and Urban Transformation*, New York: New York University Press, 295 - 307.

Westwood, Andy and Nathan, Max (2002), *Manchester: Ideopolis? Developing a Knowledge Capital*, London: The Work Foundation.

Wheeler, Stephen (1996), 'Planning Sustainable and Livable Cities' in Richard T. Gates and Frederic Stout (eds), *The City Reader*, London: Routledge, 486 - 96.

Wickham, E. R. (1958), *Church and People in an Industrial City*, London: Hodder & Stoughton.

Wilks-Heeg, Stuart and North, Peter (2004), 'Cultural Policy and Urban Regeneration', *Local Economy* 19 (4), 305 - 11.

Williams, Prue (2004), *Victoria Baths: Manchester's Water Palace*, Reading: Spire Books.

Williams, Rowan (2006a), *Cities and Towns*, Lords debate, 19 May, Hansard, 19/05/06:53 (online), available at: http://www.publications.parliament.uk/pa/ld199900/ldhansrd/pdvn/lds06/text/6051901.htm [accessed 20/05/06].

Williams, Rowan (2006b), 'Secularism, Faith and Freedom', Pontifical Academy of Social Sciences, Rome, 23 November (online), available at: http://www.archbishopofcanterbury.org/654

무엇이 좋은 도시를 만드는가

[accessed 01/05/09].

Wintour, Patrick (2009), 'In Liverpool's footsteps: now every city can aim to be Britain's capital of culture', *Guardian*, 7 January, 11.

Wolterstorff, Nicholas (1997), 'The Role of Religion in Decision and Discussion of Political Issues' in Robert Audi and Nicholas Wolterstorff (eds), *Religion in the Public Square: Debating Church and State*, Lanham: Rowman and Littlefield, 67 - 120.

World Commission on Environment and Development (1987), *Our Common Future*, Oxford: Oxford University Press.

Young, Audrey (2006), 'Clark calls for action to combat extremism', *New Zealand Herald*, 27 December.

주

1 대부분 출처의 기원을 확인할 수 없지만 흔히 템플의 말로 여겨졌다.
   63-64쪽도 참고하라.

2 CULF 위원들은 현지 사업 현장들을 방문하고 특별 자문 세미나를 개최
   했으며, 교회, 지역 주민 및 개인들로부터 기부를 요청받기도 했다. 이러
   한 증거 중 일부가 보고서에 삽입된 글상자의 기초가 되었다.

3 이러한 연구의 대부분은 종교 단체에 소속되어 있거나 신앙을 고백하는
   사람들이 더 높은 수준의 행복과 안녕을 누리고 있다고 말할 가능성이
   높음을 시사한다. Atherton, 2009과 Graham, 2009b를 참고하라.

4 뒤의 8장을 참고하라.

5 종교와 세속주의에 관해서는 Furbey, 2009과 McIntosh, 2008도 참고
   하라.

6 보고서 준비 동안, 클라크는 영국에서 볼 수 있는 2, 3세대 무슬림 활동
   가들을 막기 위해 정부가 종교 극단주의의 문제를 해결해야 한다고 말
   했다(Young, 2006).

7 http://www.manchester.gov.uk/health/jhu/intelligence/city.htm
   [2006년 11월 25일 접속].

8 http://www.liverpool08.com/.

9 www.victoriabaths.org.uk도 참고하라.

무엇이 좋은 도시를 만드는가

10 www.thechurchstmarys.co.uk.

11 예를 들어, 흑인 다수 교회가 흑인 투표 작전Operation Black Vote, 흑인 소년과 젊은이의 열망 키우기Raising the Aspirations of Black Boys and Young Black Men, REACH, 페이스웍스와 같은 조직에 참여한 것을 들 수 있다.

12 예를 들어, 남아프리카공화국, 프리토리아의 도시 사역 연구소(the Institute for Urban Ministry)도 참고하라. http://www.tlf.org.za/ium.htm, the Global Network for Public Theology; Tyndale, 2006.

13 http://www.stmartinscentre.org.uk/index.php?option=com_content&task=vie&id=16&Itemid=28.

무엇이 좋은 도시를 만드는가

찾아보기

찾아보기

를 보라.

무엇이 좋은 도시를 만드는가

349

무엇이 좋은 도시를 만드는가

'사회 속의 교회, 교회 속의 사회' 시리즈는 성공회 사회 선교 그룹인 나눔의집협의회와 정의평화사제단이 비아토르와 공동 기획하고 후원합니다. 함께해 주신 모든 분들께 감사드립니다.

후원자 명단

1000Q, Kd, 강다영(프란시스), 강미희, 강민휘, 강사은(사무엘), 강성윤, 경미숙, 교회공간연구소, 권용훈, 길촌책빵지기 김광이, 김경숙, 김경희, 김미영, 김성순, 김성용, 김세교, 김세영, 김어수, 김영준(하늘소년), 김영호, 김용극, 김원지, 김재욱, 김종욱, 김지선, 김진국, 김찬성, 김학래(다니엘), 김현숙, 김현주(클레시스), 김홍일, 냥냥펀치, 노은진(마르타), 두호, 문형욱, 민원규, 믿음향기, 밀크티, 바람소리, 바르나바, 바이마, 박대성, 박상엽, 박성용, 박순진, 박종필, 박진철, 박진철, 박형순, 박희동, 백종원(에픽로그협동조합), 비모, 빈센트, 상현, 서경하, 서범석, 서요섭, 서정화, 석우, 성공회 노원나눔의집, 성공회 대학로교회, 성공회 동두천나눔의집·동두천나눔교회, 성공회 봉천동나눔의집, 성공회 서울교구, 성공회 성북나눔의집, 성공회 수원나눔의집, 성공회 용산나눔의집·길찾는교회, 성공회 인천나눔의집, 성공회 정의평화사제단, 성공회 청주수동교회, 성공회 춘천나눔의집, 성공회 포천나눔의집, 성소수자부모모임, 성유숙, 신교수(바르나바), 신호연, 아름드리, 안성구, 양승혜, 양유경, 엔틸드, 오세욱, 오지은, 왈왈, 유니(국정윤), 유시경, 유은이네집, 윤대엽, 윤성미, 윤은주, 이강현(소피아), 이권희, 이도이(발타자르), 이동환, 이레네오, 이명동, 이민숙, 이상용, 이상준, 이성순, 이스코, 이영미, 이유선, 이유혁, 이재원, 이정한, 이지연, 이지음, 이해민, 이형직, 자캐오, 장은영, 장은지, 장준구, 정창기, 조경자, 조성환, 조아라, 조은희, 쥴리슨, 차지애, 최경환, 최돈순, 최은미, 최현경, 코레오, 하혜정, 한나, 한문덕, 홍성미, 황승식(제롬), 황용섭

이민희

옥바라지선교센터의 활동가로, 젠트리피케이션 때문에 쫓겨나는 상가 세입자들과 연대하는 한편 인문학&신학연구소 에라스무스의 연구원으로 활동하고 있다. 대학과 대학원에서 도시 계획과 토목공학을 공부했고, 다시 대학원에서 신학을 공부했다. 옮긴 책으로는 《처치걸》(IVP), 《우리가 예배하는 하나님》, 《다시 읽는 아우구스티누스》(이상 공역, 도서출판 100), 《그리스도교를 다시 묻다》(비아), 《담대한 믿음》(이레서원) 외 다수가 있다.

무엇이 좋은 도시를 만드는가

일레인 그레이엄, 스티븐 로우
이민희 옮김

2023년 8월 29일 초판 1쇄 발행

펴낸이 김도완
등록번호 제2021-000048호
      (2017년 2월 1일)
전화 02-929-1732
전자우편 viator@homoviator.co.kr

펴낸곳 비아토르
주소 서울시 종로구 삼일대로 428, 500-26호
      (우편번호 03140)
팩스 02-928-4229

기획 자캐오
제작 제이오

편집 김명희
인쇄 민언프린텍

디자인 임현주
제본 다온바인텍

ISBN 979-11-91851-77-9 03230   **저작권자** ⓒ 비아토르 2023